História da
Sexualidade

Proibida a reprodução total ou parcial em qualquer mídia
sem a autorização escrita da editora.
Os infratores estão sujeitos às penas da lei.

A Editora não é responsável pelo conteúdo deste livro.
O Autor conhece os fatos narrados, pelos quais é responsável,
assim como se responsabiliza pelos juízos emitidos.

Consulte nosso catálogo completo e últimos lançamentos em **www.editoracontexto.com.br**.

História da Sexualidade

PETER N. STEARNS

Copyright © 2009 Peter N. Stearns
Título original em inglês: *Sexuality in World History*

Todos os direitos reservados.

Tradução autorizada da edição em língua inglesa publicada pela Routledge, um membro do Taylor & Francis Group. Direitos em língua portuguesa adquiridos pela Editora Contexto (Editora Pinsky Ltda.)

Capa
Alba Mancini

Diagramação
Gustavo S. Vilas Boas

Tradução
Renato Marques

Revisão técnica
Carla Bassanezi Pinsky

Preparação de textos
Lilian Aquino

Revisão
Evandro Lisboa Freire

Dados Internacionais de Catalogação na Publicação (CIP)
(Câmara Brasileira do Livro, SP, Brasil)

Stearns, Peter N.
História da sexualidade / Peter N. Stearns ;
tradução Renato Marques. – 1. ed., 1ª reimpressão. –
São Paulo : Contexto, 2019.

Título original: Sexuality in world history.
ISBN 978-85-7244-466-8

1. Sexo – História 2. Sexualidade – História I. Título.

10-01117   CDD-306.709

Índice para catálogo sistemático:
1. Sexualidade : Sociologia : História   306.709

2019

Editora Contexto
Diretor editorial: *Jaime Pinsky*

Rua Dr. José Elias, 520 – Alto da Lapa
05083-030 – São Paulo – SP
PABX: (11) 3832 5838
contato@editoracontexto.com.br
www.editoracontexto.com.br

Sumário

Introdução à edição brasileira 7

PARTE I
A SEXUALIDADE ANTES DA ÉPOCA MODERNA 19
    A sexualidade e o advento da agricultura 21
    A sexualidade no período clássico 47
    O impacto da religião na sexualidade, até 1450 75
    A sexualidade na era do comércio e das colônias 109

PARTE II
A SEXUALIDADE NO MUNDO MODERNO, 1750-1950 133
    A sociedade ocidental, 1750-1950:
        A primeira revolução sexual e a reação vitoriana 137
    Tendências e variações globais na era do imperialismo 181

PARTE III
A SEXUALIDADE NA ERA DA GLOBALIZAÇÃO 225
    A sexualidade na história do mundo contemporâneo 231

Epílogo: a sexualidade – do passado ao presente 283

Agradecimentos 287

Introdução à edição brasileira

Este é um livro sobre a sexualidade no passado e sobre como a sexualidade no passado ajuda a explicar a sexualidade no presente. É uma obra que trata de diversas sociedades do mundo todo e que mostra como atitudes e comportamentos sexuais são afetados por forças globais mais amplas, como o advento da agricultura e, mais tarde, a urbanização.

Para esta edição brasileira escrevi uma nova Introdução, em que os alertas sobre o tema, ainda necessários em função dos elementos puritanos nas culturas norte-americanas, são substituídos por uma visão mais entusiasmada sobre o tópico. Pois o público leitor brasileiro não precisa de lembretes acerca da importância da sexualidade ou da desejabilidade da discussão do tema. Contudo, a noção de que a sexualidade tem uma história importante merece comentário. Sabemos, para início de conversa, que as culturas sexuais variam e mudam.

As atitudes referentes à sexualidade diferem de acordo com contextos sociais distintos – para citar um exemplo, algumas sociedades, em determinados períodos, desaprovam vigorosamente a masturbação, mas então, com o passar do tempo, se abrandam e adotam uma maior permissividade. A cultura sexual, os valores e as crenças aplicados à sexualidade, obviamente mudam com o tempo, e essa é uma parte importante da história mais ampla. Os comportamentos efetivos também possuem uma história. Os índices de adultério variam, dependendo do período e de condições sociais mais amplas. A idade da puberdade muda (o que significa que nem mesmo a biologia é uma constante absoluta), dependendo da nutrição e do contexto social. A média de idade para a ocorrência da menopausa também pode variar. Características básicas da sexualidade destacam-se na história dedicada ao assunto, e é isso que torna o tema interessante, relevante e, às vezes, surpreendente.

Os estudos sérios sobre a história da sexualidade são coisa recente, de apenas algumas décadas; tradicionalmente, os historiadores dedicavam-se a trabalhar sobretudo com política, diplomacia, grandes ideias e, quiçá, padrões econômicos. Mas a compreensão dos padrões de sexualidade no passado ajuda a iluminar um aspecto fundamental do comportamento humano, o que deveria ser justificativa suficiente para essa expansão do escopo da disciplina. A história da sexualidade também se relaciona a outros temas – como diferenças de classes sociais e padrões relacionados a gênero. Os governos invariavelmente buscam controlar ou regulamentar o comportamento sexual (nem sempre com muito sucesso), e o sexo certamente figura no impacto causado pelos exércitos e autoridades coloniais – o que associa diretamente a história da sexualidade a tópicos históricos convencionais. Cada vez mais constatamos o papel desempenhado pelo estupro nos conflitos civis e militares, outra vinculação, ainda que horrível. Assim, o tema está longe de ser um aparte frívolo no grande empreendimento da história da humanidade.

Sem dúvida, a história da sexualidade envolve questões que algumas pessoas, mesmo em sociedades cada vez mais permissivas, ainda preferem não discutir. Minha convicção pessoal é a de que é melhor falar sobre sexo, na verdade usando a história como um caminho para investigar questões fundamentais, do que ocultar o tema. Mas não existe aqui a intenção de ser gratuitamente chocante. Alguns livros de história da sexualidade concentraram-se em comportamentos exóticos, que não necessariamente lançam luz sobre aspectos ligados à sexualidade da maioria das pessoas, e esse não é o enfoque do meu livro. A sexualidade é um elemento importante da condição humana, e sua história pode e deve ser investigada a partir dessa perspectiva, sem a intenção deliberada de excitar ou ofender.

Há, sem sombra de dúvida, aspectos da história da sexualidade que não podem ser estudados como se gostaria, simplesmente porque não existem dados precisos. Os comportamentos que uma sociedade desaprova são particularmente resistentes às sondagens da história. Para citar um exemplo óbvio, não é fácil obter informações sobre as práticas homossexuais em alguns períodos e lugares. Ainda que os historiadores possam tratar das atitudes acerca da masturbação e discutir alguns aspectos de seu impacto, jamais teremos condições de falar sobre a variação nos índices de masturbação de um período para o outro, pois essa é uma prática quase sempre mantida em segredo. Outro problema, atual, é intrigante. As estrondosas campanhas publicitárias de medicamentos que melhoram o desempenho sexual masculino – Viagra e afins – talvez suscitem a seguinte indagação: os casos de disfunção erétil estão aumentando? Novas questões de saúde, como as taxas de diabetes ou hipertensão, e suas respectivas medicações, podem causar novos problemas; e/ou o recrudescimento do desejo sexual e da busca do prazer, bem como a necessidade de demonstrar virilidade, mesmo na velhice, também poderiam ajudar a explicar o novo interesse no bom desempenho. Ou tudo pode não passar de um estratagema das empresas farmacêuticas para badalar os medicamentos. São boas perguntas, mas o fato é que não há como termos certeza: não existem dados meticulosos sobre a capacidade erétil em décadas anteriores. Em outras palavras, existem tremendas limitações com relação ao que podemos saber em termos históricos (ou até mesmo sobre os hábitos sexuais de nossa própria época). Mas os historiadores descobriam muita coisa, e é possível discutir significativas mudanças e continuidades históricas. As atitudes públicas, em si mesmas importantes, são de acesso mais fácil do que os comportamentos; porém, mesmo muitos destes últimos se prestam a importantes descrições e análises históricas. O tema é tão interessante que mesmo um tratamento histórico mais ou menos limitado vale o esforço.

Elaborar uma história da sexualidade em termos de história mundial salienta o problema da documentação. Diferentes sociedades geram diferentes tipos e quantidades de registros relevantes. Todas as sociedades possuem valores que se aplicam à sexualidade – o tema é importante demais para não gerar leis e comentários culturais. Assim, podemos apreender as culturas sexuais, desde que haja à disposição algum tipo de material histórico significativo. Para citar dois exemplos: o primeiro código legal conhecido, o da Babilônia, dedica grande atenção à regulamentação sexual; e a arte primitiva tinha forte conteúdo sexual. Mas os materiais sobre prática sexual são bem mais variados.

Pelo menos igualmente importante, para nossos propósitos, é o fato de que os historiadores estudaram a sexualidade de algumas sociedades de maneira bem mais abrangente do que a de outras, o que significa que nem todas as comparações que talvez desejássemos empreender são possíveis. Na verdade, existem oportunidades concretas para o desenvolvimento de futuros trabalhos sobre a história da sexualidade vista como tópico comparativo e global, com forte potencial para avanços importantes e efetivos no conhecimento histórico (do mesmo tipo que já se mostrou relevante e bem-sucedido na pesquisa sobre diversas sociedades).

A comparação é essencial. Diferentes sociedades têm diferentes padrões, de modo que a comparação revela muita coisa sobre como civilizações particulares funcionavam e funcionam. Hoje em dia, a televisão brasileira, incluindo as novelas, faz referências bem mais explícitas à sexualidade do que seu congênere nos Estados Unidos. Até mesmo o conteúdo sensual da arte pode ser extremamente diferente, como revela facilmente a comparação entre as estátuas de deusas hindus e as mulheres retratadas na arte chinesa. Os contatos entre as sociedades também afetam sobremaneira a cultura e a prática sexual. Era comum que os colonizadores tivessem filhos ilegítimos com as nativas, ajudando a estabelecer uma difundida incidência de sexo fora do casamento que tem duradouros impactos na América Latina, incluindo, é claro, o Brasil. O jugo colonial britânico na Índia, no auge do puritanismo europeu no século XIX, precisou abrir exceções especiais na lei para permitir o uso da arte hindu nos selos postais indianos, o que revela uma inesperada complexidade introduzida pelo contato entre duas sociedades bastante diferentes, com valores sexuais muito distintos. Por fim, tanto a cultura como a prática refletem algumas das forças mais amplas na história mundial. Os padrões do comércio global, em nossa própria época, ajudam a explicar a nova incidência de tráfico sexual em diversas partes do mundo. A difusão da agricultura, em um período bastante anterior, teve impacto dramático sobre a sexualidade. A sexualidade, o que não chega a surpreender dada a sua importância, sempre foi uma parte essencial do panorama da história mundial; observá-la com atenção ajuda a traduzir os padrões da história mundial para uma compreensão da vida cotidiana e do comportamento humano comum.

★ ★ ★

A história da sexualidade começa com o fato de que, como muitos antropólogos apontaram, o animal humano tem algumas características distintivas. A sexualidade é, afinal de contas, uma questão de comportamento animal, embora, no caso dos seres humanos, outras coisas estejam envolvidas. Em comparação com muitas espécies de mamíferos, os humanos têm um número incomum de zonas erógenas pelo corpo, o que obviamente pode fomentar a estimulação sexual. Embora as fêmeas da espécie sejam férteis durante apenas alguns dias do mês, seus períodos férteis são mais frequentes do que os de muitos outros mamíferos, e elas podem ser estimuladas sexualmente até mesmo em períodos não férteis, ou depois que sua fertilidade cessa, com a menopausa; assim, diferentemente de muitos outros animais, sua atividade é menos dependente de alguns momentos do ano em que estão "no cio". Há outra distinção interessante com relação à maioria dos mamíferos (exceto os chimpanzés): os humanos desenvolvem a capacidade para e o interesse em atividade sexual antes mesmo que a maior parte das jovens mulheres comece a ovular regularmente, o que significa que podem ter relações sexuais durante alguns anos com menor probabilidade (o que NÃO quer dizer, é bom que se avise, que a probabilidade é nula) de gravidez. As crianças humanas, por sua vez, demonstram certos tipos de consciência sexual, pelo menos com relação ao próprio corpo.

Esses aspectos, simples, mas básicos, implicam que a atividade sexual humana pode ser, e invariavelmente é, bastante frequente, e pode ter menos vinculações com o esforço reprodutivo do que se verifica em muitas outras espécies. A ideia de um hiato parcial entre o apetite sexual e a capacidade reprodutiva praticamente inclui uma possível vontade de experimentalismo da parte dos adolescentes, e certamente algumas questões sociais acerca do controle ou regulação desses impulsos de experimentação. De fato, todo o aparato biológico humano, no que diz respeito ao sexo, inevitavelmente impõe algumas necessidades de regulação da espécie, de modo a garantir que a atividade sexual não saia de controle ou se torne por demais desestabilizadora, tanto da vida dos indivíduos como das relações sociais. Isso é particularmente pertinente, porque os humanos têm maior capacidade de reprodução do que a maioria das famílias ou sociedades geralmente gostaria.

Se um casal tentar maximizar seu comportamento reprodutivo, iniciando as relações sexuais logo nas primeiras etapas do desenvolvimento da fertilidade e continuar até o fim da capacidade fértil, terá em média cerca de 14 filhos. É a chamada fórmula hutterite, seita religiosa do Canadá que durante vários anos praticou esse esforço procriativo desenfreado. Ao longo da história, sempre houve alguns casais que formaram famílias igualmente numerosas. Porém, na maior parte dos períodos históricos, a fórmula hutterite gera mais filhos do que se pode criar ou sustentar com facilidade; por isso, a maioria das sociedades desenvolve alguns costumes cujo intuito é estimular uma reprodução mais moderada, o que, por sua vez, significa atividade sexual menos frequente ou alguma forma de controle sobre a atividade sexual. Aqui também a capacidade sexual humana rapidamente gera a necessidade de resposta social. A natureza exata dessa resposta pode, obviamente, variar de uma sociedade para outra, e pode se alterar. Isso faz parte da história da sexualidade. Mas certa tensão entre a capacidade biológica e as necessidades sociais é mais ou menos constante, embora suas manifestações específicas mudem tremendamente ao longo do tempo.

Os sociobiólogos acrescentariam alguns outros elementos básicos à sexualidade humana. Eles apontam que, como outros animais, existem significativas diferenças de gênero. Alguns afirmam que os machos, constantemente produzindo novas quantidades de esperma durante seus anos férteis, são "naturalmente" propensos a ter mais relações sexuais, com o maior número possível de parceiras diferentes, para espalhar sua herança genética; já as mulheres, por outro lado, com um estoque limitado de óvulos e o fardo de ter de carregar o filho antes do nascimento, acham importante limitar seus parceiros e se empenhar para assegurar a estabilidade de sua prole. De acordo com esse argumento, existe uma distinção inata, que também terá implicações sociais: homens mais ávidos, mulheres mais reticentes. Isso talvez possa também ajudar a explicar, embora não seja desculpa ou justificativa, parte do uso da sexualidade para a dominação masculina, caso, por exemplo, dos abusos contra mulheres em épocas de guerra. Os historiadores argumentariam que o papel desse imperativo biológico não deve ser exagerado, uma vez que os indivíduos e as culturas podem introduzir, em qualquer padrão básico, diversas variantes; mas vale a pena tê-lo em mente. A fertilidade do homem geralmente dura mais tempo que a das mulheres, o que introduz algumas questões interessantes para a sexualidade na velhice. Ao fim e ao cabo, o ponto é o seguinte: a biologia insere na sexualidade humana importantes complexidades, o que, por sua vez, assegura que a história das atitudes e comportamentos sexuais seja complexa.

Outras questões biológicas são dignas de nota. Algumas autoridades argumentam que 10% da população é "naturalmente" homossexual, o que, é claro, é contestado por outras, que consideram a homossexualidade uma questão de pecado ou aberração psicológica. Um número reduzido de pessoas nasce com traços sexuais incertos, o que significa que muitas sociedades se defrontam com a necessidade de decidir o que fazer em tais circunstâncias, como definir e lidar com as pessoas que atualmente são chamadas de intersexo (ou hermafroditas). Aqui, também, um fenômeno padrão, em termos biológicos, exige uma variada gama de respostas culturais, que mudam de um lugar para o outro e de uma época para a outra. A biologia, obviamente, dita o fato de que o cruzamento entre parentes próximos produz uma taxa mais alta de filhos geneticamente defeituosos do que se verifica em relações sexuais de outra ordem, e, provavelmente, as primeiras sociedades registraram esses resultados; isso explica os muitos esforços para proibir contatos sexuais entre irmãos e parentes de primeiro grau. Mais uma vez, a biologia se entrecruza de importantes maneiras com a história da sexualidade humana.

★ ★ ★

A sexualidade humana vem mudando bastante nas últimas décadas. Novos níveis de pressão populacional – as populações globais triplicaram no século XX, uma taxa de crescimento sem precedentes – compelem novas decisões pessoais e sociais com relação ao sexo com fins reprodutivos. Novos dispositivos, como a pílula anticoncepcional, facilitam uma crescente separação entre sexo e reprodução, criando maiores oportunidades para o sexo recreativo. Novos tipos de mídia, como o cinema e a televisão, criam oportunidades para a visualização de estímulos sexuais, como nunca antes. Os contatos cada vez maiores entre as sociedades, graças à comunicação global e ao comércio, inevitavelmente criam tensões, à medida que colidem diferentes padrões sexuais. Novas ideias sobre os direitos humanos geram debates sobre o tratamento de certos tipos de minorias sexuais; esses debates são particularmente vigorosos em algumas sociedades, muitos deles adquirem ressonância global. Mudanças nos padrões de trabalho e coeducação, com mais e mais mulheres estudando e trabalhando fora de casa, graças à industrialização e à urbanização globais, criam oportunidades para interações sexualmente relevantes, mas também preocupações quanto à regulação apropriada dos comportamentos – o novo e moderno conceito de assédio é uma resposta importante. Em meio a essas e outras mudanças fundamentais, muitas sociedades e indivíduos reagem com indignação, buscando se defender contra as inovações inadequadas em uma das áreas mais íntimas, embora potencialmente sacrossantas, da vida humana. Uma das razões pelas quais a história da sexualidade adquire importância é que envolve a oportunidade de analisar padrões de mudança vigentes e as reações à mudança – usando a história recente para compreender melhor as nossas identidades globais contemporâneas.

Mas a história da sexualidade não é somente um tópico moderno, e padrões anteriores são em si mesmos interessantes, bem como propiciam panos de fundo cruciais para as preocupações contemporâneas. Diferentes reações e respostas regionais a tendências contemporâneas, por exemplo, estão diretamente relacionadas a sistemas de valores sexuais desenvolvidos quase sempre muitos séculos atrás.

Este livro começa com uma discussão das implicações sexuais da transição das economias caçadoras-coletoras para as economias agrícolas – transição que teve óbvios impactos nos comportamentos, e que, de modo ainda mais dramático, estimulou o desenvolvimento de novas normas culturais. Inevitavelmente, esse primeiro exercício envolve certo esforço para determinar se, no passado, algumas sociedades conseguiram expressar a sexualidade de maneira mais bem-sucedida, com menos dificuldades e problemas emocionais, do que lograram as sociedades mais complexas. Depois que alguns antropólogos, no início do século XX, julgaram ter encontrado ajustes sexuais superiores em algumas das sociedades mais "primitivas", a questão tem sido alvo de debates vigorosos. Não resta dúvida, porém, de que a agricultura, a primeira grande transição da economia humana, mudou consideravelmente o conjunto de circunstâncias que afetam o comportamento sexual.

À medida que as sociedades agrícolas amadureceram, foram desenvolvendo vários padrões para a sexualidade, aqui apresentados por meio de comparações entre as sociedades clássicas detalhadas no capítulo "A sexualidade no período clássico". As normas de gênero e as maneiras de encarar a homossexualidade estavam entre as principais variáveis, mas no âmbito das civilizações agrícolas as diferenças de classe social também devem ser levadas em conta.

A propagação das grandes religiões introduziu mudanças ainda maiores, particularmente durante o período pós-clássico, entre cerca de 500 e 1450 e.c. Explicar as causas e impactos da mudança e atualizar descobertas comparativas são maneiras de trazer a história da sexualidade para mais perto dos tempos modernos.

Entre 1500 e 1750, a grande novidade é o desenvolvimento de novos contatos e padrões de migração (incluindo a migração forçada pelo comércio de escravos no Atlântico) e os resultados disso sobre os comportamentos sexuais. As críticas às práticas sexuais de várias sociedades ficaram mais claras em meio à acelerada interação, o que pode ter tido consequências significativas.

Tendo início de maneira definitiva no século XVIII, primeiro particularmente no mundo ocidental, as forças de urbanização, a industrialização incipiente e o crescente consumismo tiveram importante papel no que tange à mudança tanto dos comportamentos sexuais como das atitudes com relação ao sexo. Os historiadores começam a falar em "revoluções sexuais", das quais o final do século XVIII é um crucial primeiro passo. Ao mesmo tempo, a influência cada vez maior do Ocidente e o imperialismo propriamente dito marcam novos esforços no sentido da imposição de padrões sexuais a outras sociedades, às vezes com consequências imprevistas. O intervalo 1750-1950 foi um período complicado na história global da sexualidade — o que é evidenciado, entre outras coisas, por frequentes abismos entre padrões professados e comportamentos efetivos. Dois capítulos discorrem, primeiramente, sobre as complexas transformações no Ocidente, e, depois, sobre padrões e reações globais.

A última parte, que trata das décadas mais recentes, tem como eixo a interação entre as novas pressões globais afetando a sexualidade, a partir dos cada vez mais intrincados contatos entre diferentes partes do mundo, e as reações regionais que vão da inovação revolucionária à resistência tradicionalista à mudança. As tendências globais incluem a influência das novas mídias, tais como a indústria cinematográfica, a popularização das práticas e dispositivos de controle da natalidade e a contínua aceleração do crescimento urbano e industrial. Incluem também novas teorias e descobertas científicas, afetando, por exemplo, a definição de homossexualidade. O feminismo também conseguiu algum alcance e projeção global; embora expressassem ideias complicadas sobre a sexualidade, as feministas lograram moldar novas atitudes com relação a questões como estupro, circuncisão feminina e prostituição, bem como legitimar novas expectativas entre as próprias mulheres. Ainda mais recentemente, os movimentos de defesa dos direitos dos homossexuais lutam por reconhecimento global. Contudo, as tendências globais não criam um modelo único de cultura sexual ou prática sexual. Importantes sociedades reagiram e responderam a forças regionais, como a onda de revoluções comunistas que varreu diversas nações, ou o impacto das guerras e dos conflitos civis; enquanto isso, vários líderes religiosos tentaram reafirmar seu papel de guias da decência sexual. A comparação continua sendo essencial, à medida que fatores globais se deparam com variadas misturas de acomodação, resistência e adesão entusiástica. Os argumentos sobre a sexualidade, no âmbito das e entre as sociedades globais, constituem uma significativa realidade global no início do século XXI.

O ponto principal e a razão-chave para o estudo da história da sexualidade envolvem saber até que medida as sociedades, incluindo a nossa, ainda estão reagindo à mudança histórica, por meio de comportamentos sexuais e valores contemporâneos, além de debates invariavelmente ferozes. Tradições mais antigas, iniciadas, por exemplo, pelas grandes religiões, continuam moldando reações. Ainda mais importante é investigar até que ponto praticamente todas as sociedades que se confrontaram com tremendas alterações nos fatores afeitos à sexualidade – incluindo o controle da natalidade e as representações da mídia – ainda estão tentando se ajustar. Não causa surpresa o fato de que o processo gera, tanto no âmbito de uma mesma sociedade como entre as sociedades, profundas divisões, dissidências e controvérsias, acerca de questões que vão do sexo pré-marital ao homossexualismo até a determinação de quantas e quais partes do corpo devem ficar à mostra na televisão ou nas praias. O tema é fundamental para a vida humana; está vivo e ativo há mais de dois séculos em quase todo lugar; dá colorido aos contatos entre as sociedades. E a melhor maneira de compreender tudo isso é por meio da disciplina que combina o estudo da mudança com comparações entre diferentes sociedades – ou seja, por meio da história. Provavelmente a história da sexualidade é interessante em si mesma, e é verdadeiramente inescapável, uma vez que lança luz sobre um complexo e polêmico conjunto de mudanças que conecta diretamente presente e passado.

PARA SABER MAIS

James W. Howell, William E. Burns, Victoria L. Mondelli e Cherrie A. Gottsleben (eds.), *Greenwood Encyclopedia of Love, Courtship, and Sexuality*, 6 v. (Greenwood, CT: Greenwood, 2008) é uma valiosa obra de referência, embora frustrantemente seletiva de um ponto vista global.

PARTE I
A sexualidade antes da época moderna

Não é surpresa alguma o fato de que a sexualidade era parte fundamental da vida e da sociedade humanas desde as longas fases da caça e da coleta, passando pela ascensão da agricultura e ao longo do período agrícola, de séculos de duração. As características específicas de civilizações particulares mostram claramente a existência de enfoques distintivos no que tange a padrões, representações e (até certo ponto) comportamentos sexuais. O advento das grandes religiões teve impacto decisivo sobre a sexualidade, em alguns casos propiciando novas justificativas e normas para padrões já estabelecidos, e em outras instâncias introduzindo consideráveis mudanças – por exemplo, nas maneiras de encarar a homossexualidade.

Não existe algo que possa ser definido como sexo "tradicional", a ser contrastado com o sexo moderno. Antes da época moderna ocorreu um sem-número de mudanças; a variedade existente era ampla demais para permitir esse tipo de generalização. As grandes transformações na sexualidade, e as razões para essas transformações, com a ascensão da agricultura e depois (embora em um grau mais baixo) o impacto das novas religiões, compõem um tema fundamental nos capítulos que se seguem. A diferenciação também é crucial. Tanto as civilizações primitivas como as clássicas variavam amplamente em suas convicções sobre sexo, na maneira de julgar a sexualidade feminina, e no modo – e no grau de franqueza – como representavam o sexo na arte. Ao mesmo tempo, o advento da agricultura introduziu na questão da sexualidade certos temas e problemas característicos, cuja origem pode ser investigada sob a superfície de várias das grandes e mais importantes civilizações e formulações religiosas. Esses atributos comuns também merecem atenção e, de fato, contrastam com o que as condições mais modernas geraram em períodos mais recentes – ao passo que também refletem claramente constantes biológicas e psicológicas básicas numa espécie cujas características fundamentais foram estabelecidas na época em que surgiu o *Homo sapiens sapiens*, por volta de 100.000 a.e.c.

Mudança, diversidade, atributos comuns – todos esses padrões conflitantes podem ser identificados num panorama geral dos mais importantes avanços e desdobramentos sexuais nas longas fases pré-modernas da experiência humana. Uma questão subjacente, que tampouco pode ser evitada, é: nas primeiras sociedades a sexualidade humana dava mostras de maior liberdade e tolerância e foi encontrando mais restrições e repressões à medida que as economias se tornaram mais complexas, surgiram os governos formais e entraram em cena as religiões sistematizadas? A resposta, francamente, não é simples, e a questão merece um debate sério. Caíram por terra algumas das primeiras tentativas de generalização acerca desse tipo de contraste entre indulgência desregrada e posterior deterioração. É provável que uma descrição mais exata da situação resulte da compreensão de que, ao longo do tempo, diferentes sociedades identificaram diferentes tipos de problemas, aos quais a sexualidade teve de ser ajustada. Contudo, o mero fato de que a questão é inegavelmente complicada não significa que dela devamos nos esquivar totalmente.

A sexualidade e o advento da agricultura

Duas imagens (de todo contraditórias) podem vir à mente quando se pensa na sexualidade dos povos "primitivos". A primeira é a do brutal homem das cavernas acertando uma porretada na cabeça das mulheres ou arrastando-as pelos cabelos, gesto que antecede a relação sexual forçada e violenta. A segunda evoca a sexualidade desregrada e permissiva dos povos antes do estabelecimento das regras de civilização e do fardo ligado à tentativa de manutenção de uma economia mais sofisticada. Ambas estão equivocadas. Se por um lado existem alguns indícios da dominação sexual masculina, particularmente em um nível simbólico, por outro há também amplos sinais de que nas primeiras sociedades as mulheres eram participantes ativas na sexualidade e detinham o próprio poder de barganha. E se os padrões sexuais das sociedades humanas primitivas eram de muitas maneiras menos restritivos do que os que surgiriam posteriormente, e se havia o claro, se não implícito reconhecimento do prazer sexual, existiam também regras e restrições definidas. Nas primeiras sociedades humanas, a sexualidade era diferente do que viria a se tornar nos dias atuais; diversas alterações importantes, se não fundamentais, modificaram o cenário. Essas mudanças foram bem mais complexas do que qualquer ideia sobre domar o agressivo homem das cavernas ou dar fim aos idílios sexuais dos felizes adolescentes primitivos. Contudo, junto com a mudança podemos, e isso não chega a ser surpresa, ver algumas continuidades subjacentes: nas sociedades primitivas havia um embate com a tensão entre o reconhecimento do prazer sexual e o interesse e a necessidade, em nome da ordem social e até mesmo da sobrevivência econômica, da introdução de padrões regulatórios essenciais.

★ ★ ★

Durante centenas de milhares de anos, os humanos viveram em uma economia baseada na caça e na coleta, na qual pequenos bandos de pessoas espalharam-se pela maior parte das porções habitáveis do globo. Nosso conhecimento acerca da vida cotidiana no longo período que antecedeu a agricultura é limitado: há resquícios arqueológicos, representações artísticas em que são registradas diversas imagens e predileções sexuais, e evidências de grupos de caçadores-coletores remanescentes dispersas em diferentes partes do mundo. O que de fato sabemos, ainda que por vezes seja torturantemente incompleto e apenas esboçado, sugere a relação bastante estreita na sexualidade humana entre imperativos e possibilidades biológicas e as restrições de estruturas econômicas particulares.

No que concerne aos pormenores e detalhes específicos, prevalecia a ampla variedade; contudo, não surpreende que – uma vez que os grupos que viviam de caça e coleta eram pequenos e bastante dispersos – os caçadores-coletores valorizassem sobremaneira certos tipos de simbolismo sexual. Suas sociedades não estavam preocupadas com determinados aspectos da sexualidade que seriam vigorosamente debatidos por tipos de grupos humanos mais recentes. Mas conheceram, por experiência, limites severos em aspectos cruciais da sexualidade, por causa das restrições que uma economia e um estilo de vida calcados na caça e na coleta impunham ao número de filhos que podiam ser gerados e mantidos. As necessidades de controle da natalidade e a inexistência de dispositivos capazes de dar conta dessas necessidades rivalizavam com um considerável interesse erótico. O resultado foi um padrão de expressão sexual que mudaria consideravelmente quando a agricultura surgiu para substituir a caça e a coleta, entre 9000 e 5000 a.e.c. (dependendo da região). De fato, a sexualidade das sociedades caçadoras-coletoras proporciona um fascinante instrumento para a avaliação de desdobramentos e avanços posteriores, instigando a análise histórica a não apenas documentar, mas também explicar por que alguns aspectos da sexualidade passaram por mudanças tão dramáticas.

De maneira geral, duas tensões parecem ter estado em ação nas sociedades caçadoras-coletoras: a primeira, expressa na arte e também em certos tipos de arranjos práticos, envolvia uma fascinante combinação entre a ênfase na sexualidade, bravura e proezas masculinas com uma tendência igualmente comum de borrar contornos de gênero em questões sexuais. A segunda, centrada na expressão sexual propriamente dita, tentava combinar um evidente deleite no prazer sexual com as necessidades de controle da natalidade.

A arte primitiva – da qual depende grande parte da nossa especulação sobre a sexualidade humana primitiva – frequentemente retratava formas femininas. Arqueólogos encontraram estatuetas de Vênus, a deusa do amor, de grupos da Era do Gelo e imediatamente posteriores. Elas tendem a ser bastante passivas e, em geral, desprovidas de rosto – o que suscita todo tipo de pergunta sobre a maneira como essas sociedades viam a sexualidade feminina. São também bastante gordas, e supõe-se que essa obesidade era vista como atributo erótico, porque significava boa saúde e capacidade de ter filhos. As roupas femininas também salientavam aspectos sexuais, exibindo seios ou decotes e às vezes com fendas que deixavam à mostra os pelos pubianos. Acredita-se que a ocra datada de 70 mil anos encontrada ao largo da costa da África do Sul seja resquício de batom, usado com o intento de que a boca da mulher ficasse mais parecida com uma vagina, em sinal de disponibilidade sexual.

As figuras masculinas, invariavelmente dotadas de pronunciados aparatos fálicos, são

Vênus de Willendorf, calcário. Paleolítico (Museu de História Natural de Viena, Áustria). Figura feminina sem rosto e de formas avantajadas que sugerem atributos considerados eróticos: boa saúde e capacidade reprodutiva.

bem mais comuns que as femininas. Símbolos do potencial sexual masculino eram claramente importantes; por vezes estavam associados a animais. Uma famosa gravura encontrada na França retrata uma leoa lambendo um enorme pênis humano, e outras representações mostram com clareza a dominância do falo. Costumava-se esculpir gravetos fálicos, que provavelmente eram usados em rituais sexuais. Alguns grupos fabricavam joias para adornar o pênis, e ornamentos desse tipo foram encontrados em cemitérios. Também eram comuns os monumentos de pedra que realçavam o pênis, às vezes trazendo imagens do ventre feminino, mas implicando a dominação sexual masculina. Em um mito da criação egípcio de 2600 a.e.c., Atum, o deus-sol, masturba-se na água, e sua ejaculação cria o rio Nilo. Em um mito sumeriano, o sêmen de um deus enche o Tigre e o Eufrates – ambos são indicações da força e criatividade atribuídas ao poder sexual masculino.

Entretanto, ao mesmo tempo, os grupos que viviam de caça e coleta também produziram uma grande quantidade de arsenal imagético sexual ambíguo, e às vezes é difícil dizer, observando os entalhes e gravuras rupestres, se o que está sendo retratado é a anatomia masculina ou feminina – ou possivelmente uma combinação das duas. Rituais de eonismo [*cross-dressing*] ou travestismo eram comuns; em uma "cerimônia do urso" praticada na Sibéria, por exemplo, todos os participantes, incluindo os sacerdotes, vestiam-se com roupas do sexo oposto. Muitos grupos vinculavam significado espiritual a pessoas capazes de transcender os limites de gênero. Alguns curandeiros e sacerdotes eram travestis ou usavam instrumentos associados ao sexo oposto. Da mesma maneira, em alguns grupos, os sacerdotes e xamãs mantinham relações sexuais com homens e mulheres. Mais uma vez estava em jogo a ideia de que certa dose daquilo que muitas vezes é chamado de comportamento "de dois espíritos" era saudável e normal. Em algumas tribos, particularmente na América do Norte e do Sul, mas também em partes do sul da África, caso do atual Moçambique, certos homens eram sistematicamente vestidos e tratados como mulheres. Às vezes essa prática expressava um excesso de indivíduos do sexo masculino e a consequente necessidade de prover pessoas para o trabalho caracteristicamente "feminino", embora tivessem nascido homens. Mas atrelada a ela havia também significação sexual e espiritual. Em Moçambique, alguns dos meninos tratados como mulheres enfeitavam-se com seios de madeira para entreter os homens e eram vistos como detentores de poderes mágicos. Mais raramente, as meninas podiam ser incumbidas de vestir-se e agir como homens. A bissexualidade praticada abertamente também era comum. Entre os nativos norte-americanos, certas tribos realizavam (e ainda realizam) um rito de iniciação em que, ao primeiro sinal de puberdade, meninos eram levados para dormir na casa de homens, onde um tio materno era encarregado de penetrá-los, de modo a torná-los fortes e enchê-los de sêmen para que se tornassem homens férteis. Mais uma vez, vale dizer que havia grande variedade de região para região, o que complica qualquer tipo de generalização, mas, ao que parece, muitos grupos de caçadores-coletores não impunham limites estritos entre o que chamaríamos de características e comportamentos heterossexuais e homossexuais, e demonstravam fascínio pela sexualidade e pelo poder que acompanhava a capacidade de combinar aspectos sexuais de ambos os gêneros. Embora a arte relevante geralmente retratasse atividade heterossexual, em lugares como a Sicília há também gravuras em rochas com cenas homoeróticas.

O tipo de façanhas sexuais enfatizadas na arte baseava-se em comportamentos efetivos. Algumas sociedades – por exemplo, entre as comunidades inuit na América do Norte – instalavam acampamentos para amantes, ao lado de acampamentos de caça e residência mais normais, para onde os casais podiam ir para praticar a atividade sexual. Os melhores caçadores eram provavelmente tidos como parceiros sexuais mais atraentes, e pode ser que seduzissem um número maior de mulheres e tivessem mais filhos. Pelo menos algumas das sociedades caçadoras-coletoras parecem não valorizar a virgindade feminina ou qualquer tipo de pureza sexual. Algumas tribos – no Pacífico Sul, por exemplo – desenvolveram um ritual em que jovens mulheres recém-chegadas à puberdade tinham de manter relações sexuais com parentes homens de seu primeiro parceiro sexual. A atividade sexual relativamente precoce e a pluralidade de parceiros parecem ter sido comuns. Alguns grupos que viviam de caça e coleta provavelmente praticaram a monogamia ou a monogamia em série (lealdade a um parceiro durante tempo determinado, mas depois busca de outro parceiro); ao que tudo indica, as pessoas tinham uma relativa liberdade para escolher um parceiro de acasalamento, o que dava ensejo à ênfase em características físicas desejáveis, bem como na habilidade de caça.

Em oposição ao óbvio interesse na expressão e no prazer sexual, as exigências de controle da natalidade acarretavam um absoluto contraste. O estilo de vida nômade e as limitadas fontes de comida impediam qualquer desejo de ter muitos recém-nascidos e impunham, também, uma necessidade de espaçar os filhos em intervalos de sete anos. A importância do sexo para a procriação era óbvia, conforme é sugerido em grande parte da arte primitiva; contudo, em demasia o sexo para a procriação era um perigo.

Três métodos de limitação do número de recém-nascidos eram amplamente postos em prática, e todos tinham implicações relativas à frequência e ao prazer da expressão sexual. O primeiro e mais óbvio: as mulheres amamentavam seus filhos por longos períodos, até os 6 anos de idade ou mais. Isso garantia alimento para a criança e também restringia a capacidade da mãe de dar à luz outro filho. A amamentação não impede a concepção, mas seu impacto químico no corpo feminino torna a concepção mais improvável. Visto na superfície, esse método de controle da natalidade sugeria o interesse na combinação de um intervalo bastante acentuado entre um filho e outro e o acesso continuado ao prazer sexual. Não havia tabu específico algum, como se desenvolveria posteriormente, sobre ter relações sexuais com uma mulher em período de amamentação. Por outro lado, dar de mamar várias vezes por dia, inclusive ao longo da noite (quando as crianças pequenas dormiam com a mãe) podia facilmente alhear a mulher e desestimular potenciais parceiros do sexo masculino, reduzindo (embora sem eliminar) a atividade sexual. O hiato entre o período de sexualidade na juventude e a idade adulta induzida pela gravidez podia ser considerável.

Um segundo método contraceptivo envolvia o que na época moderna viria a ser conhecido como "consciência da fertilidade", ou método do ritmo, em que as mulheres tentavam monitorar seu ciclo menstrual de modo a evitar relações sexuais durante os dias de pico da fertilidade. Evidências a partir de incisões feitas em ossos e chifres sugerem que as mulheres monitoravam seu ciclo menstrual para fins de controle da natalidade, mas também porque esperavam ser sexualmente ativas sob condições seguras. Por outro lado, os métodos do ritmo são inerentemente pouco confiáveis e, de qualquer modo, muitas sociedades primitivas não tinham certeza de quando ocorria a fase fértil (algumas acreditavam, erroneamente, que era durante a menstruação); por isso, não está claro até que ponto essa técnica permitia a coexistência do desejo sexual e da necessidade de limitar o número de filhos. Alguns grupos aborígines da Austrália, por exemplo, não associavam o sexo à concepção, mas acreditavam que o sexo durante a gravidez era o que permitia ao feto desenvolver-se adequadamente. Esse tipo de crença estimulava a relação sexual assim que a gravidez era constatada, mas em outras ocasiões a restringia, quando a necessidade de limitar e espaçar o nascimento de novos filhos talvez exigisse a abstinência.

Por fim, os casais podiam simplesmente abster-se do sexo, ou pelo menos do sexo com penetração, por longos períodos. E podia ser que a atividade sexual diminuísse após a primeira juventude, em parte em função da compreensão cada vez mais aguda do quanto era importante, em nome do suprimento de comida da família e das viagens nômades, evitar muitos nascimentos. O trabalho árduo e o envelhecimento talvez cobrassem também seu preço na atratividade sexual, mesmo no que chamaríamos de meia-idade relativamente precoce. Uma razão pela qual em alguns casos se desenvolviam certas formas sexuais alternativas, tais como o acesso sexual a meninos e rapazes por parte de parentes mais velhos ou a prática de compartilhar sexualmente meninas recém-saídas da puberdade, talvez seja o reflexo do reconhecimento dos limites da atividade heterossexual com um parceiro mais velho.

O ponto é o seguinte: com a aparente ausência de certos tipos de restrições, o sexo nas sociedades caçadoras-coletoras requeria certo nível de reflexão e cálculo, algum reconhecimento de determinados tipos de limites de frequência e planejamento temporal, de modo a combinar expressão e tentativa de evitar filhos indesejados. Isso provavelmente gerou uma distinção em boa medida clara entre a experimentação sexual entre os jovens antes da primeira gravidez e o regime sexual que descreveria a subsequente idade adulta. A arte que celebrava as façanhas sexuais pode não ter celebrado apenas a importância da atividade sexual, mas também propiciou alguma compensação simbólica para as restrições na efetiva experiência da vida adulta normal.

Margaret Mead e o Pacífico Sul

Algumas décadas atrás, uma antropóloga norte-americana pioneira, Margaret Mead, produziu um elaborado estudo sobre adolescentes de Samoa e outras sociedades do Pacífico Sul, usando suas descobertas para afirmar o papel predominante da cultura na determinação do comportamento sexual. Por meio da comparação com o que ela via à sua volta como repressão danosa na sociedade norte-americana, a pesquisadora extraiu implicações morais para os Estados Unidos contemporâneos. Seu trabalho, simplificado e facilitado em apresentações para o público, parecia pintar um retrato da indulgência sexual, com o qual os padrões norte-americanos contrastavam de maneira desfavorável.

Mead atacou particularmente qualquer noção de que homens e mulheres tivessem diferentes necessidades sexuais e/ou potenciais de prazer. Seu argumento era o de que a biologia perdia a importância diante do poder da cultura, e era uma cultura específica que estava fazendo mal aos Estados Unidos. Nos mares do sul, a angústia resultante das restrições sexuais era mantida em um nível mínimo, por causa da considerável promiscuidade, amplamente permitida entre homens e mulheres jovens, e a ausência de qualquer valor particular atribuído à virgindade. As meninas samoanas, em óbvio contraste com seus congêneres norte-americanos, tinham liberdade para buscar o prazer sexual e podiam se expressar abertamente, de maneiras mentalmente saudáveis e que preparavam uma vida adulta bem ajustada, de modo algum presa ou limitada a regras e a papéis familiares rígidos.

O cenário era charmoso e certamente estimulava reflexões úteis sobre os hábitos estadunidenses contemporâneos; porém, à medida que pretendia descrever uma sociedade primitiva permissiva, não parecia estar correto (de fato, algumas outras ilhas do Pacífico Sul, como Magaia, aparentemente tinham um enfoque mais permissivo que Samoa). Em tempos mais recentes, diversos antropólogos críticos, liderados por Derek Freeman, desabonaram Mead em diversos pontos, sob o argumento de que ela não estudou sistematicamente as meninas sobre as quais fez afirmações generalizadas, e que algumas das jovens informantes mentiam deliberadamente, exagerando o próprio comportamento. Pesquisas posteriores mostraram que a fidelidade sexual era extremamente valorizada, e que havia bem menos promiscuidade do que Mead alegava. Os críticos também se preocuparam com o fascínio de Mead pelo uso de normas de uma cultura como parâmetro moral para outra bastante diferente.

O episódio acadêmico certamente salienta a complexidade de se fazer generalizações sobre a sexualidade em qualquer sociedade, mesmo quando a observação direta é possível, e os perigos de se supor que padrões sexuais idílicos devam ser associados a sociedades economicamente mais simples. Os primeiros grupos humanos tinham valores e comportamentos diferentes dos que se desenvolveram em épocas posteriores – Samoa, por exemplo, já era uma sociedade agrícola, embora sem governo formal elaborado até o século XIX –, mas já operavam em meio a pressões tremendamente conflitantes no que dizia respeito ao sexo.

Agricultura

Uma das grandes mudanças na história humana envolveu a introdução da agricultura, que gradualmente substituiu a caça e a coleta em muitas regiões e passou a ser o sistema econômico básico da humanidade. A agricultura surgiu por volta de 9000-8000 a.e.c. na região do mar Negro e Mesopotâmia, e logo se espalhou para o norte da África, partes da Índia e partes do sul da Europa; o cultivo agrícola foi inventado, de maneira independente e separada, no sudeste asiático, no sul da China, na América Central e possivelmente em outros lugares. Mas nem todos os grupos humanos se converteram. Em muitas regiões continuaram existindo agrupamentos dedicados à prática da caça e da coleta, às vezes incrementada com algum cultivo de grãos. Surgiram também sociedades nômades de pastores, calcadas na domesticação de animais como cavalos, gado bovino e camelos. Nesses casos, padrões sexuais estabelecidos anteriormente continuaram em vigência, sem grandes alterações.

Contudo, com a agricultura – e as economias agrícolas acabaram predominando na maior parte das principais regiões e entre as populações humanas mais numerosas –, a estrutura da sexualidade mudou de várias maneiras. Os padrões agrícolas de sexualidade refletiam um novo conjunto de necessidades e oportunidades econômicas, e os efeitos demonstram o quanto a sexualidade humana pode se tornar flexível em face de novas conjunturas. Por sua vez, esses padrões persistiriam por muitos milênios em grande parte da Ásia, África, Europa e importantes regiões das Américas. Mesmo hoje, quando as sociedades agrícolas ensejam condições mais urbanas e industriais, continuam perdurando resquícios e tradições nevrálgicas da sexualidade, o que faz com que o movimento na direção dessas formas sexuais características seja mais do que apenas uma questão de interesse histórico.

Não dispomos de registros explícitos acerca da sexualidade em sociedades que passaram pela transição da caça e coleta para a agricultura. Nem a arte nem a arqueologia fornecem um relato direto de quando ou como exatamente os humanos começaram a registrar as implicações sexuais de seu novo estilo de vida, ou sobre como experienciaram pessoalmente a mistura de ganhos e desvantagens (tendo como parâmetro de julgamento um conjunto pré-agrícola de tradições) que a mudança sexual acarretou.

O que conhecemos, e sobre o que podemos especular abundantemente, são as muitas mudanças nas condições de vida, com possíveis implicações na sexualidade. Por exemplo, com a agricultura a maior parte das pessoas começou a se fixar em um só lugar e a viver em vilarejos estreitamente próximos – havia casos de agricultura mais transitória ou habitações mais esparsas, mas essa não era a norma. Com a residência fixa e a maior parte das famílias vivendo conjuntamente em algum tipo de casa, aumentaram as oportunidades de supervisão coletiva do comportamento sexual – incluindo a supervisão dos pais e outros parentes mais velhos. Obviamente, as comunidades agrícolas podiam ter modificado essa mudança por meio da prática de áreas separadas para os amantes, procedimento que havia sido adotado por alguns grupos caçadores-coletores, mas, de maneira reveladora, isso não ocorreu. Por milhares de anos, o comportamento sexual seria fortemente condicionado pela supervisão de pequenos grupos, mesmo quando regras básicas foram estabelecidas por sociedades maiores. E embora essa supervisão tenha enfraquecido nos dois últimos séculos, em função da urbanização, resquícios do padrão agrícola ainda persistem.

Com a habitação agrícola e a vida comunitária também passou a ser normal que as crianças vissem seus pais mantendo relações sexuais, uma vez que os membros das famílias dormiam muito próximos. Cem anos atrás, muitos psicólogos fizeram estardalhaço sobre os efeitos perturbadores desse tipo de exposição, mas podemos apenas especular sobre as implicações para as sociedades rurais. O impacto sobre as crianças de presenciar as relações sexuais dos próprios pais pode ter sido reduzido, uma vez que era evento bastante rotineiro.

A agricultura trouxe a reboque alguns tipos de regras concernentes à propriedade. Nenhum grupo estava disposto a trabalhar para arar a terra, cavar poços ou instalar sistemas de irrigação sem ter garantias de propriedade. Aqui, as definições podiam variar tremendamente – a posse podia ser de famílias individuais, de senhores abastados ou de coletividades de vilarejos –, mas o fato é que alguma forma de controle de propriedade surgiu. Os historiadores já especularam que, com a propriedade, aumentou, por sua vez, a importância de se determinar a paternidade dos filhos. Antes de passar para sua prole a posse da propriedade, cada vez mais os homens buscavam ter certeza de que os filhos envolvidos eram de fato seus. É importante observar que não podemos provar exatamente como ou por que surgiu essa conexão – e certamente seria possível conceber outras maneiras de enfocar a questão. O que está claro é que as sociedades agrícolas rapidamente começaram a adotar medidas que ajudaram a asseverar a paternidade, por meio do desenvolvimento de novas regras para controlar a sexualidade feminina, o que, por sua vez, daria ensejo a diferenças evidentes, pelo menos no nível das regulações sociais, entre os padrões sexuais aplicados às mulheres e aqueles aplicados aos homens. Todas as sociedades agrícolas tornaram-se, de certo modo, patriarcais — isto é, dominadas por homens (e de pai para filho); e uma expressão fundamental do patriarcado foi o impulso de controlar a sexualidade feminina e diferenciar padrões por gênero. Eis aí uma mudança crucial com relação às tradições características das sociedades caçadoras-coletoras. A mesma preocupação com o monitoramento da sexualidade feminina ajudou a gerar intensas emoções acerca da possessividade sexual — ciúmes, em suma —, que a maioria das sociedades agrícolas legitimava, mas que muitas sociedades caçadoras-coletoras, bem mais tranquilas a esse respeito, não cultivaram. Desse ponto em diante o ciúme seria um fato complicador em muitos relacionamentos sexuais.

O advento da agricultura colocou a maior parte das pessoas em contato mais regular e mais próximo com animais do que ocorria anteriormente, no estágio da caça e coleta. A partir daí, elas passaram a observar com maior regularidade o comportamento animal. Obviamente, esse fato possibilitou diversos resultados: talvez, por exemplo, a novidade de censurar os apetites sexuais como sendo animalescos e contrastar padrões humanos de respeitabilidade e autodomínio. O óbvio interesse agrícola na reprodução dos animais domesticados pode ter ajudado a concentrar a atenção nos propósitos reprodutivos da sexualidade humana — que acabariam enredados à atribuição de novos propósitos para as crianças. A disponibilidade de animais domésticos também produziu, inquestionavelmente, novas oportunidades para o bestialismo ou zooerastia, a prática sexual (principalmente por parte dos homens) com animais. Se não de imediato, ao fim e ao cabo, todas as sociedades agrícolas aprovaram regras severas contra o bestialismo; as leis islâmicas, judaicas e cristãs condenaram e baniram a prática em termos rígidos e veementes. Mesmo assim, não resta dúvida de que sob condições rurais ocorria contato sexual com animais. Não era incomum que o bestialismo fosse punido com a pena de morte, o que se verifica, por exemplo, nos primórdios da Europa moderna ou na Nova Inglaterra colonial. Contudo, muitas oportunidades de contato sexual com animais não eram detectadas. Um estudo sobre os hábitos sexuais dos norte-americanos em meados da década de 1940 revelou que

1/4 de todos os homens das zonas rurais já tinha mantido algum tipo de atividade sexual com animais. A zooerastia era um fato das sociedades agrícolas e suscitou todo tipo de histórias envolvendo criaturas mitológicas metade humanas e metade animais e competições entre deuses e deusas e animais. Simplesmente não temos meios de saber o grau de frequência e importância desse tipo de prática no âmbito geral dos padrões sexuais dos povos agrícolas.

Mais importante foi o fato de que as sociedades agrícolas criaram novas necessidades e usos para as crianças. Uma vez que as famílias passaram a depender com mais frequência do cultivo agrícola, com o tempo as crianças adquiriram papel cada vez mais útil como fonte de mão de obra. As crianças muito pequenas ainda eram um estorvo econômico, mas as de 6 anos já podiam realizar algum tipo de trabalho, e na adolescência se tornavam um componente absolutamente vital da força de trabalho. Por sua vez, é claro, as fontes mais confiáveis de comida – a grande vantagem da agricultura sobre a caça e a coleta – permitiram que o tamanho da família aumentasse. A taxa de natalidade subiu dramaticamente, e o espaço entre o nascimento de um filho e outro diminuiu – em geral para dois anos, embora, é claro, houvesse muitas variações. A amamentação continuou a se estender por um período de mais ou menos 18 meses, mas a duração do aleitamento materno diminuiu marcadamente, como parte do contexto geral das mudanças nas estratégias e objetivos da família.

Quais as implicações dessas drásticas mudanças para a sexualidade? A mais óbvia de todas é que os propósitos reprodutivos do sexo tenderam a receber mais atenção. Mesmo na arte, por exemplo, se a atenção à sexualidade masculina nem de longe desapareceu, o novo interesse das sociedades agrícolas teve como sintoma o destaque dado a imagens da mãe e das ligações entre a fertilidade humana e a fertilidade do ciclo agrícola. Mais do que antes, a infertilidade tornou-se tema de grande preocupação. Nas sociedades agrícolas, cerca de 20% dos casais não tinham filhos por conta de problemas de pelo menos um dos parceiros. A inquietação em torno de assegurar a taxa de natalidade desejada podia tornar-se uma parte importante da vida familiar, e, indiretamente, pelo menos da vida sexual, mesmo depois do nascimento do primogênito. Algumas sociedades agrícolas permitiam que um casamento fosse dissolvido por causa da infertilidade, e algumas (nos primórdios da França moderna, por exemplo) chegavam a punir os homens inférteis. Outro fato é que as mulheres das sociedades agrícolas, mais do que seu correlato nas sociedades calcadas na caça e na coleta, passavam mais tempo cuidando dos preparativos para dar à luz, recuperando-se do parto e dedicando-se aos recém-nascidos, e isso também podia afetar o interesse sexual.

Pelo menos em algumas sociedades, um dos principais resultados da nova ênfase ao sexo com fins procriativos pode ter sido a desaprovação da masturbação, tida como perda de tempo e de potencial (ao menos no caso dos homens). Nesse contexto, as reações variavam. O judaísmo, por exemplo, punia a masturbação, conforme consta no Antigo Testamento. Outras sociedades agrícolas depreciavam a prática, mas não a rotulavam como pecado. Contudo, a reorientação era interessante e podia afetar comportamentos ou reações a comportamentos.

A oportunidade – na verdade, a necessidade e o desejo – de ter mais filhos podia obviamente promover a atividade heterossexual, mesmo quando o propósito era ostensivamente a reprodução e não algum

Yakshi, arenito. Séc. I a.e.c. (Bharhut, Índia). O novo interesse das sociedades agrícolas em mais descendentes fez com que a arte passasse a dar maior destaque a imagens maternas e a conexões entre fertilidade humana e ciclos agrícolas. Nesta figura indiana, a divindade da natureza Yakshi, também conhecida como "mulher-árvore", é representada agarrando-se a galhos de uma árvore. Acreditava-se que, com um gentil pontapé da deusa, da árvore surgiriam flores e frutos.

prazer particular. Mas as sociedades agrícolas também encaravam restrições. Ter filhos demais podia ser um desastre ainda maior do que não ter filho algum – muitas bocas a alimentar, um fardo pesado demais para a pouca terra de que dispunha uma família camponesa. Em geral, o ideal era que um casal tivesse de seis a sete filhos ao longo de seu período fértil. Nas sociedades agrícolas, mais da metade dos recém-nascidos morria em um período de dois anos, de modo que o total de seis ou sete filhos garantiria a mão de obra ideal e um número razoável de adultos a serem sustentados – reconhecidamente com uma pequena margem de segurança. (O excedente de crianças podia, entre outras coisas, ser encaminhado para famílias sem filhos, reduzindo as demandas de manutenção doméstica.) Quando ocorria algum desastre populacional – uma guerra ou surto de doença –, taxas de natalidade mais elevadas podiam ser postas em prática por um breve período, de modo a preencher as fileiras da comunidade. Mas em épocas normais, a meta relativa ao número de filhos era consideravelmente mais elevada do que nas sociedades caçadoras-coletoras, embora não fosse ilimitada.

Essa meta, por sua vez, girava em torno da média de filhos que um casal geraria caso nenhuma precaução fosse tomada, conforme sugere a fórmula hutterite. Obviamente, algumas famílias agrícolas individuais, em outros lugares e períodos, alcançaram um nível hutterite de filhos, e isso sempre foi uma possibilidade. De maneira igualmente óbvia, a maior parte das famílias de lavradores teria considerado esse nível uma perspectiva assustadora, e teria buscado diversos meios de evitá-lo.

A sexualidade nas sociedades agrícolas estava, portanto, fortemente condicionada pelo grande desejo de ter um número razoável de filhos, mas também por um desejo igualmente grande de garantir que não ocorresse a capacidade procriativa máxima. Diferentes comunidades, obviamente, acabariam introduzindo diferentes mecanismos para alcançar esse delicado equilíbrio – e sempre houve famílias para as quais, por alguma razão, o equilíbrio desandava, e o resultado era um número excessivo de filhos. No cômputo geral, contudo, diversas estratégias eram possíveis, todas com impacto direto sobre a sexualidade:

1. Em geral, como vimos, a amamentação continuou a ser praticada por um período relativamente longo segundo os padrões modernos, embora bem mais curto do que nas sociedades caçadoras-coletoras.

Isso ajudou a assegurar um intervalo médio entre cada filho, durante os primeiros anos do casamento, de cerca de dois anos, o que por sua vez limitou a média geral de nascimentos. Essa prática podia agora ser acompanhada por novas convicções acerca da inadequação da atividade sexual logo após o parto (o tabu pós-parto), ou durante pelo menos alguns estágios da amamentação, com uma cultura restritiva suplementando as limitações naturais.

2. A idade da primeira atividade sexual podia ser limitada por aspectos culturais ou legais, escorados no monitoramento da comunidade e nos esforços para assegurar que a prática sexual não se desse fora do âmbito do casamento. Certos grupos na população podiam ser incentivados a manter o celibato permanente, via de regra por razões religiosas, mas com certo impacto sobre os níveis populacionais como um todo e (o que é discutível) tendo em mente preocupações implícitas sobre da taxa de natalidade. Em outras palavras, o pacote agrícola podia incluir certa dose de desestímulo à atividade sexual.

3. A frequência da atividade sexual podia diminuir na maturidade da vida adulta, mas antes da menopausa. Em todo caso, questões de saúde ou as pressões e responsabilidades do exigente e extenuante trabalho agrícola podiam afetar o apetite sexual das pessoas na casa dos 30 anos, mas às vezes as normas da comunidade fomentavam a opinião geral de que era inapropriado ou indecoroso que a atividade sexual mantivesse o mesmo ritmo dos primeiros anos de casamento. A noção de que o sexo devia arrefecer com a idade mais a vigorosa associação entre sexo e reprodução, particularmente no caso das mulheres, contribuíam para disseminar entre as comunidades agrícolas a convicção de que as mulheres, após a menopausa, deveriam refrear inteiramente a atividade sexual. Juntamente com outras considerações, isso pode ter ajudado a difundir a crença de que muitas viúvas sequer deviam voltar a se casar.

Nas sociedades agrícolas, a sexualidade estava fortemente – ainda que não de modo exclusivo – vinculada à reprodução, mas também era condicionada pela necessidade de limitar a taxa de natalidade, e uma grande variedade de dispositivos pode ter sido introduzida ou combinada de modo a produzir o resultado desejado. Era comum, também, que houvesse interesse em alguma forma de auxílio artificial. A maior parte das sociedades agrícolas desenvolveu rituais com o intuito de estimular ou desestimular a fertilidade; alguns envolviam práticas mágicas. Nem sempre obtendo resultados efetivos, ervas, por exemplo, eram usadas para restringir a fertilidade ou induzir o aborto. Conforme veremos, em alguns casos eram utilizados dispositivos artificiais, incluindo preservativos feitos de bexiga de animais; contudo, ainda não se sabe ao certo até que ponto esses recursos eram de fato eficazes ou usados em larga escala.

De maneira mais geral, as preocupações acerca da reprodução e de sua limitação tendiam a suscitar um sistema de valores preventivo no que tangia ao sexo, embora cada sociedade agrícola tivesse sua própria especificidade a esse respeito. Se isso reduzia o interesse e as oportunidades de prazer sexual, em comparação com as condições das sociedades caçadoras-coletoras, é questão que ainda permanece em aberto. Especialistas modernos, incluindo Sigmund Freud, especularam sobre o fardo da cultura sexual restritiva como parte do advento de sociedades e civilizações mais complexas. É importante, conforme vimos, não glamorizar excessivamente o precedente da economia de caça e coleta, e também não ignorar as muitas oportunidades de prazer nas comunidades agrícolas (incluindo casos em que marcos culturais eram deixados de lado). O ponto mais importante é o fato da mudança: os sistemas sexuais das sociedades agrícolas eram moldados por problemas diferentes daqueles que os humanos haviam enfrentado anteriormente, à medida que se ajustavam às novas realidades de trabalho e propriedade.

Uma última medida preventiva tornou-se cada vez mais explícita na maior parte das sociedades agrícolas: o interesse em proibir as relações sexuais entre parentes próximos. Também nesse ponto muitas sociedades caçadoras-coletoras desenvolveram costumes, à medida que se constatou que o sexo entre pais e filhos ou entre irmãos resultava em prole deficiente. Porém, as sociedades agrícolas, dispondo de mais recursos para desenvolver regulação formal e enfatizar a reprodução, geraram leis e preceitos morais firmes contra o que agora passou a ser definido como incesto (embora variasse a definição do grau de parentesco próximo). A literatura e a arte ainda retratavam o incesto, fosse para estimular ou para reforçar valores comuns; abusos certamente continuaram sendo praticados, mas o enfoque básico tornou-se um padrão da ética sexual e, em geral, a lei vigente E, diferentemente de certas normas, aplicava-se a ambos os sexos.

Inerente à ascensão da agricultura, deu-se uma guinada no padrão, embora alicerçada em critérios provavelmente já presentes entre os grupos de caça e coleta: a variação do sexo de acordo com a classe social. Uma vez que geravam mais excedente do que as economias anteriores, as sociedades agrícolas, em geral, criaram condições para o florescimento de desigualdades – uma minoria de pessoas, tais como proprietários de terras, mercadores, sacerdotes ou funcionários, passou a ter acesso a padrões de vida impossíveis para os camponeses comuns, ainda que, às vezes, surgissem gradações também entre os camponeses, com base na posse de terras. Se caçadores habilidosos foram provavelmente vistos como homens sexualmente desejáveis, o mesmo podia valer para indivíduos das classes mais altas, particularmente homens, sob condições agrícolas. Em muitas sociedades agrícolas, como veremos, as classes superiores desfrutavam de oportunidades sexuais bastante diferentes daquelas disponíveis para a massa geral da população – incluindo, mais uma vez no caso dos homens, um número maior de parceiros sexuais. As classes mais altas também tinham condições de sustentar famílias mais numerosas do que a maioria dos camponeses podia contemplar, o que implicava que algumas das restrições que afetavam as pessoas comuns podiam ser reduzidas ou ignoradas. Era frequente, por exemplo, que as pessoas das classes mais altas se casassem mais cedo do que a maioria dos camponeses. De fato, tanto para os homens como as mulheres do grupo de elite, a importância de ter descendentes, particularmente meninos, de modo a assegurar a continuidade da linhagem familiar, valorizou sobremaneira o sexo com fins de reprodução, fazendo com que as restrições às taxas de natalidade fossem visivelmente menos rigorosas do que para a média das famílias. Normalmente, as classes altas ainda não conseguiam atingir um padrão hutterite, mas para esses grupos de elite a tensão entre sexo e o tamanho desejado da família era definida de maneira diferente.

Variações sobre os temas

Os verdadeiros padrões de sexualidade nas sociedades agrícolas – os primeiros, mas também através de iterações posteriores – sempre refletiram as condições e os problemas básicos acarretados pelo advento da agricultura em si. As pessoas envolvidas nem sempre tinham consciência de até que ponto as circunstâncias agrícolas condicionavam a sexualidade, presumindo frequentemente que os valores eram transmitidos pelos deuses, ou por um Deus, ou por alguma outra fonte. Mas, em retrospecto, as questões fundamentais estavam claras. No âmbito do padrão agrícola, contudo, uma gama de variáveis era possível, em termos tanto das restrições ao sexo como da exploração das oportunidades para o prazer. Ainda que as evidências acerca das primeiras sociedades agrícolas sejam menos abundantes do que gostaríamos, certo senso de variedade é parte crucial da história.

O interesse no controle da natalidade era bastante difundido, mas os recursos específicos dependiam de crenças e condições locais. Os gregos antigos inseriam na vagina a metade de um limão, como medida contraceptiva – uma espécie de espermicida natural. Com a mesma finalidade, os egípcios usavam excremento de crocodilo. As primeiras sociedades indianas parecem ter desenvolvido o mais elaborado conjunto de habilidades e interesses no uso de ervas para contracepção. Mais uma vez, era espantosa a variedade em torno de um mesmo tema comum.

Algumas sociedades agrícolas desenvolveram a exigência da circuncisão masculina, supostamente por razões de saúde e higiene, embora quase sempre como prescrição religiosa. A retirada cirúrgica do prepúcio já era praticada no Egito ainda em 4000 a.e.c., mas indícios em múmias revelam que nem todos os homens eram submetidos ao procedimento. Entre judeus e fenícios, a circuncisão era obrigatória (a lei judaica estipulava que fosse realizada no oitavo dia de vida), mas para outros povos do Oriente Médio e do Mediterrâneo, não; mais tarde, contudo, passaria a fazer parte da lei islâmica. Novamente, a variedade, até na mesma região básica, era considerável.

Em partes do nordeste da África, surgiu também o costume da circuncisão feminina, provavelmente bem cedo. Aqui, o propósito certamente não estava relacionado a questões de saúde, mas – por meio da remoção dos clitóris, ainda no início da puberdade – a uma limitação do prazer sexual da mulher e, portanto, um meio de controlar a sexualidade feminina. Não há como saber ao certo quando a prática da excisão feminina teve início; a primeira referência razoavelmente definitiva vem de um viajante romano que visitou o alto Egito em 25-24 a.e.c.. Ao que tudo indica, a mutilação genital era praticada sob bases limitadas. O que se sabe é que a certa altura a circuncisão feminina se espalhou ou se desenvolveu de maneira independente em partes do nordeste da África e, ainda mais tarde, em outras partes da África Subsaariana. Por fim, adquiriu também significação ritual e religiosa. A prática continua ainda hoje em certas partes da África, península arábica e Ásia, em meio a crescente controvérsia. Entretanto, de modo geral não era comum nas sociedades agrícolas, mas outro sintoma das diferentes respostas possíveis em meio a uma série de preocupações mais amplas e rotineiras.

As sociedades agrícolas desenvolveram uma gama de práticas homossexuais ou bissexuais – não havia norma padrão, a despeito do fato de que a ênfase no sexo procriativo pode ter resultado em uma nova maneira de encarar esses comportamentos. Alguns grupos de sacerdotes – entre os mesopotâmicos, por exemplo – usavam o sexo anal como meio de conexão com os deuses; isso refletia a crença comum de que o orgasmo tinha qualidades espirituais, e que as atividades homoeróticas, particularmente, refletiam capacidade espiritual. Algumas sociedades agrícolas também mantinham certos indivíduos cuja sexualidade era mais consistentemente ambígua. Os mesopotâmicos, mais uma vez, reconheciam um grupo social chamado de sag-ur-sag, provavelmente bissexual ou intersexual. Na costa das regiões agrícolas do mar Negro, alguns homens do povo cita tinham o costume de beber urina de éguas prenhes, para refrear seus hormônios masculinos e manter uma aparência menos máscula (entre outras coisas, a prática retardava o crescimento da barba). Isso supostamente expressava propensões pessoais, mas também tinha implicações espirituais.

Quase todas – senão todas – as sociedades agrícolas, como vimos, desenvolveram um novo nível de preocupação acerca do comportamento sexual feminino e aplicaram regras distintas para homens e mulheres – as origens do duplo padrão sexual. Tanto os primeiros códigos legais como as primeiras formulações religiosas enfatizavam a importância da fidelidade sexual feminina. Na Mesopotâmia, o Código de Hamurabi, elaborado por volta de 1700 a.e.c. e a primeira compilação legal conhecida, dedicou grande atenção às regulações sexuais. O código estipulava que os homens poderiam manter concubinas e amantes, pelo menos enquanto a esposa não tivesse filhos, embora a concubina não pudesse desfrutar de primazia ou posição superior à da esposa na casa. As mulheres eram instruídas a defender sua honra sexual acima de tudo: "se alguém apontar o dedo para a esposa de outro alguém a acusando de adultério, mesmo que ela não tenha sido surpreendida em flagrante com outro homem, ela deverá ser amarrada e jogada dentro do rio" (e, supostamente, se fosse de fato inocente, ela não se afogaria). Nada sequer parecido era aplicado à reputação masculina. Em tese, homens e mulheres adúlteros deveriam ser igualmente punidos com a pena de morte; contudo, o adultério era definido em termos de um homem mantendo relações sexuais com uma mulher casada, mas não vice-versa – como já sugeria a permissividade relativa às concubinas. Entretanto, se muitas sociedades geraram normas similares, aplicando padrões distintos para homens e mulheres, as regras específicas variavam, e a maneira como a questão era encarada no Oriente Médio pautou-se pelo caráter singularmente legalista. Foi também no Oriente Médio, provavelmente durante o segundo milênio a.e.c., que começou a ser introduzida nas cidades a prática de cobrir com um véu as mulheres respeitáveis – outro meio de tentar protegê-las das investidas sexuais –, não sendo, porém, medida adotada por outras sociedades agrícolas.

Logo nos primeiros estágios do desenvolvimento das economias agrícolas

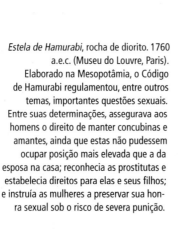

Estela de Hamurabi, rocha de diorito. 1760 a.e.c. (Museu do Louvre, Paris). Elaborado na Mesopotâmia, o Código de Hamurabi regulamentou, entre outros temas, importantes questões sexuais. Entre suas determinações, assegurava aos homens o direito de manter concubinas e amantes, ainda que estas não pudessem ocupar posição mais elevada que a da esposa na casa; reconhecia as prostitutas e estabelecia direitos para elas e seus filhos; e instruía as mulheres a preservar sua honra sexual sob o risco de severa punição.

vieram à tona diferenças acerca da maneira de lidar com a poligamia. Algumas sociedades enfatizaram vigorosamente a monogamia, caso da religião judaica, por exemplo, mas outras toleravam o costume das múltiplas esposas. Em muitas civilizações agrícolas – na Mesopotâmia e no Egito –, era comum que homens proeminentes fossem enterrados acompanhados de diversas mulheres, esposas ou concubinas, como símbolo evidente de *status*. Aqui também estavam em jogo fatores sociais, e não apenas diferenças regionais: nos casos em que se permitia a poligamia, os homens deveriam demonstrar capacidade de sustentar suas mulheres, o que distinguia de fato a maior parte das situações em que as limitações econômicas compeliam à monogamia e as possibilidades de arranjos existentes entre as elites.

A maioria das sociedades agrícolas deu continuidade à prática de usar a arte para representar a sexualidade, mas os estilos específicos e o grau de explicitação variavam enormemente. Entre todas as primeiras civilizações agrícolas, a expressividade sexual parece ter sido particularmente intensa no Egito, onde tanto as representações visuais como os textos literários descreviam uma ampla diversidade de posições sexuais e retratavam cenas de sexo pré-marital, adultério, homossexualismo, masturbação e até mesmo incesto. Os órgãos sexuais masculinos e femininos eram usados como temas artísticos, em meio a uma abertura geral e um tratamento mais franco e espontâneo dos prazeres eróticos. A poesia amorosa podia fazer referência ao poder do orgasmo, como quando, por exemplo, a mulher se regozija com a "virilidade" do homem: "e o amor por ele escorre pelo corpo dela; seu orvalho se espalha por meus braços e pernas". A frequência das discussões públicas acerca de feitiços, encantos e receitas de contraceptivos e aborticidas também atesta a existência do interesse pelo prazer sexual independente de finalidade procriativa. O uso generalizado de cosméticos e perfumes sugere o interesse das mulheres em se mostrar sexualmente atraentes para os homens. Em contraste, a civilização mesopotâmica, contemporânea aos egípcios, bem como geograficamente próxima ao Egito, parece ter sido consideravelmente mais pudica, caracterizada mais por uma postura regulatória do que pelo comprometimento mais profundo de expressar a sexualidade de maneira aberta e sincera.

A variedade de particularidades sexuais entre as sociedades agrícolas, e algumas das restrições comuns, para não dizer universais, geraram outro sintoma revelador: a tendência dos primeiros viajantes de não apenas relatar as diferenças concernentes à sexualidade, mas de projetar histórias fantasiosas sobre o sexualmente bizarro. É evidente que relatos desse tipo podem ter circulado já entre as sociedades caçadoras-coletoras, sem deixar registro. Mas por muitos séculos depois de 6000 a.e.c., quando viajantes começaram de fato a registrar por escrito suas observações, era bastante frequente que dedicassem atenção a comparações sexuais e invenções fantasiosas. Histórias de sociedades em que os membros da família dormiam juntos constituíam uma maneira de atrair o interesse dos leitores, mas também de insultar outras sociedades, ao mesmo tempo que talvez propiciassem um meio de refletir sobre as tensões impostas localmente pelas restrições formais. Relatos de casos de bestialismo tinham o mesmo escopo: uma maneira de ofender e depreciar os estrangeiros, mas também de extravasar a pressão. Uma referência comum podia envolver também mulheres muito sexualizadas ou ameaçadoras. Embora não fossem explicitamente sexuais, as lendas que circularam de modo amplo no leste do Mediterrâneo sobre a existência de uma tribo de mulheres guerreiras de um único seio, as amazonas, mostravam o temor acerca de um poder feminino, o que indiretamente refletia a crescente subordinação sexual das mulheres nas sociedades agrícolas.

Violência e exploração

As sociedades agrícolas geraram, ou pelo menos realçaram de maneira inaudita, duas outras características de sexualidade humana: o estupro e a prostituição.

A prática do estupro pode ter sido corrente ainda na época da caça e coleta, particularmente durante guerras tribais. Como sempre, há o problema das deficiências dos registros disponíveis; de resto, não é fácil caracterizar o que era e o que não era estupro nesse período. Com o advento das sociedades agrícolas essa definição do estupro ficou mais clara, seja por parte de leis religiosas ou do poder constituído, seja por reações de gênero que então surgiram. Também é possível que, à medida que as sociedades agrícolas estendiam a prática da escravidão e ampliavam a desigualdade social, ao mesmo tempo que introduziam novas restrições ligadas à sexualidade respeitável, tenham acabado incrementando o fenômeno do estupro.

As particularidades e especificidades variavam, como àquela altura era de se esperar, mas havia temas comuns. A lei judaica, ao fim e ao cabo incorporada à Bíblia, fez do estupro um crime, mas deixou evidente que as mulheres enfrentariam uma árdua batalha para provar que não haviam consentido com a relação sexual – para que tivessem algum argumento em sua defesa, deveriam gritar por socorro e se fazer ouvir. O estupro comprovado de uma mulher casada era passível de punição com pena de morte (assim como o adultério, embora aqui para ambas as partes); mas o estupro de uma mulher solteira era considerado um crime não contra ela, e sim contra o pai, que era "dono" da filha e, portanto, tinha sua propriedade aviltada – o estuprador deve se casar com a mulher (mesmo contra a vontade dela). A Bíblia apresenta diversas histórias de estupro, incluindo algumas em que o estuprador é perdoado por causa de suas ligações com autoridades. No caso da lei judaica, assim como em outras sociedades, a preocupação com o estupro demonstrava que episódios de sexo forçado de fato ocorriam e que violavam normas aceitas; mas também fica claro que quase sempre as mulheres estavam bastante vulneráveis, e que o estupro era tido mais como uma violação da honra da família do que um ataque propriamente à mulher.

De maneira intrigante, pelo menos uma cena artística, encontrada em Letnitsa (Bulgária), e datada do século IV a.e.c., retrata duas mulheres prestes a lançar-se sobre um homem, em um ataque para sedução ou estupro. Não é possível determinar se essa cena expressava meramente um temor social, do tipo que prevalecia entre grupos dominantes preocupados com alguma reversão da desigualdade de gênero, ou um evento factual.

Certamente as sociedades agrícolas engendraram a prática da prostituição. Definições mais precisas de casamento – em comparação com as das sociedades caçadoras-coletoras – e, em alguns casos, novas restrições ao sexo pré-marital e, indubitavelmente, ao sexo extraconjugal criaram o contexto em que a prostituição pôde surgir. Novas – e em geral severas – formas de punir o adultério, mesmo para os homens, quando envolvidos com mulheres casadas, provavelmente criaram um novo espaço para o aparecimento de um tipo diferente de serviço sexual – tenha essa sido a situação ideal ou não. Em termos mais básicos, a crescente especialização da economia, em última instância incluindo a introdução do dinheiro, estabeleceu condições em que mulheres (e ocasionalmente também homens, quando se tratava de propósitos homossexuais) podiam vender préstimos sexuais. As prostitutas talvez fossem as únicas mulheres independentes da dominação masculina, no controle da própria sexualidade. Mas é óbvio que esse *status* vinha acompanhado de um preço a pagar.

Em sua origem a prostituição pode ter tido uma aura de prestígio relativamente elevado, em virtude de associações com deuses e deusas. Mesmo no antigo Israel há algumas evidências de "prostitutas sagradas" que trabalhavam nos templos reencenando matrimônios divinos. A questão é passível de debates. Em geral, entretanto, as prostitutas eram tidas como mulheres de baixa posição social. A lei judaica estipulava que o dinheiro de uma prostituta não era oferenda adequada para os templos, e as prostitutas eram proibidas de se casar com sacerdotes. Os citas marcavam as prostitutas com uma tatuagem especial. Em muitas sociedades, as mulheres capturadas na guerra ou pertencentes a grupos conquistados eram relegadas à prostituição, o que acarretou a vinculação dessa atividade à escravidão. Leis assírias faziam distinção entre prostitutas e as outras mulheres – as meretrizes não podiam cobrir o rosto com véu, o que era exclusividade das mulheres respeitáveis.

Qualquer que fosse seu *status*, as prostitutas efetivamente constituíram um grupo reconhecido nas sociedades agrícolas, oferecendo seus serviços. A palavra sumária para prostituta, *kar.kid*, aparece na primeira lista conhecida de profissões humanas, por volta de 2400 a.e.c., ao lado de ocupações como sacerdotes e, em outro ponto na mesma lista, prostitutos e transexuais do sexo masculino, citados junto aos artistas. É daí que surge a ideia da prostituição como a mais antiga das profissões, embora diversas outras ocupações, caso dos sacerdotes, por exemplo, possam reivindicar o epíteto. O Código de Hamurabi não apenas reconhecia as prostitutas, mas definia certos direitos para elas e seus filhos. É possível que já existissem bordéis desde o século VII a.e.c. na China, onde eram legalizados e, graças ao pagamento de impostos, um instrumento gerador de receitas para o Estado. A ascensão da prostituição veio acompanhada também de um surto de doenças venéreas – por si só um dos desdobramentos mais significativos do processo.

A ubiquidade da prostituição nas primeiras cidades refletia muitos dos elementos fundamentais da sexualidade conforme ela foi evoluindo nas sociedades agrícolas: enfoques desiguais com relação aos gêneros, certamente, mas também a ênfase no sexo com fins procriativos, o que levaria alguns homens a buscar meios especiais de dar vazão a várias necessidades recreativas – tudo isso em uma economia que podia arcar com novos tipos de especialidades profissionais.

As primeiras sociedades agrícolas deixaram um legado para a sexualidade humana que, em certa medida, perdura ainda hoje. Novas distinções entre homens e mulheres em termos de sexualidade foram fundamentais. A prioridade dada ao sexo com fins reprodutivos, mas com restrições concomitantes, não eliminou a noção do sexo como prazer, e certamente não evitou uma ampla gama de efeitos e reações, de acordo com regiões particulares e classes sociais particulares; mas, em contrapartida, criou algumas novas tensões e incertezas. A emergência das prostitutas como um grupo definido precisamente porque seus membros atuavam de maneira bastante diversa da esperada – às vezes, buscando maior independência do controle masculino – foi um dos sintomas mais emblemáticos das novas complexidades. Ao mesmo tempo, as primeiras sociedades agrícolas também demonstraram que padrões básicos podiam ser expressos por meio de um punhado de maneiras específicas, não apenas em representações artísticas, mas também em comportamentos efetivos. Isso, aliás, era um tema que seria "embelezado" à medida que as civilizações agrícolas amadurecessem.

Para saber mais

J.W. Howell, W. E. Burns, V. L. Mondelli e C. A. Gottsleben (eds.), *Greenwood Encyclopedia of Love, Courtship, and Sexuality*, 6 v. (Greenwood, CT: Greenwood, 2008) propiciam um bom panorama geral. Uma análise polêmica é *The Creation of Patriarchy*, de Gerda Lerner (New York: Oxford University Press, 1986). Sobre sexo e sexualidade ao longo da História, ver K. Mysliwiec e G. L. Parker, *Eros on the Nile* (Ithaca, NY: Cornell University Press, 2001); T. Taylor, *The Prehistory of Sex: Four Million Years of Human Social Culture* (New York: Bantam Books, 1996); M. Potts, *Ever since Adam and Eve: The Evolution of Human Sexuality* (New York: Cambridge University Press, 1999); R. A. Schmidt e B. L. Voss, *Archaeologies of Sexuality* (New York: Routledge, 2000); C. Spencer, *Homosexuality in History*, primeira edição norte-americana (New York: Harcourt Brace, 1995); R. Schumann-Antelme e S. Rossini, *Sacred Sexuality in Ancient Egypt: The Erotic Secrets of the Forbidden Papyri* (Rochester, VT: Inner Traditions, 2001); J. Margolis, *O: The Intimate History of Orgasm* (New York: Grove Press, 2004): L. Glick, *Marked in your Flesh: Circumcision from Ancient Judea to Modern America* (New York: Oxford, 2006); S. Ellen Jacobs, W. Thomas e S. Lang (eds.), *Two-spirit People: Native American Gender Identity, Sexuality, and Spirituality* (Urbana: University of Illinois Press, 1997); J. Archer e B. Lloyd (eds.), *Sex and Gender* (Harmondsworth: Penguin, 1982); e G. Lerner, "The origin of prostitution in ancient Mesopotamia", Signs, Winter 1986. O trabalho pioneiro de Margaret Mead é explorado em M. Mead, *Male and Female* (New York: W. Morrow, 1949; no Brasil, *Macho e fêmea: um estudo dos sexos num mundo em transformação*. Petrópolis: Vozes, 1971); e *Sex and Temperament in Three Primitive Societies* (New York: W. Morrow, 1963; no Brasil, *Sexo e temperamento*. São Paulo: Perspectiva, 1969; 2ª ed., 1979; 3ª ed., 1988; 4ª ed., 2000, 2006. Série Debates, v. 5). Ver também H. Fisher, "Introduction", in M. Mead, *Male and Female* (New York: Perennial, 2001); e D. Freeman, *The Fateful Hoaxing of Margaret Mead: A Historical Analysis of her Samoan Research* (Boulder, CO: Westview Press, 1999).

A sexualidade no período clássico

Entre 1000 a.e.c. e 500 e.c. grandes civilizações clássicas surgiram no Oriente Médio, no Mediterrâneo, na China e na Índia. Todas elas se expandiram e incorporaram territórios de dimensões sem precedentes. Todas desenvolveram sistemas culturais e mercantis com o intuito de tirar proveito da nova expansão. Foi o período em que, por exemplo, as religiões e os sistemas sociais indianos começaram a se espalhar por todo o subcontinente, e em que, na China, o Império ou Reino do Meio ganhou corpo. Todas as sociedades clássicas, em diversos pontos, empregaram esforços para a integração política, desenvolvendo grandes e poderosos impérios. No processo, cada civilização clássica começou a gerar uma identidade própria, um conjunto de características institucionais que ajudaram a definir a sociedade à época e que sobreviveriam, ainda que sempre em meio a mudanças, como parte de uma herança civilizacional, mesmo muito tempo depois do término do período clássico.

Não chega a ser surpresa o fato de que os valores e representações sexuais tenham figurado com papel proeminente. Cada civilização clássica estabeleceu um enfoque distintivo sobre a questão de gênero, a expressão artística da beleza sexual e comportamentos particulares, tais como o homossexualismo. Assim como outros aspectos das civilizações, algumas dessas formulações sobreviveriam e adentrariam períodos posteriores; para citar um exemplo fácil, mas significativo, os filmes indianos contemporâneos usam temas sexuais que remetem ao período clássico, mesmo interagindo com as influências hollywoodianas e outros desdobramentos mais modernos. Este capítulo tem como eixos as definições sexuais que fariam parte de cada uma das principais tradições e gira em torno de uma análise comparativa que pode ajudar a compreender com maior clareza essas formulações características.

Ao mesmo tempo, é crucial reconhecer que não foi um período de mudanças fundamentais na sexualidade. Cada uma das civilizações clássicas continuou lidando com elementos já introduzidos anteriormente pelas necessidades e oportunidades de uma economia agrícola, elementos que elas refinaram e aos quais acrescentaram novas especificidades – o que se verifica, por exemplo, nas mudanças na forma com que gregos e romanos passaram a ver o homossexualismo. Mas nenhuma delas introduziu inovações em termos pioneiros ou revolucionários. Todas adotaram a noção da existência de grandes diferenças entre a sexualidade masculina e feminina, incluindo a necessidade de regulação especial ou supervisão do comportamento sexual das mulheres; todas elas refletiam grandes distinções de classe social; todas tentaram equilibrar algumas oportunidades de expressar interesse no prazer sexual, com ênfase na reprodução e na limitação do número de nascimentos. Uma vez que as civilizações clássicas produziram muito mais vestígios do que as civilizações ao longo dos rios, na arte, na literatura e em registros oficiais, elas nos permitem ter uma visão bem mais plena dos mecanismos da sexualidade no contexto da agricultura. Esse detalhe, juntamente com a guinada que cada civilização promoveu em seus próprios padrões sexuais, como parte do processo de construção de uma cultura característica e inconfundível, e em conjunto com alguns temas novos e interessantes, ainda que relativamente menos importantes, fazem parte da abordagem analítica da questão da sexualidade no período clássico. No processo, lidamos, inevitavelmente, com a interação entre os sistemas culturais de maior envergadura – como o confucionismo ou o hinduísmo — e as questões sexuais, uma vez que isso constitui parte da história e do legado que fazem do período um capítulo tão importante na experiência global. Em outras palavras, as maneiras de encarar a sexualidade compuseram uma parte vital da essência de cada civilização, e de como cada civilização formou expressões peculiares no âmbito do contexto comum de uma economia agrícola.

China

A civilização clássica veio à tona na China com a evolução da dinastia Zhou, a partir de meados de 1050 a.e.c., e depois com o advento de formas políticas mais estritas, com o surgimento das instituições duráveis do Império Chinês e sua burocracia. A introdução do confucionismo, sob Zhou, seguida da maior aceitação dos valores confucianos durante a dinastia Han (202 a.e.c.-220 e.c.) não apenas articularam valores políticos e sociais mais nítidos, mas tiveram implicações diretas para os padrões sexuais. De modo geral, a evolução da China clássica sugere o evidente movimento de uma sexualidade ostensivamente tolerante e expressiva para uma regulação cada vez mais acentuada, em nome dos interesses da hierarquia social e da ordem familiar. De fato, de todas as sociedades clássicas, a China foi a que mais diretamente passou de uma civilização ribeirinha no estágio inicial para um funcionamento clássico plenamente acabado e desenvolvido, tornando-se de fato, a mais bem organizada de todas: sem dúvida, mudanças na sexualidade durante o período clássico refletiram e amplificaram esse processo. Em contraste, o Mediterrâneo clássico – o próximo caso analisado aqui – já começou com maior regulamentação sexual, estabelecida com base nos precedentes do Oriente Médio.

Textos e outros materiais da dinastia Zhou sugerem uma forte apreciação do prazer sexual, e não simplesmente do sexo com fins reprodutivos. A capacidade de potência e façanhas sexuais, especialmente no caso dos homens, era bastante admirada, e dos maridos esperava-se que mantivessem relações sexuais com múltiplas esposas e, se possível, concubinas. O desejo da mulher era levado em conta, embora fosse considerado de espécie diversa do masculino: um texto do século XII a.e.c descrevia os orgasmos do homem e da mulher em termos de fogo e água, respectivamente. As ligações com a religião também figuravam com destaque, como era comum nas primeiras civilizações: muitos poemas mais antigos usavam a cópula como recurso imagético para simbolizar a relação entre homens e deuses.

A China produziu os primeiros manuais sexuais conhecidos, bastante detalhados e realistas em termos de partes do corpo, embora lançando mão de termos poéticos. Assim, o pênis era a cauda do dragão celestial ou a haste de jade. O orgasmo era descrito como uma explosão de nuvens. Os manuais, e também certos exemplos de pornografia explícita, eram escritos tanto para homens como mulheres, outro sinal da considerável equiparação sexual de que desfrutavam as mulheres nas formulações chinesas iniciais. Obviamente, o material escrito estava disponível apenas para a minoria alfabetizada; não temos meios de saber se informações semelhantes corriam de boca em boca, com repercussão mais ampla.

Os pensadores chineses também vincularam a sexualidade aos princípios filosóficos básicos longevos na cultura chinesa. Assim, a atividade heterossexual ajudava os homens a equilibrar os princípios opostos *yin* e *yang*: consumiam o *yang* no orgasmo, mas absorviam o *yin* das mulheres. A falta desse equilíbrio era vista como causa de problemas de saúde. Pela mesma razão, a masturbação era criticada – às vezes chegava até mesmo a ser proibida, em princípio –, mas tolerada no caso das mulheres, desde que elas não usassem objetos estranhos.

À medida que a sociedade chinesa foi amadurecendo durante o período clássico, elementos desse modelo inicial persistiram, mas restrições adicionais foram acrescentadas. Já no período Zhou, o influente *Livro dos cantos* condenava o sexo antes do casamento para as mulheres, afirmando que isso causaria, mais tarde, o abandono dos maridos, levando a família à destruição, uma vez que a preservação do núcleo familiar deveria ser o principal objetivo das mulheres. Com o confucionismo e sua ênfase no comportamento social e político pacífico e ordeiro, a conduta sexual também passou a ser alvo de rigoroso escrutínio. Surgiram novos temores acerca de desvios comportamentais. Na esfera pública, por exemplo, acusações de incesto eram um recurso usado com frequência para jogar no descrédito os inimigos políticos, particularmente sob a dinastia Han.

Os homens continuaram dispondo de oportunidades para manter múltiplas esposas e concubinas, ainda que, em virtude de considerações de ordem financeira, apenas nas classes mais altas. Os homens também continuaram ávidos para demonstrar sua destreza sexual; em alguns casos, a urgência de procriar e ter filhos varões contribuía para aumentar o ímpeto. Regras rígidas impunham hierarquias entre a primeira esposa e as outras; em consonância com os melhores princípios confucionistas, das concubinas esperava-se um comportamento submisso e pacato, embora na verdade ocorressem diversos conflitos. Surgiram elaborados protocolos em torno da vida sexual do imperador. Funcionários cuidavam das diversas concubinas e mantinham minuciosos registros da frequência com que cada uma visitava o imperador, pois, quanto mais visitas, maior seu *status*. (O sexo com a primeira esposa ou a imperatriz limitava-se ao período do mês em que a potência do imperador estava supostamente no auge.) Fora dos domínios imperiais, o número de concubinas era visto como reflexo direto da riqueza que o homem tinha acumulado – prosperidade necessária para manter as concubinas, mas também para o sustento dos filhos.

Mulheres brincam com crianças, detalhe de seda pintada. 960-1279. Já no período Zhou, quando a sociedade chinesa vivia desenvolvimento intenso, propagava-se a preservação da família como prioridade na vida das mulheres. A ênfase no controle da sexualidade feminina se estenderia por muitos séculos e várias dinastias, inclusive a Song (quando esta imagem foi produzida) – um dos períodos considerados mais importantes da civilização chinesa em termos culturais e intelectuais.

Os homens de todas as classes sociais, mas sobretudo das cidades, tinham acesso a prostitutas, com quem o intercurso sexual era aceitável, fosse o homem casado ou não. A prostituição era simplesmente parte da diversão ou recreação, desde que o homem não se entregasse a excessos. Além dos serviços sexuais, os bordéis, ou "casas das meninas cantoras", ofereciam comida, bebida e outras formas de entretenimento.

A ênfase na importância da regulação da sexualidade feminina (prostitutas à parte) foi aumentando com o tempo, especialmente, é óbvio, no caso das esposas ou das mulheres desejosas de se casar. A virgindade das meninas era protegida com desvelo pelos pais, porque sua perda podia arruinar as chances de casamento. As mulheres normalmente se casavam muito cedo, pouco depois da puberdade. Os homens, como era típico nas sociedades agrícolas, em que certa estabilidade econômica era condição vital antes da formação de uma família, geralmente se casavam de 10 a 15 anos mais tarde, o que significava que traziam para o casamento mais idade e experiência sexual anterior, o que podia, por sua vez, acabar ajudando-os, pelo menos na maior parte das circunstâncias, a regrar o comportamento de suas esposas – já que a maior experiência contribuía ainda mais para o poder de influência dos homens. O pensamento confuciano salientava a preocupação com o potencial turbulento e desregrado da sexualidade, e sua ameaça à família estável. O comportamento das mulheres exigia atenção particular, pois a fidelidade era fundamental para que os homens tivessem certeza de que tinham gerado os próprios filhos. Havia graves suspeitas acerca da capacidade feminina de interromper a patrilinhagem – sucessão por linha paterna.

O confucionismo incitou também novos alertas para os homens – não em termos de fidelidade, mas por causa dos perigos dos abusos e excessos. A partir da dinastia Zhou, poemas e textos médicos recomendavam com insistência a moderação, em nome da boa saúde. As regras confucionistas acerca da família instavam maridos e esposas a não se tocarem fora do leito conjugal. Os homens, obviamente, tinham opções fora dos limites estritos da etiqueta, mas as mulheres, pelo menos oficialmente, não.

Não havia nenhuma preocupação especial quanto à homossexualidade masculina, e pelo menos no campo das lendas existem relatos de alguns imperadores particularmente criativos que se deliciavam com comportamento homossexual. Há a história de um imperador que cortou a manga da túnica para que o amante pudesse continuar dormindo sobre ela. Os casos amorosos entre homens eram tidos como poéticos, românticos até. A expressão "dividir um pêssego" passou a ser usada para fazer referência ao sexo anal, com base no relato de dois homens compartilhando a fruta em sinal de seu amor. Em parte porque os atos homossexuais eram aparentemente considerados normais, não dispomos de muitas indicações sobre sua efetiva incidência.

A sociedade chinesa também criou muito rapidamente um importante grupo de eunucos – homens que eram submetidos à castração e passaram a ser tidos como adequados para a realização de certos tipos especiais de tarefas. Inicialmente, durante a dinastia Zhou, o procedimento valia como punição para condenados por crimes de traição – uma vez que os chineses valorizavam em grande medida a potência sexual masculina e a importância do sêmen, o castigo era particularmente degradante. O resultado foi inesperado: no período Han existiam cerca de 5 mil eunucos, tanto na corte como nos arredores, desfrutando de considerável poder e prestígio. Sua ocupação mais óbvia era servir como guardas do harém imperial, pois não teriam motivo nem meios para assediar as esposas e concubinas do imperador. Por seu turno, muitos deles tornavam-se conselheiros confidentes do imperador, porque eram considerados confiáveis e nada ameaçadores. Dessa maneira, os eunucos podiam e de fato chegavam a acumular grande influência e poder. Os imperadores esperavam que todas as regiões do país contribuíssem com eunucos, e era frequente que os pais vendessem meninos para essa finalidade – a despeito da limitação de ordem sexual, o resultado podia ser uma vida bastante superior à existência camponesa comum.

Apesar das crescentes pressões confucianistas, que em todo caso eram mais prementes entre as classes abastadas, a sexualidade continuou a ser um tema bastante público e discutido abertamente, mesmo sob a dinastia Han. Muitos livros e manuais sexuais foram publicados, preservando a velha ênfase na expressão sexual em termos de *yin* e *yang*. Alguns eram ilustrados, e aparentemente mantidos ao lado da cama para consulta (mais uma vez, contudo, apenas uma pequena minoria tinha acesso direto a esse tipo de publicação, em função dos custos e da necessidade de alfabetização). Alguns eram bastante detalhados, chegando a minúcias, por exemplo, sobre o ritmo e o número correto de estocadas durante a relação sexual. Além disso, a religião daoísta propiciava algumas alternativas aos preceitos enfatizados pelo confucionismo, atribuindo poderes mágicos à união sexual e priorizando – mais que o confucionismo – as necessidades físicas e emocionais das mulheres.

Ao final do período clássico, a China tinha produzido um regime sexual razoavelmente padronizado, em termos das normas das sociedades agrícolas, mas com algumas mudanças óbvias. Nenhum tipo de desaprovação havia sido acrescido à sexualidade em geral, embora recomendações de cautela e moderação, em nome da saúde e da ordem política, não fossem nada triviais. Uma linha consideravelmente firme separava as mulheres respeitáveis das não respeitáveis, embora vez por outra uma prostituta pudesse ser escolhida e alçada à condição de concubina. As mulheres respeitáveis estavam sujeitas a uma rigorosa regulação em termos de sexualidade, ao passo que outras mulheres, embora com *status* social bastante inferior, tinham funções diferentes, tidas como essencialmente naturais. Os homens, principalmente os mais prósperos e das classes mais altas, tinham muito mais válvulas de escape e meios para dar vazão a suas necessidades sexuais que as mulheres, graças à disponibilidade de múltiplos parceiros e prostitutas. O interesse no prazer sexual – por vezes tendo como alvo ambos os gêneros – era tema razoavelmente público e notório.

Sem dúvida, existiam preocupações a respeito do número de filhos, ainda que bem menos relevantes do que se poderia esperar. Isso reflete parcialmente o fato de que a maior parte das fontes disponíveis provém das classes mais altas, que podiam sustentar vários filhos e tinham avidez por filhos homens. As famílias das classes mais baixas certamente impunham limitações ao sexo, por conta das preocupações com as pressões sobre a terra, embora o conhecimento chinês sobre os mecanismos precisos da reprodução continuassem sendo um tanto vagos. É verdade que a pressão do excesso populacional, em relação aos recursos disponíveis, já pairava sobre a China clássica, e também é verdade que o infanticídio era remédio comum para solucionar os casos de filhos não desejados.

A China também não produziu uma arte sexual elaborada, em contraste com outras sociedades clássicas. As referências na poesia e na literatura eram comuns, e manuais sexuais eram publicados com regularidade. Mas as primeiras referências a sexo relacionadas a deuses e deusas não perduraram, à medida que a cultura chinesa foi afastando-se desse tipo de politeísmo antropomórfico. As restrições confucionistas à arte talvez tenham tido papel de destaque aqui – desde os primórdios, a arte chinesa enfatizava evocações controladas, mais do que abundância terrena. Possivelmente, a disponibilidade de válvulas de escape para dar vazão às urgências sexuais masculinas reduzia a necessidade de uma cultura sexual intensa em outros âmbitos. A relação entre erotismo artístico e outros aspectos do comportamento sexual é complexa, e o exemplo negativo chinês é uma primeira instância em que esse intrigante tópico pode ser explorado.

Grécia e Roma

Outro grande centro da civilização clássica surgiu no Mediterrâneo – primeiro tendo como eixo a Grécia, embora com colônias espalhadas no Oriente Médio e outras partes do sudeste da Europa –, depois com base na expansão do poder romano. A civilização mediterrânea clássica gerou muitos precedentes para as sociedades posteriores, no Oriente Médio, Leste Europeu e Europa Ocidental, ainda que, na esfera sexual, muitos padrões característicos tenham sido substancialmente alterados pelos desdobramentos religiosos subsequentes. No período clássico, da ascensão inicial das cidades-Estados gregas, por volta de 800 a.e.c., ao colapso do Império Romano 130 anos depois, os padrões e expressões eram comuns, embora seja melhor olhar Grécia e Roma em sequência, e não como um bloco monolítico ou um todo unificado.

Os valores e as regulações gregos empenharam-se sobremaneira para lidar com o desejo agrícola comum de manter controles apropriados sobre a sexualidade feminina. Obviamente, como acontecia em todas as sociedades agrícolas, os casamentos eram baseados em arranjos econômicos – trocas de propriedades, nas classes mais altas, supervisionadas pelos pais – e não na atração sexual. Isso, mais a pressuposição de que o principal propósito do casamento, além da atividade econômica, era a produção de crianças, condicionava fortemente as atitudes do sexo conjugal e a definição de respeitabilidade feminina. A cultura mediterrânea enfatizava oficialmente a monogamia.

Valorizava-se muito o controle e a reclusão femininas e, antes do casamento, a virgindade. Algumas mulheres atuavam como assistentes de atividades religiosas, o que valia como meio de reforçar sua abstinência sexual. As meninas, em sua maioria, se casavam bastante jovens e, pelo menos nas casas respeitáveis, eram mantidas em estrito confinamento. Por causa da valorização da virgindade, muitos autores gregos (em geral homens) escreveram profusamente sobre o quanto as noivas ficavam ansiosas, na expectativa de sua primeira experiência sexual. Na cultura grega, as mulheres ocupavam posição de considerável desrespeito e eram vistas como criaturas libertinas e imorais por natureza, portanto, necessitando de controle externo – pois a mulher ideal deveria enfatizar a castidade e a devoção à maternidade. As mulheres respeitáveis eram ostensivamente vestidas e cobertas, em contraste com o maior número de oportunidades que os homens tinham – nas competições atléticas, por exemplo – para exibir nudez substancial ou total. A maior oportunidade de que as mulheres dispunham de se aventurar na esfera pública – mais uma vez, em nível respeitável — envolvia a participação nos festivais agrícolas, ocasiões em que se pressupunha que deviam passar por períodos de abstinência sexual, de modo a conservar energia social para colheitas generosas e abundantes. A militarista cidade-Estado de Esparta oferecia algumas variantes incomuns do padrão tradicional: os homens eram tirados, ainda bem jovens, de suas famílias e treinados na companhia de outros homens, e só visitavam as esposas (depois que ocorria o casamento) de maneira errática e pouco frequente, e com ênfase na importância da reprodução. As mulheres espartanas tinham um pouco mais de liberdade de movimento público do que as demais gregas, mas apenas como condição de comprometimento com a reprodução a serviço do Estado. Mesmo nas cidades gregas organizadas de maneira menos rígida, o casamento era em larga medida visto em termos de seu papel reprodutivo. É óbvio que as mulheres não necessariamente aceitavam de pleno acordo e de bom grado o papel que lhes era atribuído. Alguns grupos de mulheres podem ter explorado alternativas sexuais. Por volta de 500 a.e.c., surgiu na região de Mileto, no continente grego, uma indústria de manufatura de "consolos" ou pênis artificiais, feitos de madeira e couro almofadado, para serem usados com azeite de oliva como lubrificante.

Mas havia pouco debate sobre o que os homens acreditavam ou esperavam que as mulheres respeitáveis aceitassem em termos de restrições ou de fidelidade sexual. A postura grega acerca de gênero e sexualidade manifestava-se por meio de atitudes intensamente punitivas em relação ao adultério. Uma vez que as esposas deviam ao marido completa fidelidade sexual, o adultério era considerado um crime gravíssimo, e o amante podia ser condenado à morte pelo Estado e até mesmo ser legitimamente assassinado pelo marido insultado. Por outro lado, o estupro era punido com menos severidade, uma vez que era um crime que ofendia simplesmente a mulher. Essa distinção já havia sido evocada na Mesopotâmia e na lei judaica, mas agora ficava mais clara. O sexo legítimo estava sob o controle dos homens e das definições dos homens.

Muitos gregos demonstravam interesse no controle da natalidade, dificultado em alguns casos pela ignorância sobre a maneira precisa com que os bebês eram concebidos. Na Antiguidade, como é evidenciado nas epopeias homéricas, muitos acreditavam que os recém-nascidos surgiam de partículas trazidas pelo ar (animáculos ou *animaculae*), embora mais tarde começassem a ver a concepção em termos do encontro de "sementes" do homem e da mulher. Alguns gregos faziam oferendas aos deuses para promover o aborto de filhos indesejados, e alguns usavam uma mistura de sulfato de cobre como contraceptivo. Por outro lado, há indícios que sugerem a crença de que o orgasmo feminino ajudaria a mulher a engravidar. Como em muitas sociedades agrícolas, os gregos recorriam amplamente à prática do infanticídio, ou o abandono de recém-nascidos (particularmente meninas), para ajudar no controle da população, claro sinal da tensão entre a sexualidade usual e os objetivos populacionais familiares.

Outra característica padrão das sociedades agrícolas, plenamente consistente com o diferencial de gênero observado, envolvia a prostituição. Muitas escravas eram usadas como prostitutas; no caso dos homens, ter dinheiro para gastar com essas mulheres era algo para se gabar – embora o prazer em excesso fosse uma forma de glutonaria e visto como motivo de vergonha. O filósofo Sócrates definia as mulheres como uma oportunidade de "liberar as compulsões da luxúria". Havia diversos tipos de bordéis, que variavam conforme as classes sociais de clientes urbanos. Surgiram prostitutas de elite, invariavelmente louvadas por sua beleza e talento artístico, em contraste com a monotonia das esposas respeitáveis.

Os mais eminentes homens gregos tinham casos amorosos. Após enfim se separar da esposa, o político ateniense Péricles, no século V, tomou como amante uma talentosa jovem chamada Aspásia, que ocupou abertamente o papel de concubina (ou *pallakê*) por 12 anos ou mais, mesmo quando Péricles passou a exercer enorme poder político; Aspásia teve pelo menos um filho com Péricles, e era ainda proprietária e gerente de um prostíbulo, servindo como uma espécie de símbolo do poder das prostitutas de elite gregas. Diversas outras mulheres alcançaram considerável prestígio e envergadura social, em Atenas e outros lugares, com base na força de seu papel de cortesãs; algumas, como Elpinice, eram abertamente promíscuas, em uma postura de afronta aos padrões normais.

A masturbação era outra válvula de escape. Em geral, os escritores gregos desaprovavam a masturbação feminina, embora algumas peças mencionem com mais neutralidade a prática. O fato é que o ato de masturbar-se era tido como um meio natural usado pelos homens para buscar alívio na falta de outra forma de atividade sexual disponível; alguns artistas e filósofos chegavam até mesmo a encorajar a prática como um gesto de autossuficiência.

Em geral os gregos parecem ter considerado a atividade sexual como algo normal, mas com estrito controle das mulheres, regulação cujo intuito era concentrar a participação feminina na reprodução e fidelidade. Os homens dispunham de maior liberdade de ação e tinham à disposição os serviços de grupos especiais de mulheres, mas também faziam uso de outros meios aprovados. Contudo, mesmo a sexualidade masculina podia ser influenciada por uma preocupação bastante difundida com o excesso de prazer: os gregos acreditavam na importância da moderação em todas as áreas, e havia a ideia de que os orgasmos podiam entorpecer a capacidade intelectual, pelo menos temporariamente. Isso talvez gerasse o elogio da capacidade de resistir ao desejo sexual. Os homens também se preocupavam consideravelmente com a impotência e o declínio sexual, associados ao envelhecimento – e muitas vezes a culpa disso podia acabar sendo imputada às esposas.

Uma última característica da ordem sexual grega, importante à época e também com ressonâncias posteriores, envolvia o uso de homens castrados, ou eunucos, para certas funções burocráticas, como também para cortar os cabelos ou vestir os homens das classes altas. O uso de eunucos na Grécia foi análogo ao que ocorria na dinastia Zhou na China, embora as origens gregas da prática sejam menos claras. Em ambas as sociedades os eunucos passaram a ser vistos como homens leais e dignos de confiança, particularmente, é óbvio, para atividades em que a sexualidade masculina normal podia ser um empecilho. Assim como na China, a situação sugeria atitudes fortemente ambivalentes sobre o desejo sexual masculino.

Se por um lado alguns elementos desses padrões tinham particularidades distintas, por outro corroboravam esquemas comuns da sexualidade nas sociedades agrícolas, com privilégios especiais para homens mais poderosos, assíduas tentativas de controle das meninas e esposas de modo a assegurar a reprodução, mas também, a reboque, a preocupação com o controle da natalidade e a ampla tolerância com relação a certos tipos de mecanismos de "alívio" masculino. O baixo interesse no prazer feminino, em comparação com a China, é patente, mas difícil de explicar: obviamente sua ênfase na monogamia era incomum, mesmo nesse período. Duas características na maneira grega de encarar a sexualidade, ambas debatidas por historiadores ao longo das duas últimas décadas, acrescentavam um tempero a mais: uma considerável tolerância, e até mesmo estímulo, ao homossexualismo masculino, e uma cultura pública e religiosa surpreendentemente erótica, que de muitas maneiras contrastava com o que pareciam ser os comportamentos e os padrões normais.

Homossexualismo

Na arte e literatura gregas há frequentes alusões a desejos e relacionamentos homossexuais, às vezes citados como aspectos importantes na boa educação de cidadãos do sexo masculino. Mais importante ainda era a prática, bastante difundida, do sistema de aprendizado, em que rapazes das classes altas tornavam-se aprendizes de mestres mais velhos, às vezes por meio de acordos com os próprios pais. As relações daí provenientes eram complicadas, envolvendo tutoria e apadrinhamento, bem como sexo. E não havia a noção de que os resultados eram exclusivos ou definitivos: normalmente os homens mais velhos eram casados, e suas atividades com os jovens aprendizes eram simplesmente outra válvula de escape. Por sua vez, supostamente os rapazes, mais tarde, se voltariam ao casamento e às atividades heterossexuais. Embora as discussões aprobatórias acerca do homossexualismo fossem bastante públicas, é provável que os mentores mais velhos tenham surgido primeiro, se não exclusivamente, no âmbito de uma subcultura de elite. Certamente alguns dos homens mais insignes também estavam envolvidos. O dramaturgo Sófocles ficou famoso por seus relacionamentos; há uma história segundo a qual teria induzido um jovem vendedor de vinhos a beberica da

Um homem toca as partes íntimas de um jovem rapaz, prato ático. Autor desconhecido, 530-430 a.e.c. (Ashmolean Museum, Oxford). O homossexualismo é retratado na arte da Grécia Antiga como uma espécie de aprendizado sistematizado. Rapazes das classes altas teriam sua vida sexual iniciada com homens mais velhos, seus tutores ou padrinhos. Essa relação muitas vezes acontecia com incentivo dos pais do jovem.

taça que ele acabara de comprar, artifício de que o dramaturgo lançou mão para beijar o rapaz e tentar seduzi-lo. Entre as cidades gregas, Tebas parece ter sido a mais tolerante no que tange ao homossexualismo, permitindo que casais de homens da mesma idade vivessem juntos, como se fossem legitimamente casados.

Numerosos escritores louvaram as práticas homossexuais: um chegou a exaltar os atos homoeróticos como excelentes exercícios para o moral dos soldados. O grande Zeus era notoriamente retratado em seu interesse por belos efebos. Platão afirmou que era mais provável que o amor sério surgisse entre dois homens, um mais velho e um mais jovem, e não entre homem e mulher, porque era uma modalidade que podia envolver uma mistura de sexo e interessante conversação intelectual. Ao mesmo tempo, Platão também refletia uma preocupação com a ideia de que o prazer sexual era algo degradante, uma humilhação a ser repudiada, de modo que sua aprovação era no mínimo abalizada; mais tarde, o filósofo passaria a atacar toda e qualquer atividade sexual que não fosse voltada para a reprodução (apontando, equivocadamente, que o homossexualismo não existia no mundo animal), embora admitisse que algumas pessoas pareciam querer justamente isso. Aristóteles preocupava-se com os homens passivos – em geral, homens claramente rotulados como homossexuais, caso dos prostitutos, eram menosprezados –, mas via na homossexualidade mais ocasional uma boa maneira de garantir que as mulheres não tivessem nas mãos poder em demasia.

O lesbianismo também era discutido – a palavra é referência à ilha de Lesbos, onde a poeta Safo (c. 610 – 580 a.e.c.) descreveu mulheres expressando seu desejo sexual mútuo –, mas não se sabe ao certo se as efetivas comunidades e ligações sexuais entre mulheres ultrapassavam a condição de raridade. A própria Safo provavelmente manteve relações sexuais com mulheres, embora também fosse casada e a certa altura tenha tido no mínimo um filho.

De modo geral, pelo menos entre os homens, a abertura grega e a amplamente difundida pressuposição de um estágio homossexual na socialização de alguns rapazes, com a correspondente e parcial válvula de escape sexual para alguns homens maduros, constituíram características peculiares não apenas da cultura da sexualidade, mas do comportamento sexual. O resultado talvez tenha sido um problema de difícil solução para as sociedades posteriores, que reverenciavam e se inspiravam na Grécia, mas reprovavam ou ocultavam esse aspecto dos antecessores clássicos.

Cultura sexual

A sexualidade franca e aberta, e por vezes devassa, dos deuses gregos forma um fascinante contraste com as circunstâncias mais complexas e bem mais repressivas da vida real. Os deuses e deusas propiciavam símbolos de sexualidade em sua beleza – a arte grega salientava a importância da beleza física –, mas também sua luxúria. Algumas divindades eram contidas e louvadas por sua castidade, mas havia amplas alternativas à disposição, na arte e na literatura.

Assim, a deusa Afrodite (entre os romanos conhecida como Vênus), servia simultaneamente como representação do amor, da beleza e do prazer sexual, graciosa e sensual, tão potente em sua sexualidade que nenhum deus ou mortal era capaz de escapar ao seu poder. A deusa mantinha um sem-número de casos amorosos com deuses e humanos, embora fosse casada com um deus (Hefesto, ou Vulcano). Afrodite era muitas vezes retratada diretamente em pleno êxtase do deleite sexual. Também representava a harmonia e a fertilidade e podia

Vênus e Cupido, óleo sobre madeira. Lucas Cranach, o Velho, 1530-31 (Galleria Borghese, Roma, Itália).
Representação do amor, da beleza e do prazer sexual, a deusa romana Vênus (ou Afrodite, na cultura grega) detinha um enorme poder de sedução. Seu filho Cupido (para os gregos, Eros), o desejo sexual personificado, tinha a capacidade de paralisar os humanos com o poder do amor. Vênus e Cupido tornaram-se símbolos tão fortes que ultrapassaram a Antiguidade, servindo de tema a vários pintores renascentistas.

ser adorada independentemente da aura sexual; mas o fato de que essas qualidades se combinavam numa das divindades mais reverenciadas constituiu uma mistura fascinante. Um culto particular de Afrodite ocorria durante uma festividade de verão, onde, em meio a generosas quantidades de vinho, as sacerdotisas imitavam os gritos de uma mulher pranteando o amante perdido.

O panteão grego incluía também Eros (na cultura romana, Cupido), a personificação do desejo sexual e filho de Afrodite. Eros era capaz de paralisar humanos com o poder do amor (invariavelmente de maneira aleatória ou cruel). Mas podia simbolizar também a atração sexual de um casal por ocasião de seu casamento, e era adorado como deus da fertilidade.

Os sátiros, embora não fossem deuses, eram outro produto da mitologia grega devotados ao desejo incontrolável de bebida e sexo. Quase sempre retratados com pênis enormes e permanentemente eretos, simbolizavam tanto uma deplorável ausência de autocontrole como uma inesgotável energia e apetite sexuais. As representações de sátiros incluíam masturbação, sexo com animais e perseguição a mulheres inocentes. As bacantes também demonstravam interesses sexuais indômitos. As cenas tinham o intuito de surpreender, em contraste com a sexualidade normal, e ao mesmo tempo representavam claramente o excesso, fosse com fins de reprovação ou excitação.

A literatura grega também falava do desejo sexual humano. Toda a história da Guerra de Troia foi atribuída ao sequestro de Helena, uma bela princesa grega, e as paixões enciumadas suscitadas como resultado do rapto. Era comum que a arte grega – desenhos em vasos, por exemplo – representasse cenas de casais fazendo amor e sexo grupal, principalmente entre homens e cortesãs, mais do que entre maridos e esposas. Havia também cenas eróticas homossexuais.

De modo geral, a expressão grega do sexo, na arte pública e autorizada, era bem mais vigorosa e picante do que a própria sexualidade grega. Uma vez que os norte-americanos de hoje (conforme discutiremos mais adiante) vivem em uma cultura pública bem mais erótica do que seu comportamento médio normal, perguntar-se sobre o significado disso tudo é bem mais do que um exercício histórico. Por que algumas sociedades entregam-se a fantasias na esfera sexual, quando a realidade é bem mais complexa (no caso grego, e provavelmente também hoje, em um grau menor, particularmente para as mulheres)?

As respostas são muitas, e é preciso que sejam combinadas para que façam sentido pleno. Em primeiro lugar, histórias e representações sexuais podem excitar, mas também servir de alerta. Afrodite era uma deusa cheia de desejo, mas também repleta de truques e artimanhas, possível sinal de alerta contra aquilo que ela própria representava. Eros, particularmente em suas primeiras descrições, era monstruoso e assustador, não o querubim que mais tarde viria a se tornar; vivia cercado de imagens de doença, fogo e loucura. Os gregos podiam até representar abertamente o sexo, mas também sentiam a necessidade de expressar o medo efetivo de seu poder e sua frequente associação com a violência. Todo o episódio da Guerra de Troia era um relato sobre os estragos que as paixões sexuais podiam provocar ao induzir os homens à ira e ao conflito. Outras histórias, como a peça *Édipo*, em que um homem, inadvertidamente, se casa e tem relações sexuais com a própria mãe e é levado à loucura, tinham o claro propósito de reiterar a importância de regras firmes sobre o controle das paixões.

Histórias, enredos e desenhos sexuais podiam também expressar as tensões em torno das regras da vida real. A mitologia grega era fascinada por virgens e as forças capazes de violar as donzelas, incluindo o estupro.

Por fim, é claro, as representações sexuais podiam propiciar diretamente a excitação ou o prazer, outra válvula de escape (de maneira mais óbvia, mas não necessariamente uma exclusividade dos homens) em uma sociedade que não podia abandonar-se ao excesso de atividades sexuais sem que a respeitabilidade e as necessidades do controle da natalidade fossem violadas. Várias peças gregas (e a maioria delas não sobreviveu diretamente) salientavam a nudez, alusões e insinuações sexuais e a simulação de atos sexuais, com forte ênfase no desejo erótico, tanto de homens como de mulheres. Nos últimos séculos da civilização grega, assim como aconteceria no Império Romano, a crescente luxúria urbana parece ter estimulado o uso daquilo que chamamos de pornografia, deliberadamente para estimulação sexual. Sinal disso era a prática cada vez mais recorrente de apresentar estátuas femininas exibindo nudez parcial, mesclando em uma única figura recato e sexualização. Havia vários relatos de rapazes que visitavam espaços de arte para se masturbar, um evidente sinal do poder erótico das estátuas. Em uma sociedade por demais cônscia e cautelosa acerca das relações entre o excesso de interesse sexual e a perda do controle, o surgimento desse aspecto da cultura pública era de uma complexidade intrigante. Na prática, podia ensejar a coibição ou o comedimento, propiciando um meio inofensivo de dar vazão às necessidades sexuais, mas ao mesmo tempo podia também estimular um tipo de interesse que a vida real não seria capaz de satisfazer totalmente.

Não resta dúvida de que a cultura grega era mais sexualmente excitante do que as condições normais da vida da maioria das pessoas, e também mais sexualmente excitante do que a maioria dos valores sancionados de maneira mais ampla. A correlação apontava em várias direções, sem dúvida criando diferentes impressões para diferentes indivíduos. Quanto ao homossexualismo, o resultado foi um legado que para muitas sociedades posteriores foi a um só tempo desafiador – uma vez que algumas sociedades posteriores preferiam minimizar esse aspecto do registro histórico – e também estimulante, particularmente para a arte, que estabelece uma complexidade analítica que viria à tona também em algumas outras sociedades, em que de muitas maneiras a cultura, mais do que corroborar, contrastava com aparentes padrões práticos.

Mudança e continuidade em Roma

O desenvolvimento da sociedade romana manteve ou copiou diversos temas gregos. Duas mudanças, contudo, são em particular dignas de nota: uma opinião ligeiramente mais elevada sobre as mulheres, embora ainda em um arcabouço patriarcal, e o resultante interesse no prazer sexual feminino tanto quanto no masculino, além de uma desaprovação, amplamente difundida, mas não uniforme, do homossexualismo, por vezes tido como sintoma de depravação grega, que os robustos romanos não deveriam imitar.

A cultura erótica grega teve profundos ecos em Roma, em parte por causa, obviamente, do fato de que continuou exercendo influência o mesmo conjunto básico de deuses e deusas, ainda que com nomes diferentes. Vênus, como Afrodite, era a deusa do amor – mas agora incluindo a proteção do casamento virtuoso e também a proteção das prostitutas e do comportamento lascivo. Os romanos chegaram a acrescentar ao panteão um deus, Príapo, associado à sexualidade e à fertilidade, sempre retratado como um pênis ereto (e em geral gigantesco). As representações artísticas de Príapo eram comuns, mesmo nas casas mais simples, e um conjunto de poemas escritos sob seu nome tratava de temas extremamente obscenos e ligados à luxúria feminina. Obviamente, as casas da elite romana exibiam representações mais contidas do que as casas de famílias de extrato social mais baixo – estas últimas às vezes incluíam, por exemplo, cenas de sexo oral, sexo anal e sexo com animais. Com o tempo, à medida que o Império Romano tornou-se mais próspero, até por fim entrar nas primeiras fases de declínio, a arte mais explicitamente sexual foi sendo incrementada. A arte que sobreviveu em

Pompeia, a cidade sepultada sob uma chuva de cinzas vulcânicas, mostra claramente essas diferenças e tendências (é engraçado notar que no século XX algumas das cenas mais picantes, incluindo representações de Príapo, coisas que para os romanos eram vistas com a maior naturalidade, passaram a ser exibidas em ambientes reservados, acessíveis apenas para turistas dispostos a pagar uma taxa adicional, porque consideradas inapropriadas para todos os visitantes). De maneira mais clara do que na Grécia, a presença de uma arte sexualizada em casas e banhos públicos significava que esse tipo de material era igualmente acessível a mulheres e homens.

A literatura romana deu considerável atenção à sexualidade. Os poemas de amor de Ovídio, logo no início do império, por muito tempo seriam considerados pornográficos pela Europa cristã, embora continuassem exercendo fascínio. Os romanos também produziram um grande número de manuais de sexo, aconselhando as pessoas sobre como obter o máximo de prazer. A maioria levava em conta o desejo das mulheres e o prazer dos homens, e pressupunha que os homens deveriam se esforçar para que as mulheres atingissem o orgasmo. Em comparação com as mulheres gregas, as romanas eram menos sujeitas ao controle na esfera pública, outro sinal de uma versão ligeiramente diferente de patriarcado, possivelmente relacionado ao interesse na satisfação sexual feminina. Algumas mulheres conseguiram ser mais transgressoras e seguir o próprio caminho com maior liberdade, embora fossem decididamente excepcionais: Claudia (*c.* 95-*c.* 40 a.e.c.), por exemplo, era uma viúva que tinha diversos amantes, embora recebesse duras críticas públicas por conta de seu comportamento licencioso.

Assim como os gregos, os homens romanos contavam com as próprias válvulas de escape e meios de dar vazão a suas urgências sexuais. A masturbação masculina era tida como um desperdício, mas mesmo assim aceitável. Era comum que os homens ricos tivessem amantes. O imperador Augusto, responsável pela aprovação de leis de família bastante rígidas, incluindo medidas que visavam mitigar os abusos das esposas por parte dos maridos, punha a própria esposa à procura de virgens para lhe proporcionar prazer. A sociedade admitia que os homens mantivessem relações sexuais fora do casamento, ao passo que se esperava que as mulheres modelares idealmente se casassem bastante jovens e se devotassem (em princípio) à maternidade e à fidelidade. A prostituição vicejava, em vários níveis econômicos, correspondendo às diferentes posições sociais ocupadas pelos homens. O governo tomava algumas medidas de regulação, exigindo, por exemplo, o registro das prostitutas. A prostituição era vista como algo positivo, pois evitava que os homens se relacionassem com outras mulheres casadas, o que inibia o adultério (a prostituição não era incluída nessa categoria) e funcionava como um meio de dar vazão às necessidades sexuais que os homens não conseguiam satisfazer com uma esposa respeitável.

A prática religiosa romana também respeitava e tinha na mais alta conta um pequeno grupo de virgens, selecionadas para atuar como sacerdotisas, seis de cada vez. Se violassem a virgindade, eram condenadas à morte. Contudo, se se mantivessem castas, recebiam vários privilégios especiais, incluindo a independência financeira e a liberdade em relação à supervisão masculina, normalmente concedida apenas a rapazes. Algumas outras seitas religiosas também enfatizavam uma ligação entre a virgindade e o serviço espiritual, contraste interessante com as expectativas e padrões da maior parte da população romana.

Existia homossexualismo em Roma, e a prática foi adotada por diversos imperadores. Em geral, contudo, a homossexualidade romana sugeria uma relação de senhor e escravo, uma forma de dominação, diferente da complexa feição de "estágio da vida" que se desenvolveu na Grécia. O sexo entre um homem mais velho e um mais novo podia ser considerado adultério, e desonroso para ambas as partes. A prática continuou existindo, embora seja bem provável que tenha sido menos frequente do que ocorria nas classes abastadas da Grécia, e certamente em meio a uma maior desaprovação. O grande imperador Adriano, por exemplo, embora fosse casado, tinha como principal caso amoroso um belo adolescente. Acusar homens de depravar rapazes passou a ser uma arma na política romana, com o intuito de jogar no descrédito os adversários – Cícero recorreu a essa acusação contra Marco Antonio. Circulava em Roma uma literatura homoerótica, em larga medida copiada dos gregos, e uma coletânea de poemas de Ovídio incluía uma história de amor lésbico. Mais representativo era um manual do século III, de autoria de Philaemis, que descrevia o comportamento homossexual masculino passivo como algo totalmente obsceno, porque ignorava os papéis de gênero. No geral, com essa importante exceção, a cultura romana parecia combinar a mesma mescla de expressividade, na arte e na literatura, com cuidadosos arranjos patriarcais, na prática, que já tinha sido desenvolvida na Grécia. Somente a atenção ligeiramente maior dada à sexualidade feminina mostra o grau de variedade possível no âmbito da tradição mediterrânea.

Pérsia

O Império Persa se desenvolveu logo no início do período clássico, expandindo-se em um vasto território, que incluía o Oriente Médio e o Egito. O conhecimento acerca da sexualidade persa, porém, é até hoje um tanto limitado, e em larga medida depende de fontes gregas. Povoados persas e gregos realizavam intenso comércio, e forças militares gregas impediram um avanço persa no século v.

Talvez com algumas semelhanças com a China, o poder do imperador persa tinha extensas implicações sexuais. A política da corte estava salpicada de intrigas sexuais. Observadores gregos, vendo o imperador cercado de mulheres – muitas delas evidentemente concubinas, outras apenas artistas e dançarinas –, consideraram o monarca uma figura decadente, por demais afundado em intrigas sexuais, e aberto demais à influência feminina. A corte também dependia muito dos eunucos, estabelecendo uma tradição que depois seria amplamente aceita nos regimes imperiais do Oriente Médio.

A ênfase persa no sexo com fins procriativos incluía regras firmes contra o aborto, que era visto como assassinato. Alguns homens eram estimulados a casar-se com escravas, com o propósito de procriação.

A Pérsia parece ter absorvido influências de diversas outras culturas, incluindo os precedentes egípcios relativos à sexualidade, bem como ideias indianas sobre as associações espirituais em torno do sexo. As tradições mesopotâmicas também tiveram papel importante. O viajante e geógrafo grego Heródoto, escrevendo no século v, também afirmou que os persas aprenderam bastante com os gregos, particularmente no que dizia respeito às relações homossexuais entre homens mais velhos e mais jovens nas elites.

Índia

A Índia foi o berço da última grande civilização clássica, com seu característico sistema de castas e sua peculiar tradição religiosa – centrada basicamente no hinduísmo — espalhando-se pelo subcontinente. A maneira indiana de ver a sexualidade, firmemente aferrada aos limites das normas das civilizações agrícolas, enfatizava uma vigorosa valorização do gozo sexual, invariavelmente tido como o melhor de todos os prazeres terrenos, quase sempre entrelaçando religião e erotismo, com um forte destaque dado à importância da reprodução. A relação entre sexo e espiritualidade era crucial, naquele que se tornou o centro religioso mais importante do mundo clássico. Os padrões associados à reprodução resultaram em alguns costumes marcantes e distintivos. Como uma forma particularmente intensa de desigualdade social, o sistema de castas criou diferenças crescentes nos hábitos sexuais.

A forte ênfase na sexualidade se evidenciava de muitas maneiras. As primeiras histórias sobre deuses e deusas invariavelmente envolviam temas sexuais. Havia semelhanças importantes entre a mitologia indiana e o panteão grego, com base em uma herança indo-europeia comum. Várias encarnações dos deuses mantinham relacionamentos sexuais. Em muitas histórias, Krishna é um flautista amante das ordenhadeiras, das quais a mais bela era Radha. Shiva, deus da fertilidade, era também um destruidor divino – embora menos proeminente do que na mitologia grega, a mistura de sexo e violência existia. A consorte de Shiva era uma deusa-mãe, que assumia várias formas; todos os principais deuses

Shiva Ardhanarisvara, arenito. Arte chalukya, séc. XI (santuário de Mahakutesvar, Índia). Esta representação andrógina ressalta a união dos dois aspectos contraditórios do divino: o eterno, estático, na figura masculina impassível do deus da fertilidade, Shiva; e o momentâneo, dinâmico, na forma feminina em movimento da deusa-mãe, sua esposa.

formavam par com deusas, que propiciavam a força básica da vida. Shiva tinha muitas noivas, e era pai de muitas divindades.

Não chega a surpreender o fato de que a sexualidade associada às divindades tenha se propagado na arte, de maneira mais explícita e detalhada do que no caso grego. Muitas representações de deusas davam destaque a atributos sexuais. Amantes divinos como Krishna e Radha eram retratados sem rodeios, de maneira precisa. No período gupta, os escultores produziam voluptuosas deusas-mães em pedra rosa, com qualidades tão sensuais que praticamente lhes atribuíam vida. Também no período gupta – nos últimos séculos do período clássico na Índia –, os escultores começaram a usar pinturas para representar cenas sexuais, em um dos casos ilustrando o *Kama Sutra* com detalhadas descrições da anatomia e das posições sexuais.

Os escritores indianos produziram uma infinidade de manuais sexuais, detalhando posições e práticas cujo intuito era o de amplificar o prazer, bem como os rituais associados à sexualidade. O mais importante dos livros do amor, o *Kama Sutra*, de Vatsyana, foi provavelmente escrito no século II e.c., mas teve vários antecedentes. No antigo texto indiano sobre o comportamento sexual humano eram cuidadosamente descritas e explicadas diversas maneiras de maximizar o prazer tanto dos homens como das mulheres, dedicando a maior parte da atenção às preliminares, em um nível que resistiria ao teste do tempo – no século XX traduções do *Kama Sutra* se tornariam facilmente acessíveis, como parte de um crescente interesse norte-americano no sexo recreativo.

A cultura religiosa e pública intensamente sexual tinha ressonâncias práticas na vida real. Os indianos estimulavam vigorosamente a realização de casamentos arranjados pelos pais, sobretudo nas castas superiores, mas também salientavam a importância do prazer sexual no casamento e a responsabilidade do homem de assegurar e manter a felicidade da esposa, bem como a sua própria felicidade. Insistia-se na reciprocidade. O prazer do amor e o gozo dos sentidos, ou *kama*, incluíam peremptoriamente a satisfação sexual, ou *rati*. Segundo o costume, os recém-casados, que em geral sequer se conheciam antes do casamento, deveriam esperar até a quarta noite antes de tentar consumar a relação sexual, de modo a se familiarizarem mais adequadamente; a seguir, deveriam permanecer reclusos por mais seis dias, na esperança de que fosse tempo suficiente para uma primeira concepção. As mulheres se casavam cedo, entre os 12 e 16 anos (às vezes os pais combinavam casamentos entre crianças, embora a prática conjugal fosse adiada até uma maior maturidade); já os homens eram em geral razoavelmente mais velhos. O divórcio era incomum, exceto nas castas inferiores, ou em casos de insanidade e impotência. A poligamia era costume socialmente aceito, embora fosse praticada especialmente entre as castas intermediárias ou mais baixas, porém não era tão enfatizada quanto na China.

O prazer sexual, ainda que com adicionais distinções de gênero, também era ponto de sustentação de uma variada gama de prostitutas. Algumas mulheres indianas eram moeda de troca com outras sociedades, como o Egito, por exemplo, quase sempre negociadas como artistas e dançarinas, mas às vezes também como concubinas – um dos primeiros exemplos do que hoje chamaríamos de comércio sexual. Na Índia, as maiores cidades contavam com bordéis, mas também com prostitutas que trabalhavam nas ruas bem como atendiam a domicílio, quase sempre supervisionadas pelo governo regional e gerando receita por meio do pagamento de impostos. Um dos destaques do festival Divali realizado no outono eram as frequentes visitas a prostitutas. Havia prostitutas de luxo talentosas e educadas, que desfrutavam de considerável liberdade, embora no geral a profissão fosse considerada uma atividade gananciosa. Mediante pagamento de salário, os líderes e os homens mais importantes mantinham prostitutas em seus palácios e as levavam em viagens; essas mulheres eram vistas como pessoas poderosas, quase divinas em sua força sexual. Por outro lado, as prostitutas flagradas com homens casados podiam ser punidas, em geral com muito mais severidade do que o "cliente".

A atividade sexual também envolvia regulação, em nome da virtude feminina (para as mulheres respeitáveis), da estabilidade familiar e da reverência pela reprodução e o parto. O adultério era alvo de veemente desaprovação; havia diversas histórias indianas falando de mulheres que enganavam o marido, mas na prática isso era vigorosamente condenado. Homens e mulheres casados eram igualmente sujeitos à punição por adultério, por meio da anulação do casamento. A virgindade das mulheres era extremamente valorizada, e a perda da virgindade podia resultar na pecha de "não adequada para o casamento" (em uma sociedade na qual o casamento, particularmente para as mulheres, era quesito essencial). Ao mesmo tempo em que muitas famílias indianas, sem dúvida, preocupavam-se com o número excessivo de filhos, em princípio o sucesso de uma família era medido exatamente por isso, bem como pela riqueza. O aborto era um dos crimes mais graves. Os padrões de beleza feminina enfatizavam qualidades apropriadas para o parto. Surgiram inúmeros rituais para estimular a fertilidade. As grávidas eram cuidadosamente mimadas e monitoradas, e os casais deviam abster-se de relações sexuais por noventa dias após o parto, para que a mãe pudesse se recuperar e dar a devida atenção ao recém-nascido.

Ainda que em muitos aspectos fosse uma cultura erótica, a sociedade indiana menosprezava a homossexualidade, bem como a castração – um sinal da forte ênfase dada à reprodução. Havia eunucos, mas com um papel menos importante do que na China ou no leste do Mediterrâneo/Oriente Médio. O tema do homossexualismo era bem menos proeminente, mesmo na literatura, do que em outras culturas clássicas. A amizade e o relacionamento profundo entre pessoas do mesmo sexo e suas qualidades românticas receberam atenção, mas sem componentes sexuais. Alguns mitos giravam em torno de mulheres travestidas que se casavam com outras mulheres e então passavam por uma mudança de sexo espiritual. Os mitos também incluíam partos milagrosos protagonizados por um casal de homens, em que um dos parceiros assumia temporariamente a forma feminina para dar à luz. Mas essas histórias tinham pouca relação com a homossexualidade na vida real. Havia pouca prostituição masculina, novamente em contraste com diversas outras sociedades do mesmo período. Nos últimos séculos a.e.c., algumas leis começaram a colocar na alça de mira o sexo não vaginal, aplicando multas bem mais altas para os homens do que para as mulheres, um exemplo invulgarmente precoce do patrulhamento estatal a esse tipo de padrão sexual. Menos incomuns, surgiram veementes tabus com relação ao bestialismo – aqui não havia margens para ambiguidades, o que era proveniente de crenças indianas mais amplas acerca das qualidades sagradas de certos animais e do aviltamento decorrente do contato com animais.

A cultura religiosa gerou também um último elemento, que acabou coexistindo com a intensa apreciação do prazer sexual – e na verdade ajudou a legitimar esse prazer. Pressupunha-se que os hindus se abstivessem do sexo durante vários ritos e festividades religiosos. Os homens santos deviam abster-se completamente do sexo, e os rapazes faziam votos de abstinência como parte de seu treinamento religioso. Para os brâmanes, ou a casta sacerdotal, a iniciação à maturidade, no caso dos meninos, ocorria antes da puberdade, como parte da educação e da evolução espiritual; aqui, em comparação com o que era comum nas sociedades agrícolas, havia bem menos vinculações com a sexualidade.

Conclusão

As características-padrão da sexualidade nas civilizações agrícolas se sobressaíram nas diversas civilizações clássicas. As relações entre sexualidade e reprodução eram enfatizadas de maneira consistente. Contudo, o mesmo se pode afirmar da distinção entre homens e mulheres em seu acesso ao prazer sexual (ainda que esse grau de diferenciação variasse enormemente de uma sociedade para outra), e de parte a parte desenvolveu-se a prostituição, principalmente para atender aos homens.

Isso resultou também em uma acentuada, ainda que quase sempre complexa, distinção entre mulheres respeitáveis, destinadas ao casamento convivendo com rígidas advertências sobre a virgindade e fidelidade, e as mulheres envolvidas com o sexo comercial, que em geral ocupavam baixa posição social, mas podiam desfrutar de certas liberdades e prestígio, dependendo de seus talentos e sua clientela. Para os homens também se aplicavam distinções, mas particularmente por meio do desenvolvimento de um invulgar acesso sexual, à disposição dos ricos e poderosos.

As diferenças de gênero nas sociedades clássicas também incluíam o fato de que os homens se casavam anos após a puberdade, em contraste com a maioria das mulheres, que se casavam muito mais cedo (parte da ênfase que se dava à reprodução, mas também um meio de limitar o acesso feminino ao sexo pré-marital). Essa disparidade de idade ajuda a explicar (embora apenas em parte) de que maneira a prostituição podia vicejar simultaneamente às recomendações de fidelidade à família e, em alguns casos, hostilidade ao adultério, tanto da parte dos homens como das mulheres. Em outras palavras, as distinções de gênero eram complicadas, e não apenas uma questão de maior acesso dos homens ao prazer.

Amiúde vigorava também o concomitante interesse no controle da natalidade, embora a ênfase à contracepção fosse maior em algumas sociedades do que em outras. Aqui, as evidentes diferenças – por exemplo, o fato de que sabemos mais sobre os interesses em poções contraceptivas dos gregos do que sobre os dos indianos – podem em larga medida refletir as distinções na documentação disponível, pois se trata de uma preocupação que era amplamente difundida. Mas a atenção que se dava ao aborto variava da aparente indiferença em partes da Grécia à vigorosa desaprovação na Índia.

As civilizações clássicas ilustram, obviamente, as variações possíveis em meio a elementos comuns. Algumas sociedades davam muito mais atenção do que outras ao prazer feminino. Os hábitos de monogamia e poligamia e a frequência do concubinato escancarado variavam consideravelmente. As práticas e atitudes concernentes à homossexualidade eram uma das principais variáveis, oscilando da franca aprovação a medidas de proibição. Também divergia a postura diante da adequação e conveniência da masturbação, e o mesmo pode-se afirmar da frequência e do papel desempenhado pelos eunucos. Nessas áreas, a variedade de pontos de vista e modos de ver parecia compatível com as necessidades básicas de uma economia agrícola.

A variação também se aplica ao tipo de cultura em torno do sexo e também à relação entre sexo e experiência religiosa. A ligação sexual com a arte ia da franqueza e expressividade indianas à reticência chinesa. Por toda parte havia manuais sexuais, um dos principais usos da escrita, ainda que mais frequentes e elaborados na China e na Índia do que no Mediterrâneo. Por outro lado, a pornografia – ou seja, uma arte um tanto quanto furtiva ou a literatura que desafiava os padrões normais e que parecia ter a finalidade deliberada de excitar – foi mais acentuada no Mediterrâneo. A variação se aplicava também no que tangia a determinar até que ponto era considerada desejável a restrição ou a coibição do sexo (deixando de lado as exigências que pesavam sobre mulheres solteiras respeitáveis) – Roma e especialmente a Índia desenvolveram valores que em larga medida pareciam inexistentes na China. Nem sempre é possível imaginar por que essas diferenças culturais se desenvolveram, mas, uma vez estabelecidas no período clássico, elas continuariam sendo culturalmente influentes.

Por fim, verifica-se que havia uma outra tendência: ao longo do tempo, o crescente esforço de coibir e limitar o sexo, durante o período clássico propriamente dito. À medida que as sociedades se tornavam mais organizadas, passavam a aplicar também às questões sexuais um pouco desse rigor organizacional. Assim, na China o confucionismo promoveu incursões na cultura sexual mais liberal do período Zhou; as atitudes indianas em relação ao homossexualismo recrudesceram; os romanos, pelo menos oficialmente, desaprovavam certas práticas que haviam sido comuns nos primórdios da Grécia. De maneira mais óbvia no confucionismo, mas possivelmente também na Roma imperial, a ordem política e a propriedade pareciam exigir uma ordem sexual mais ampla. Eis aí um tema que uma era mais religiosa, que se seguiu ao período clássico, definitivamente levaria adiante.

Para saber mais

Sobre Grécia e Roma, ver A. Stewart, *Art, Desire, and the Body in Ancient Greece* (Cambridge: Cambridge University Press, 1997); J. Davidosn, *Courtesans and Fishcakes: The Consuming Passions of Classical Athens* (London: Fontana, 1998); M. Skinner, *Sexuality in Greek and Roman Culture* (Oxford: Blackwell, 2005): M. Nussbaum e J. Sihvola, *The Sleep of Reason: Erotic Experience and Sexual Ethics in Ancient Greece and Rome* (Chicago: University of Chicago Press, 2002): A. Varone, *Eroticism in Pompeii* (Los Angeles: Getty Museum, 2001): T. McGinn, *The Economy of Prostitution in the Roman World* (Ann Arbor: University of Michigan Press, 2004); R. L. Wildfang, *Rome's Vestal Virgins* (London: Routledge, 2006); J. R. Clarke, *Looking at Love-making: Constructions of Sexuality in Roman Art* (Berkeley: University of California Press, 1998): M. Johnson e T. Ryan, *Sexuality in Greek and Roman Society and Literature: A Sourcebook* (New York: Routledge, 2005); e B. Thornton, *Eros: The Myth of Ancient Greek Sexuality* (Boulder, CO: Westview, 1997).

A respeito dos temas na Índia, ver J. Anboyer, *Daily Life in Ancient India*, trad. S. Watson Taylor (New Delhi: Munshiram Manoharlal Publishers, 1994); A. L. Basham, *The Wonder that Was India* (New Delhi: Rupa and Co., 1967); W. Doniger, *Splitting the Difference: Gender and Myth in Ancient Greece and India* (Chicago: University of Chicago Press, 1999); R. A. Jairazbhoy, *Foreign Influence in Ancient India* (London: Asia Publishing House, 1963); A. Jha, *Sexual Designs in Indian Culture*. New Delhi: Vikas Publishing House, 1979); C. Benerji Sures, *Crime and Sex in Ancient India* (Calcutta: Naya Prokash, 1980): e R. Vanita e S. Kidwai (eds.), *Same-sex Love in India: Readings from Literature and History* (New York: St. Martin's Press, 2000).

Sobre a China, ver E. L. Shaugnessy (ed.), *China: Empire and Civilization* (New York: Oxford University Press, 2000); C. Benn, *Daily Life in Traditional China* (Westport, CT: Greenwood Press, 2002); P. R. Goldin, *The Culture of Sex in Ancient China* (Honolulu: University of Hawaii Press, 2002); R. H. Gulik, *Sexual Life in Ancient China: A Preliminary Survey of Chinese Sex and Society from ca. 1500 BC till 1644 AD* (Boston, MA, 2003); V. Hansen, *The Open Empire: A History of China to 1600* (New York: W.W. Norton and Co., 2000); e M. E. Lewis, *The Early Chinese Empires: Qin and Han* (Cambridge, MA: Harvard University Press, 2007).

Ver também E. Abbot, *A History of Celibacy* (New York: Scribner, 2000); L. Allen, *The Persian Empire* (Chicago: University Press, 2005); S. Caldwell, *Oh Terrifying Mother: Sexuality, Violence and the Worship of the Goddess Kali* (New York: Oxford University Press, 1999); L. Crompton, *Homosexuality and Civilization* (Cambridge, MA: Belknap Press, 2003); e L. McClure (eds.), *Sexuality and Gender in the Classical World: Readings and Sources* (Oxford: Blackwell, 2002).

O impacto da religião na sexualidade, até 1450

Religião e sexualidade sempre estiveram intimamente relacionadas. Vimos que muitas das primeiras sociedades humanas equiparavam experiência sexual e religiosa. Em muitos sentidos, o hinduísmo preservou uma relação positiva, com representações altamente sexualizadas das deusas hindus e em grande parte da arte religiosa em geral. O daoísmo, na China, também estabeleceu essa ligação. Por outro lado, gregos e romanos usaram histórias religiosas de maneira mais ambivalente. As travessuras de deuses e deusas ajudaram a expressar uma imaginação altamente sexual, embora nem sempre ligada a algum tipo particular de espiritualidade; por outro lado, muitas histórias usavam o comportamento de deuses como alertas sobre os perigos da sexualidade e sua relação com a violência ou os excessos. A cultura chinesa em geral, exceção feita ao daoísmo, afastou-se de qualquer conexão particular entre religião e sexualidade. A variedade era considerável.

Com a derrocada dos grandes impérios clássicos, por volta do século VI e.c., e com o incremento da atividade missionária a partir de diversos centros, muitos séculos subsequentes da história mundial seriam tremendamente influenciados por uma nova ênfase na religiosidade e por conversões em massa às grandes religiões. O budismo, embora bem mais antigo, começou a se espalhar pela China e o leste da Ásia e sudeste asiático. O cristianismo, que anteriormente havia se alastrado por amplas porções do Império Romano, agora começava a se deslocar para o norte, na forma do catolicismo romano (no Ocidente) e do cristianismo ortodoxo, no Império Bizantino e, mais tarde, na Rússia e outras partes do Leste Europeu. A mais dramática de todas foi a rápida ascensão e propagação do islamismo, a partir de sua base no Oriente Médio, e dali para norte do continente africano, a África Subsaariana, o centro e o sul da Ásia e o sudeste asiático.

Por certo os novos níveis de comprometimento religioso nem de longe formaram o único tema da história mundial entre 600 e 1450. O comércio mundial se ampliou, o que pode ter tido impacto na sexualidade, pelo menos nas cidades portuárias. Novos níveis de obtenção de consumidores, na China urbana, por exemplo, podem também ter tido consequências, com conexões entre o vestuário da moda e o apelo sexual. A crescente cultura urbana na China expandiu a gama dos prostíbulos e os esquemas de concubinato, embora com base em precedentes preexistentes. É fundamental não simplificar os fatores que ajudaram a moldar o comportamento sexual nesse dinâmico período.

Contudo, no que dizia respeito à sexualidade, em termos gerais, a religião foi a maior das novas influências na história mundial. Em contraste com muitas das religiões primitivas, as novas crenças em expansão invariavelmente buscaram minimizar ou regular a sexualidade, ao invés de vê-la em termos de uma relação positiva com a espiritualidade. A nova exaltação do celibato, particularmente no cristianismo e no budismo, foi o sinal mais notável dessa reorientação, mas diversas outras medidas regulatórias foram implementadas com direção similar, acentuando a noção de que o sexo era, ou poderia ser, um perigo para os valores humanos decorosos.

A religião também acrescentou às penalidades associadas às violações sexuais um renovado vigor. Em vez de simplesmente ser ruim para a saúde ou as convenções sociais, a má conduta sexual agora podia ser um crime contra Deus, pelo menos no cristianismo e no islamismo, e uma grave perversão contra os desígnios humanos, mesmo no budismo. O resultado implicava punição divina – inferno e danação, no caso de cristãos e islamitas, e, no budismo, a privação da oportunidade de aproximar-se da essência divina. Como se isso não bastasse, as religiões missionárias ajudaram a incitar os governos a incluir novas penalidades seculares às violações das regras de comportamento sexual – incluindo, em diversas instâncias, a pena de morte. Os delitos sexuais tornaram-se mais graves do que nunca. Em consequência e concomitantemente, aumentaram também as medidas tomadas como esforço para regular e restringir qualquer matiz sexual na cultura pública, outra mudança marcante em relação aos séculos clássicos.

A difusão das religiões mundiais gerou claras alterações em aspectos fundamentais da sexualidade. Essa propagação instiga também um esforço comparativo explícito, para discutir os diferentes objetivos e enfoques sexuais entre as três maiores religiões e entre as religiões e outros sistemas culturais como no caso chinês. As diferenças mostraram ser cruciais, tanto à época como a partir de então.

Contudo, subjacentes ao esforço comparativo, três questionamentos mais fundamentais requerem resposta analítica. Em primeiro lugar, supondo-se que, sob o novo arcabouço religioso, a sexualidade foi posta sob luz menos favorável em algumas sociedades, em que novas penalidades foram vinculadas a certos comportamentos: até que ponto houve uma efetiva mudança? Será que a maior parte das pessoas alterou de maneira significativa seu comportamento sexual, e, em caso afirmativo, em que direções? Em outras palavras, até que ponto uma substancial mudança cultural – a conversão religiosa cabe aqui – altera a efetiva sexualidade? Fácil de fazer, essa pergunta é difícil de responder, porque alguns comportamentos podem ter persistido, embora bastante encobertos; mesmo assim, é essencial empreender uma investigação sobre o tema.

Em segundo lugar, um item afim: a mudança religiosa consolidou as principais características de sexualidade nas sociedades agrícolas, em torno das aparentes necessidades de regulação para as mulheres e das limitações ligadas ao controle da natalidade ou significou de fato novos direcionamentos, pelo menos em intenção? É inegável que, nos séculos após a queda dos impérios clássicos, o mundo viveu um período mais religioso; em termos de sexualidade, terá sido o resultado um conjunto fundamental de inovações ou de ajustes mais modestos em curso?

A terceira questão envolve realmente mais avaliação do que análise. Todas as sociedades geraram algumas regras ou valores sexuais passíveis de objeção por parte de outras sociedades. Alguns leitores contemporâneos podem ficar chocados com determinadas imagens e práticas das civilizações clássicas – o concubinato é um exemplo óbvio de um esquema claramente desaprovado, pelo menos em termos oficiais, no mundo moderno, e outros exemplos facilmente vêm à mente. À medida que as grandes religiões se propagavam, surgiram novas barreiras contra a abertura sexual, que a muitos observadores modernos parecerão repressivas ou cruéis. Não há motivo – e provavelmente é pequena a possibilidade – para deixar de lado juízos de valor. Contudo, os julgamentos devem ser temporariamente suspensos, para que os novos sistemas religiosos possam ao menos ser entendidos e objetivamente comparados (de fato, eles variavam de maneira considerável). E, é óbvio – uma vez que a opinião contemporânea está profundamente dividida em questões sexuais –, alguns observadores darão um suspiro de alívio ao deparar-se com o enfoque religioso, assim como outros preferirão continuar no mundo clássico, mais vigoroso.

Budismo

As primeiras raízes do budismo, a mais antiga das religiões mundiais, se desenvolveram na Índia (onde o budismo amplificou em larga medida alguns dos elementos mais ascéticos do hinduísmo); depois de perder terreno ali, espalhou-se para o sudeste e o leste da Ásia. O encontro com os chineses ocorreu nos últimos séculos da Era Clássica. Ao longo de vários séculos, o budismo tornou-se uma força cultural, até perder espaço em meio à desaprovação oficial, embora depois tenha fincado raízes profundas na Coreia e no Japão. O budismo do sudeste asiático, incluindo por fim a conversão do Tibete, constituiu uma variante ligeiramente diferente, mas bastante bem-sucedida, por seus próprios méritos.

De todas as grandes religiões, fossem de natureza missionária ou confinadas em termos mais regionais, o budismo era, em princípio, a mais hostil ao desejo terreno. Os escritos de Buda argumentavam com insistência que as dores da existência empalideciam e perdiam a importância em comparação com a busca de prazeres mundanos, o que distrairia a pessoa dos verdadeiros propósitos religiosos e contemplativos que deveriam informar esta vida e preparar os indivíduos para um plano mais elevado da existência espiritual. Muitos autores budistas criticavam especificamente as ânsias sexuais, por vezes relacionando-as às tentações do poder em geral – para a busca espiritual era fundamental se separar das paixões e dos sentidos. O desejo era descrito de várias formas, ora como um pedaço de osso sem carne, ora como uma cova cheia de carvão em brasa, ora como uma árvore carregada de frutos, mas perigosa demais para ser escalada. Como afirma o *Dazhidulum*: "Aquele que desfruta dos prazeres nunca se sacia; aquele que é deles privado sofre tremendamente. Quando não os possui, quer possuí-los; quando os possui, está atormentado". Não chega a surpreender que as ordens religiosas budistas, quase de maneira uniforme, tenham banido a atividade sexual, sob pena de expulsão do infrator. Não se tratava de uma proibição generalizada; o mais frequente era que fossem elaboradas listas de alguns atos sexuais específicos, o que pode sugerir que monges e monjas às vezes punham os limites à prova.

Se, por um lado, os budistas às vezes faziam o elogio da espiritualidade feminina, por outro era comum o tema das mulheres levando os homens a incorrer em tentação sexual. Diversas histórias budistas invariavelmente destacavam a futilidade do amor terreno: um monge se apaixona por uma cortesã, mas ela morre; o monge pede ao rei para leiloar o corpo dela, mas ninguém se dispõe a comprá-lo; a moral: a beleza humana é perecível, e o bom monge jamais volta a se apaixonar. Outra história sino-japonesa trata de um ermitão que se apaixona por uma mulher sedutora e é ridicularizado, perdendo todas as forças, assim que os dois são vistos em público. Como em outras culturas, a atividade sexual podia ser vista como a perda da energia masculina. O Nirvana, a união com a essência espiritual, envolvia o desapego do corpo.

Os impulsos ascéticos profundamente enraizados no budismo causaram alguns problemas quando a religião se deslocou para a China, o que pode ser uma das razões pelas quais seus primeiros proponentes encobriram os ataques à sexualidade e ao desejo. Os chineses tradicionalistas sentiam-se particularmente preocupados com os aspectos do budismo que podiam acabar levando as pessoas a se afastar de atividades vitais neste mundo, incluindo as lealdades políticas, mas também a formação da família e a procriação. Os budistas, por sua vez, tentavam se ajustar, fazendo concessões ao enfoque chinês. Por outro lado, os chineses também encontraram alguns usos para os valores budistas. Durante o auge da religião na China, sob a dinastia Tang, era comum que as mulheres das classes altas cujo comportamento era visto como inadequado fossem enviadas para conversar com as monjas budistas, em busca de aconselhamento e orientação.

Entretanto, nem tudo se limitava à hostilidade ao sexo. O budismo também é repleto de discussões de homens santos que tiveram relações sexuais sem contradizer sua santidade. Uma história coreana do século VII é protagonizada pelo monge Wonhyo, que frequentava bordéis, mas alcançou a salvação pois estava aberto a seus próprios sentimentos de desejo. Muitos santos budistas – os *bodisatvas* – faziam sexo, mas, uma vez que o ato sexual expressava o amor pela humanidade, não foram corrompidos. Um deles, no *Suramgama-sutra*, faz sexo com filhas de um demônio para salvá-las. Outra história gira em torno da comparação entre dois monges, Prasannendriya e Agramati – este último, embora devotado à pureza, sucumbe ao inferno das falsas crenças, ao passo que o primeiro comete atos imorais, mas ganha a salvação – o mau comportamento não é tão horrível quanto as crenças ruins.

Mas a grande complexidade budista envolvia uma ideia recorrente, a de que o desejo e a paixão podiam colocar a pessoa no caminho da transformação espiritual, e que havia um tipo de amor, possivelmente com um elemento sexual, que, por ser capaz de auxiliar as pessoas, podia ser considerado santo. Assim, era a compaixão que levava alguns homens santos a visitar prostíbulos e bares sem macular ou comprometer sua santidade. Alguns *bodísatvas* podiam libertar diretamente as pessoas por meio de atos sexuais, como a monja do século V que, beijando ou abraçando uma pessoa, a alçava a uma espiritualidade mais elevada. Esse tipo de enfoque levou alguns monges, como o líder zen japonês Ikkya Sojun, no século V, a visitar prostíbulos, experiência por ele registrada em uma celebrada coletânea de poemas.

Esse prisma alternativo, por sua vez, ajuda a explicar por que o budismo pode ser relacionado ao apetite sexual. No Japão, santos budistas eram adorados como deuses do amor e fontes de fertilidade; havia um caso em que pessoas chegavam até mesmo a rezar para os genitais secos de um santo morto, como parte de um ritual de busca da vitalidade sexual.

No século VII, uma ramificação do budismo que viria a ser conhecida como budismo tântrico desenvolveu uma linha de pensamento que parecia virar de ponta-cabeça o desdém sexual inicial: nessa seita, as atividades sexuais eram vistas como um meio de ligação direta entre indivíduos e a essência divina. Vários textos discorriam sobre o uso de fluidos sexuais como parte de rituais religiosos. Em uma consagração, um mestre tântrico fazia sexo com sua consorte e depois ungia um discípulo com a mistura resultante de fluidos. Foram desenvolvidas várias iogas sexuais, descritas em textos sobre o tantrismo, para ajudar os discípulos a evoluir espiritualmente, com uma consagração final em que a união sexual produzia, por fim, o despertar.

Muitos budistas consideravam que os textos sobre o tantrismo eram uma forma de ensinamento. Alguns argumentavam que os escritos sugeriam um plano espiritual que substituía inclusive os votos monásticos – monges e monjas podiam tomar parte desses rituais, que descreviam cuidadosamente posições sexuais, sem violar seu juramento. Outros budistas (e não budistas) ficavam absolutamente chocados, e insistiam na tese de que os princípios ascéticos deviam ser observados. À medida que o budismo se espalhou pelo Tibete, os monges dali tentaram solucionar o dilema representando o sexo em termos simbólicos, não por meio de atos públicos reais; as práticas privadas ainda podiam continuar sendo realizadas, mas apenas em segredo. Porém, havia também figuras tibetanas que celebravam abertamente a sexualidade.

Não surpreende que ambas as correntes do budismo, a ascética e a sexual, e especialmente uma combinação das duas, tenham dado origem a todo tipo de comentário, fosse de crítica ou de admiração, sobre as práticas efetivas, particularmente nos mosteiros e conventos. Era usual que monges e monjas budistas fossem retratados tomando parte de todo tipo de comportamento sexual licencioso; a literatura chinesa descrevia conventos em que abundavam sexo, lesbianismo e a corrupção moral generalizada. Alguns templos budistas podem ter sido usados como locais onde as cortesãs podiam se mostrar publicamente sem perigo, porque na ótica budista havia espaço para absolver suas transgressões.

Conforme foi se espalhando pelo leste da Ásia, o budismo pode ter sido usado também para robustecer regras mais antigas, contra o adultério ou o divórcio leviano, por exemplo. Os preceitos budistas podem ter ajudado a advogar a meta da virgindade feminina antes do casamento.

Entretanto, o fato é que é difícil determinar que impactos gerais o budismo teve sobre a sexualidade. É óbvio que, para uma minoria destinada ao mosteiro, a religião desestimulava a atividade sexual; mas, para outra minoria, aberta à perspectiva tântrica, propiciava importantes válvulas de escape ritualísticas. Muitas pessoas comuns, budistas sinceros, podem ter chegado à conclusão de que a religião na verdade não tratava da sexualidade de maneira particularmente clara, silenciando seu impacto na prática efetiva. É certo que, por toda a Ásia, a difusão do budismo foi compatível com o constante interesse popular na proteção contra a impotência masculina, em que cabia o uso de rituais e ervas (banhar os genitais masculinos em suco de pistache era receita comum na China) e outras práticas preexistentes. O fato de que o budismo não apenas oferecia visões conflitantes, mas também evitava regras e praxes mais específicas (exceto no âmbito de instituições mais rígidas e restritas, como os mosteiros), em favor de histórias generalizadas e de sugestões no sentido da contemplação, reduziu ainda mais o impacto. A discussão budista da sexualidade e até mesmo das posições sexuais era alentada e variada, mas um comentário mais detalhado sobre questões cotidianas, como controle da natalidade, aborto ou masturbação, era em larga medida inexistente.

Uma questão particularmente instigante diz respeito à relação entre budismo e homossexualismo. A opinião popular não budista, em lugares como

China e Japão, acusava monges e monjas budistas de abandonar-se à prática homossexual desenfreada – mas, como vimos, era a mescla de confusão e hostilidade que levava a acusações infundadas desse tipo. Também é importante lembrar que o leste da Ásia, tradicionalmente, dava mostras de grande preocupação acerca da homossexualidade. Contudo, os preceitos budistas não tratavam diretamente do homossexualismo, mesmo havendo comentários sobre questões relacionadas ao desejo heterossexual. No mínimo, parece pouco provável que o budismo tenha gerado novas restrições ou censuras relacionadas a esse aspecto da sexualidade à medida que a religião se difundia pela Ásia. Assim, o budismo confirmou, implicitamente, costumes locais, via de regra bastante tolerantes.

Cristianismo

Assim como na corrente preponderante do budismo, o enfoque básico da sexualidade na tradição cristã desenvolvida nos séculos que se seguiram à morte de Jesus diferia tremendamente dos valores das civilizações clássicas. O cristianismo assimilou e amplificou padrões menores anteriores – vimos que a negação ascética do sexo foi relativamente valorizada nas primeiras sociedades, por exemplo no caso das virgens vestais de Roma. Outros sistemas de valor, incluindo o da Grécia clássica, tinham manifestado preocupação acerca das possibilidades destrutivas do sexo – suas possíveis relações com a violência ou a imoderação.

Porém, embora fazendo uso de precedentes, o pacote cristão era novo. A visada cristã desenvolveu uma desconfiança fundamental em relação à sexualidade, quase no âmago de crenças sobre uma tensão entre a atividade sexual e a espiritualidade, que então se expressava por meio de um conjunto de novas medidas para reprovar ou regulamentar diversas práticas sexuais. Essa perspectiva foi complicada por divisões internas no cristianismo – a versão que se difundiu pelo mundo ocidental, sob o catolicismo, era mais desconfiada e receosa que outras ramificações cristãs. Outro elemento complicador foi, inevitavelmente, o embate com muitas expressões sexuais padrão, choque que resultou em um sem-número de concessões, acordos, ajustes, êxitos e evasivas. Em contraste com o budismo, contudo, a abordagem cristã da sexualidade não desenvolveu um verdadeiro dualismo, em que a angústia acerca do desejo sexual em uma linha de pensamento seria refutada por uma ligação entre sexo e espiritualidade em outra. Os graus de desconfiança com relação à sexualidade variavam, com divisões na religião, além de ter havido mudanças ao longo do tempo. Mas no mínimo um certo nível de desconfiança foi um componente considerável da mundividência cristã.

Para a maioria dos principais grupos cristãos – bem mais tarde, o protestantismo teria visão divergente – foi crucial, desde o início, estabelecer que Jesus nascera de uma virgem, e não como resultado de atividade sexual normal. Como parte da santíssima trindade, Jesus era tido como divino, e na fé cristã predominante essa natureza de divindade não era compatível com a cópula humana. Assim, Maria era virgem, e o menino Jesus foi implantado nela por intervenção divina. Esse dogma era, obviamente, uma acentuada ruptura com relação a outras religiões no mundo clássico, que não haviam ousado propor uma noção tão complexa acerca da presença divina entre os mortais, e que invariavelmente se mostravam bastante confortáveis com a ideia de aventuras e façanhas sexuais entre os deuses e como fontes de outros deuses.

A visão cristã alicerçou-se na concepção judaica de que o poder divino era uma instância bastante apartada das ações dos seres humanos comuns. A perspectiva cristã também se calcou na ênfase judaica da importância de confinar o sexo ao casamento e priorizar a procriação, além de outros precedentes, não apenas na lei judaica, mas também na cultura grega, que enfatizavam a fraqueza moral do gênero feminino e a necessidade de um controle rigoroso das mulheres, criaturas que, embora possuíssem alma imortal, estavam mais próximas que os homens do comportamento animal.

A hostilidade cristã com relação à sexualidade expressiva se fortaleceu de maneira contínua nos primeiros séculos da religião, em parte talvez como reação à sensualidade tão evidente nas classes mais altas de Roma. Ganhou terreno o orgulho advindo do refreamento do sexo como caminho para a espiritualidade. A maioria dos ermitões religiosos – protótipos das ordens monásticas posteriores – renunciava ao sexo como parte de seu ascetismo e da rejeição às coisas deste mundo. Alguns, como são Jerônimo, ficaram famosos por sua intensa – e, no fim das contas, bem-sucedida – luta contra a tentação sexual. Jerônimo viveu na Síria entre 374 e 379 e.c. e retornou a Roma como veemente defensor da virgindade, encontrando entre as mulheres judias ricas convertidas ao cristianismo uma ávida plateia. Jerônimo insistia que, como opção de vida, em comparação com a virgindade o casamento não passava de uma distante segunda opção – a virgindade tinha sido a condição humana antes da expulsão do jardim do Éden, ao passo que o casamento desviou a mente da contemplação de Deus. Jerônimo recomendava que maridos e esposas se mantivessem castos e educassem as filhas inculcando-lhes a necessidade de continuarem virgens. O casamento era preferível à fornicação, mas o marido deveria ser alertado para os perigos de amar excessivamente a esposa; o sexo em demasia, mesmo no âmbito do casamento, era um erro espiritual. As viúvas não deviam se casar novamente, pois isso equivaleria praticamente à prostituição.

Trata-se, em muitos aspectos, de pontos de vista extremados, mas o fato é que a Igreja ocidental passou a insistir cada vez mais na ideia de que uma vida de celibato era espiritualmente preferível. De maneira uniforme, as ordens monásticas faziam votos de celibato, e com o tempo passou a ser exigido dos padres que mantivessem sua condição de celibatários como requisito de seu *status* sagrado. O casamento, nesse estado de coisas, era aceitável, mas inferior. Teólogos cristãos como santo Agostinho fariam contribuições teóricas à crença de que a atividade sexual era tão somente o resultado do pecado humano, ausente na criação original de Deus. E entre os autores cristãos havia o consenso de que o sexo, bem como a morte, estaria ausente do paraíso celestial a que os cristãos deviam aspirar. Obviamente, a Igreja ortodoxa não concordou de todo, permitindo que os sacerdotes se casassem; essa era uma diferença fundamental entre os dois principais ramos do cristianismo. Mesmo no cristianismo ortodoxo, contudo, os sacerdotes deveriam se casar antes da ordenação, e, uma vez ordenados, sua vida sexual era regida por intricados rituais. E os mosteiros insistiam no celibato total. No século XI, um grupo de mulheres, provavelmente prostitutas, entrou no mais famoso complexo de mosteiros na Grécia; disfarçadas de pastoras, elas tentaram seduzir os monges, afastando-os de suas obrigações religiosas. O resultado foi um édito não apenas confirmando a abstinência sexual, mas proibindo as mulheres até mesmo de se aproximar da montanha onde estava localizado o complexo.

Sem dúvida, a existência de mosteiros e conventos e, no Ocidente, do sacerdócio, proporcionou um importante refúgio para as pessoas que, por algum motivo, sentiam-se desconfortáveis com a atividade sexual, embora obviamente houvesse muitos outros motivos para ingressar em uma ordem religiosa. Às vezes, particularmente na Europa Ocidental, monges e freiras desenvolveram visões religiosas apocalípticas, realizando atos de extrema renúncia – incluindo prolongados jejuns –, de maneiras tais que podem ter

envolvido transferência de fantasias sexuais, embora essa seja uma hipótese ainda controversa. Por outro lado, alguns líderes religiosos escreviam, em termos bastante persuasivos, sobre a validade e a importância do prazer sexual. A freira Hildegarda de Bingen (Alemanha, século XII) escreveu abertamente sobre a importância do prazer no momento da concepção – ela argumentava que as crianças concebidas por pais apaixonados tinham mais chance de ser do sexo masculino, fortes e saudáveis. Seus textos contêm a primeira descrição de um orgasmo feminino, retratado em termos de um calor descendo para os genitais femininos. O comprometimento com o celibato podia ter resultados complexos.

O enfoque cristão tinha implicações ambíguas quanto ao uso dos

Adão e Eva expulsos do paraíso, afresco. Masaccio, 1427
(Cappella Brancacci, Florença).
Nos séculos imediatamente posteriores à morte de Jesus Cristo, alguns ermitões religiosos ficaram famosos por sua luta contra a tentação sexual, como são Jerônimo, um veemente defensor da virgindade. Para ele, esta tinha sido a condição humana antes da expulsão do jardim do Éden, ao passo que o casamento desviava a mente humana da contemplação de Deus.

eunucos. Por um lado, os líderes da Igreja apreciavam a pureza sexual de um homem castrado; por outro, tendiam a desconfiar da prática da castração. No Império Bizantino, a hostilidade com relação aos eunucos foi gradualmente mudando, à medida que alguns castrados se tornaram bispos e outros passaram a servir ao imperador. No catolicismo ocidental, a princípio a Igreja baniu a castração, e não havia a utilização de eunucos. Por outro lado, a partir de um momento posterior do período pós-clássico, meninos castrados, os *castrati*, começaram a ser celebrados por suas habilidades de canto, que continuavam também na vida adulta. Essa prática prosseguiu nas regiões católicas ao longo do século XVIII; em países como a Espanha, as famílias camponesas ofereciam os filhos à castração, na esperança de que conseguissem um bom emprego no coro de alguma igreja.

Resultados mais importantes do ímpeto cristão de valorizar a castidade envolveram o casamento propriamente dito. Expandindo a ideia de que o casamento ocupava apenas o segundo lugar na hierarquia das condições espirituais, tanto a Igreja Católica como a Ortodoxa recomendavam insistentemente o comedimento, mesmo no sexo conjugal. Além disso, ambas tentaram banir as atividades sexuais durante períodos-chave do ano, mais especialmente na Quaresma, ou quarenta dias antes da Páscoa, bem como em outros dias santos, incluindo o domingo. No âmbito do casamento, mesmo nos dias aprovados, o sexo deveria ser voltado à procriação. Os textos católicos – apesar de indivíduos de pensamento independente como Hildegarda – tendiam a enfatizar os perigos físicos e espirituais do sexo – o sexo enfraquecia o corpo (uma crença comum insistia na ideia de que o orgasmo masculino equivalia à perda de pouco mais de 1 litro de sangue) – bem como vinculavam o sexo ao pecado da gula. Como meio de reduzir ou controlar o desejo sexual, recomendava-se uma dieta cuidadosa. Circulavam noções como a de que só existia uma posição sexual adequada – o homem por cima, ou o que viria ser conhecida como "posição missionária" ou "papai e mamãe" – (supostamente para maximizar a atenção à procriação), e a de que nem mesmo casais casados deveriam tirar a roupa durante o ato sexual.

Em decorrência dessa visão geral, quase todas as práticas que pudessem desviar as pessoas do sexo procriativo, ou que tivessem como objetivo o prazer, eram condenadas com renovado vigor. Os líderes da Igreja dedicaram considerável energia e atenção para definir e atacar o incesto. O adultério, é óbvio, foi severamente proibido. A lei cristã (na Europa Ocidental e Oriental) evoluiu aos poucos e passou a incluir punições para homens e mulheres adúlteros, embora as mulheres continuassem recebendo tratamento mais rígido. Na Europa Ocidental um homem condenado por adultério podia perder os direitos ao dote da esposa ou a qualquer tipo de presente de casamento. Porém, a lei germânica antes em vigor e que permitia ao homem matar a mulher adúltera foi sendo gradualmente modificada, e cada vez mais os líderes cristãos passaram a recomendar o perdão, mesmo por parte do marido enganado, desde que a esposa cumprisse extensa penitência religiosa. As mulheres, mais que os homens, podiam ser excomungadas da Igreja por conta de comportamento adulterino.

O ensinamento cristão atacava violentamente a contracepção e o aborto. O aborto era assassinato, puro e simples, e na Igreja cristã do Oriente até mesmo o aborto natural exigia que a mulher se penitenciasse. A contracepção, que evitava o nascimento de um novo ser vivo, era em princípio um crime equivalente. Diversos códigos da lei cristã na Inglaterra, por exemplo, estipulavam a pena de morte para o aborto. Provavelmente, as doutrinas cristãs desencorajavam o conhecimento médico acerca de técnicas de aborto, disponíveis, por exemplo, no mundo islâmico. Por outro lado, os líderes cristãos discutiam sobre o momento preciso em que o feto adquiria alma – geralmente havia o consenso de que isso ocorria com 18 semanas de gravidez; antes desse ponto, apesar da desaprovação oficial, a oposição efetiva ao aborto era limitada, e havia pouquíssimos casos de condenação por esse crime.

Em princípio, a masturbação era outro alvo, em virtude da preocupação geral sobre o sexo e o desejo de priorizar a procriação. Pode ser que em seus primórdios a Igreja cristã tenha dado pouca atenção a essa questão, mas especula-se que os altos índices de doenças e de mortalidade no final do período clássico e início do período pós-clássico suscitaram uma renovada atenção ao tema da prevenção do "desperdício da semente". A pena para as pessoas que incorriam nesse pecado era jejuar durante vinte dias, e com o tempo as punições foram aumentando, incluindo flagelação para casos de masturbação em grupo ou cometida por membros da Igreja. Às mulheres que faziam uso de instrumentos para se satisfazer sexualmente impunham-se longas penitências. Mais tarde, no período pós-clássico, teólogos cristãos começaram a relacionar a masturbação masculina à bruxaria e à criação de demônios. Para Tomás de Aquino, o onanismo era um crime pior que o estupro, pois ia contra a natureza e a razão, ao passo que estupro ofendia apenas a razão (somente no início do século XIX a Igreja Católica reveria oficialmente essa opinião).

Por sua vez o estupro era tido como crime, embora as opiniões divergissem sobre o estatuto desse delito: o debate girava em torno de se definir se o estupro era um crime sexual ou um crime contra o patrimônio (que "danificava" uma esposa ou filha, propriedade de um marido ou um pai). Certos tipos de estupro – por exemplo, o de uma mulher de alta posição social – eram passíveis de receber punições severas, incluindo a morte. Na verdade, para a mulher era muito difícil provar que não havia consentido de alguma forma com a relação sexual. Em muitos países cristãos, se houvesse gravidez, o sexo forçado não era considerado estupro. Ao mesmo tempo, era comum que os tribunais determinassem que o homem deveria se casar com a mulher por ele estuprada (presumindo que na ocasião ambos não fossem casados); isso resultava em frequentes acusações de estupro quando a mulher ou, o que era mais corriqueiro, ambas as partes queriam se casar, contra a vontade das famílias. Não está claro, em uma sociedade o mais das vezes violenta, se as mulheres tinham de fato alguma proteção efetiva contra o sexo forçado.

Em termos mais gerais, a Europa cristã produziu uma nova visão da mulher, mais ambivalente com relação à sexualidade. Por um lado, as virgens eram valorizadas e diversas atitudes sexuais masculinas podiam ser consideradas pecados – as mulheres não eram as únicas transgressoras. O cristianismo provavelmente reduziu as desigualdades entre homens e mulheres em questões sexuais, em comparação com a maioria das sociedades clássicas. Por outro lado, a ideia de que Eva foi a primeira pecadora (e então arrastou os homens ao pecado) e a crença mais generalizada de que as mulheres eram moralmente inferiores aos homens ajudaram a justificar penalidades mais severas para as mulheres adúlteras e as ambiguidades em torno do estupro. Essa diferenciação de gênero ficava evidente na opinião sobre o casamento em segundas núpcias: as viúvas eram desaconselhadas a se casar de novo, por diversas razões, incluindo a aversão à sexualidade feminina, particularmente se a mulher já tivesse filhos, ao passo que dos homens que haviam perdido a esposa esperava-se que voltassem a se casar. A diferença ficava patente também nas práticas em torno do divórcio: a doutrina cristã condenava o divórcio e a lei religiosa dificultava sua obtenção, mas para os homens (especialmente das classes mais altas) era mais fácil encontrar brechas e maneiras de driblar essas restrições.

As ideias cristãs sobre sexo afetaram três outras grandes e importantes áreas: prostituição, cultura sexual e homossexualidade. O cristianismo limitou severamente as representações públicas do sexo, em particular na arte, que se tornou predominantemente orientada por temas religiosos. Nenhuma civilização reduziu tanto como a Europa cristã a expressão cultural erótica, nem mesmo antes ou durante o próprio período clássico. Entretanto, alguns manuais sexuais continuaram sendo escritos e postos em circulação; e, como vimos, alguns autores cristãos independentes podiam expressar opiniões inesperadas. Havia também ocasionais textos pornográficos, descrevendo práticas condenadas pela Igreja, que as definia como obras do demônio. Em termos mais sistemáticos, o ressurgimento das cidades e da cultura urbana na Europa Ocidental ajudou a gerar uma maior abertura no século XIII. Uma série de histórias francesas, chamadas de *fabliaux* ou fábulas, diferia do tipo assexuado de sentimento amoroso alardeado pelos trovadores do período. Os *fabliaux* mostravam modalidades bastante mundanas ou terrenas de sexo, comprazendo-se na luxúria desenfreada. Nessas narrativas eram descritas posições sexuais acrobáticas, provavelmente, ao menos em parte, como fonte de humor. Em uma das histórias, um cavaleiro covarde está envergonhado por ter beijado a virilha de uma mulher, e em outra (*O cavaleiro que conjurava vozes*), o ânus da mulher enceta uma conversa com a vagina para descobrir por que motivo esta última não respondera ao convite de um cavaleiro (a explicação para o silêncio: a vagina estava cheia de pano). Esse tipo de texto pornográfico influenciaria material literário mais sério, caso de *The Canterbury Tales* (*Os Contos da Cantuária*), de Chaucer. Com o tempo, ficaram cada vez mais comuns também referências a símbolos sexuais, tais como a rosa para alegorizar a vagina, chegando até mesmo a estabelecer relações entre artes visuais e temas sexuais. Contudo, a verdade é que a orientação cristã reduziu de maneira cabal as válvulas de escape sexuais – alguns historiadores defendem a tese de que esse longo período de seca ajuda a explicar a razão pela qual, por volta do século XVII, o interesse na expressão sexual teve rápida ascensão na mesma sociedade, como rebelião contra as restrições anteriores.

A prostituição era um tema problemático para o cristianismo. Por um lado, estava claro que se tratava de pecado. Na Europa pós-clássica, toda mulher que se entregava ao sexo por prazer – incluindo, por vezes, a que tinha relações sexuais antes do casamento – podia ser qualificada sob o rótulo de prostituta. Não era novidade que a sociedade dividisse as mulheres entre as respeitáveis e as não respeitáveis, mas o cristianismo tendia a ampliar o vigor dessas distinções. Embora fosse mais raro, homens que faziam uso dos serviços de prostitutas também podiam ser alvo de comentários e críticas. Na Europa bizantina, a esposa tinha direito de se divorciar do marido que mantivesse publicamente relações com uma prostituta. Por outro lado, havia espaço também para a aplicação do perdão cristão: há importantes relatos sobre ex-prostitutas que renunciavam ao estilo de vida pecaminoso e "diabólico" e até mesmo alcançavam a santidade. Com o tempo, a Igreja foi ficando mais aberta e tolerante à ideia de prostitutas que abandonavam sua profissão e optavam pelo casamento. Líderes cristãos reconheciam também que a prostituição não apenas era inevitável, mas um meio melhor do que outros mecanismos para lidar com a lascívia masculina. Mesmo santo Agostinho aprovava a prostituição nesses termos, já que a prática ajudava a proteger as boas mulheres dos excessos do desejo masculino.

De fato, a prostituição floresceu na Europa cristã, particularmente à medida que as cidades foram crescendo (e no próspero Império Bizantino, desde o início). Por vezes, algumas cidades tentavam banir a prostituição, mas o mais comum era que buscassem regulamentar a prática e, invariavelmente, lucrar com ela. No final do período pós-clássico, uma vez que as restrições sexuais pareciam estar afrouxando, algumas cidades abriram bordéis municipais. As prostitutas podiam ser instadas a usar roupas especiais ou marcas e sinais característicos – em Paris, o emblema distintivo era um nó vermelho no ombro. As prostitutas trabalhavam em tavernas, nas imediações de igrejas e casas de banho. Os nomes populares de ruas refletiam a concentração de prostitutas, caso da londrina Maiden Lane (Alameda das Donzelas) ou Rose Alley (Beco das Rosas), derivada da expressão inglesa "colher uma rosa", que se refere a fazer sexo com uma prostituta. Muitas vezes os prostíbulos das cidades maiores aglutinavam as mulheres estrangeiras que tinham dificuldade de arranjar outro tipo de emprego; algumas mulheres eram obrigadas pelos pais ou maridos a se prostituir, a fim de ganhar dinheiro extra para a família. A profissão contava com pouquíssima proteção; apenas na Sicília, excepcionalmente, havia uma lei de 1231 condenando o estupro de uma prostituta. O controle da natalidade era prática bastante comum, sobretudo por meio do uso de ervas especiais para contracepção ou aborto, pois as taxas de natalidade parecem ter sido baixas; além disso, provavelmente algumas prostitutas evitavam o sexo vaginal em favor de outros métodos. No geral, o cristianismo, tão importante em outras áreas sexuais, parece ter tido impacto relativamente pequeno sobre esse aspecto da sexualidade urbana, exceto talvez pelo fato de ter tornado singularmente evidente o baixo *status* social dos praticantes, em sua privação até mesmo dos direitos básicos de propriedade. Por outro lado, o impacto cristão sobre o homossexualismo foi substancial. Aqui a manta do pecado se estendeu, com resultados potencialmente asfixiantes. Vimos que o enfoque romano começara a se distanciar da aprovação da homossexualidade, e até certo ponto as ideias cristãs simplesmente ampliaram essa visão. A hostilidade judaica ao homossexualismo como sinal de degradação e falta de comedimento também foi uma circunstância que contribuiu para a perspectiva cristã. Entre os historiadores ainda se discute se a oposição cristã ao homossexualismo não tardou a chegar ao auge ou se a condenação plena teve de esperar até o século XI ou XII; contudo, embora essa discussão seja importante, é óbvio o consenso sobre o que de fato aconteceu. Certamente a regulamentação urbana do homossexualismo, frouxa e negligente sob Roma, recrudesceu sob o cristianismo. No início do século VI, as evidências de atividades homossexuais praticamente desaparecem – não, é claro, porque tenham cessado, mas porque foram obrigadas a se refugiar na clandestinidade. Permaneciam algumas inconsistências. No século VIII, o papa Gregório III instituiu a penitência para atos homossexuais masculinos e femininos (um dado revelador: a pena era duas vezes maior para os homens, cuja superioridade moral oferecia menos espaço para desculpas; mais ainda no caso dos padres) – isso sugeria o pecado, mas também propiciava um modo de expiação. Por muito tempo a Espanha notabilizou-se por ser um país bem mais indulgente com relação ao homossexualismo do que outras partes da Europa, talvez por causa da herança islâmica.

Porém, com o tempo intensificou-se a condenação do que os contemporâneos acabariam chamando de sodomia. Embora a noção de sodomia pudesse referir-se ao coito anal em geral, no enfoque cristão o alvo era basicamente o homossexualismo masculino. Homossexuais e atos homossexuais eram vinculados ao bestialismo, aos judeus, aos muçulmanos e aos necrófilos. Acusar grupos, incluindo monges e padres, de comportamento homossexual tornou-se uma forma significativa de insulto e escárnio. Cada vez mais, não apenas as regras da Igreja cristã, mas também as leis de Estado, passaram a estabelecer severas punições para casos de atividade homossexual. No século XIV, a peste, que reduziu drasticamente a população, levou a um esforço ainda mais intenso de associar o sexo exclusivamente à procriação, o que ajuda a explicar o maior rigor acerca do homossexualismo. Nos séculos XIII e XIV, os homens condenados por homossexualismo podiam ser executados na fogueira, o que de fato ocorreu em algumas ocasiões que hoje são consideradas o equivalente virtual de heresia. Em 1400, um líder da Igreja exigiu a pena de morte para as lésbicas, reivindicação que o Sacro Império Romano incorporou a seu código penal em 1532. Foram estabelecidas algumas distinções entre parceiros ativos e passivos – em contraste com a maior parte das culturas que expressavam preocupação sobre atos homossexuais, em que a passividade era o aspecto perturbador (na Grécia clássica, por exemplo). Entre os cristãos a tendência era condenar mais os parceiros ativos que os passivos. Na lei e na concepção geral, o cristianismo elevou o homossexualismo a um novo nível de hostilidade. E essa constatação se aplica tanto para as posições da Igreja Ortodoxa quanto as do catolicismo: os patriarcas da Igreja do Oriente equipararam a homossexualidade aos atos mais graves de adultério, e a lei bizantina decretou pena de morte para os homossexuais.

No cristianismo, o sexo era um ato suspeito, justificado apenas no âmbito do casamento e para fins reprodutivos. Mesmo nos raros casos de exaltação do prazer, por exemplo com Hildegarda de Bingen, vinculava-se o sexo à procriação. As tensões relativas a questões de gênero – em que as mulheres eram geralmente desprezadas em função de uma potencial irresponsabilidade, enquanto os homens eram tidos na mais alta conta – e a postura hesitante acerca da prostituição constituíam duas exceções ao enfoque impressionantemente consistente do cristianismo com relação à sexualidade.

Mas, por fim, até que ponto tudo isso realmente era importante? A prostituição não desapareceu. Não temos meios de avaliar o impacto do pensamento cristão sobre a frequência da masturbação, mas certamente essa conexão era, na melhor das hipóteses, limitada. Casos de adultério continuaram existindo: os prostíbulos não eram apenas centros de prostituição, mas refúgios para casais adúlteros. Podemos especular que os custos do pecado tinham algum efeito refreador, mas não sabemos ao certo. O sexo pré-marital não deixou de existir; era comum que rapazes mantivessem atividades sexuais antes de se casar; com frequência ainda maior, muitos casais faziam sexo antes do casamento, o que resultava em nascimentos seis ou sete meses após a cerimônia de matrimônio; diante do inevitável, a Igreja fazia vistas grossas. Continuou em alta o interesse na contracepção e no aborto, especialmente por meio do uso de determinadas plantas, embora sua eficácia fosse quase sempre limitada. Diversos textos traziam informações sobre poções herbáticas.

Algumas plantas, por exemplo, tinham substâncias que, tomadas após o coito, eram capazes de prevenir a implantação, ao passo que outras, inseridas na vagina, agiam como espermicidas. Os líderes da Igreja continuaram fazendo suas críticas, mas seus apelos continuaram sendo o mais das vezes ignorados.

Alvos ainda mais vigorosos resistiram parcialmente ao ataque cristão. Com a ascensão das cidades, o comportamento homossexual voltou à tona. No século xi, se por um lado os ataques aumentaram, por outro surgiu também a noção de que os atos homossexuais poderiam estar associados à criatividade artística e intelectual. Sabemos menos do que gostaríamos sobre a cultura gay clandestina – alguns séculos mais tarde, encontros homossexuais em banhos públicos e até mesmo banquetes secretos eram parte da rotina em lugares como Londres, mas era menor a sensação relativa aos níveis de atividade no período pós-clássico. Inúmeros relatos sugerem que o abuso sexual continuou sendo corriqueiro no seio das famílias comuns, incluindo a prática do incesto, particularmente por pais que forçavam as filhas a manter relações sexuais com eles. As acusações de atividades sexuais em mosteiros eram muitas vezes exageradas, mas claramente os votos de celibato não eram seguidos à risca ou levados ao pé da letra. O surgimento de uma nova literatura obscena nos séculos pós-clássicos mais adiantados mostra não apenas um racha na repressão religiosa; julga-se que essa literatura descreva bem melhor do que as normas cristãs o que de fato estava acontecendo.

Até mesmo a prática da Igreja e do Estado mostra a complexa relação entre os preceitos cristãos e a realidade sexual. Em geral, com algumas exceções na última saraivada de ataques ao homossexualismo, os membros da Igreja mostravam-se ávidos para enquadrar atos sexuais específicos como pecaminosos, e não as pessoas como pecadoras. Homossexuais (pelo menos até o final do período), adúlteros, prostitutas e outros podiam se arrepender de seu estilo de vida, cumprir penitência e reintegrar-se à congregação religiosa. A Igreja oferecia caminhos por meio dos quais o complexo comportamento sexual podia se conciliar com os pontos de vista cristãos – o que ajuda a explicar por que os interesses sexuais continuaram divergindo das prescrições mais rigorosas. Mesmo o acréscimo de penalidades governamentais não deve ser encarado com total seriedade. A maior parte dos governos estava relutante em aplicar as punições mais severas dos códigos legais – na verdade, as penalidades mais firmes eram tão excessivas que, em essência, acabavam sendo ignoradas. Para os homens poderosos, por exemplo, não era difícil escapar das acusações de estupro, mas mesmo as condenações por homossexualismo parecem ter sido raras – pelo menos as do tipo que previam a pena de morte. É o que se verificava no Império Bizantino e também em diversas cidades ocidentais que em princípio impunham a decapitação, mas que de fato limitavam-se simplesmente a multar os transgressores. As penas para o aborto, embora constassem da lei, raramente eram aplicadas, em particular, óbvio está, porque as próprias mulheres se encarregavam de providenciar as ervas usadas e mantinham sigilo. Já cirurgias eram bem menos comuns. Todos esses elementos complicam ainda mais a avaliação do efetivo impacto dos preceitos cristãos.

O que está claro é que o enfoque cristão trouxe muitas inovações em princípio, algumas das quais tiveram impacto duradouro nas culturas cristãs ou de herança cristã. Essa perspectiva alterou definitivamente a representação artística do sexo e outras expressões públicas da sexualidade, certamente em contraste com Roma, embora novas aberturas tenham se desenvolvido em séculos pós-clássicos posteriores. As restrições cristãs também limitaram alguns dos comportamentos tradicionais. As relações com concubinas, por exemplo, declinaram progressivamente, em contraste com o precedente romano e de outras sociedades do próprio período pós-clássico; líderes cristãos, tanto da Igreja Católica como da Ortodoxa, fizeram bastante progresso no que tangia a desestimular e punir o concubinato, embora alguns padres, impedidos de se casar, tenham recorrido à prática. Em termos ainda mais gerais, enquanto os homens ricos e poderosos dispunham de oportunidades sexuais que as pessoas comuns não tinham, o grau de diferença de acesso sexual, com base na riqueza e no *status* social, era menor do que se verificava sob as civilizações clássicas ou que continuava em vigor no islamismo. Além disso, indubitavelmente, o cristianismo incitou alguns comportamentos a se tornarem mais sigilosos e, bem provável, mais temerários – caso do homossexualismo. E ainda que sem sombra de dúvida as novas regras tenham alterado comportamentos gerais, como a masturbação, elas criaram novas culpas e hesitações, que teriam seu próprio impacto na vida sexual. Obviamente, tudo isso se dava no âmbito de um contexto agrícola reconhecível, em que a fidelidade das mulheres recebia muito mais atenção do que a dos homens e em que a sexualidade estava fortemente vinculada à reprodução.

No início do século XII, o brilhante teólogo francês Pedro Abelardo, um padre, seduziu uma linda aluna, Heloísa, sobrinha do poderoso Fulberto.

Seguiu-se um apaixonado caso de amor, e Heloísa logo engravidou. O tio da moça consentiu que os dois se casassem, mas quando julgou que Abelardo estava disposto a quebrar sua promessa, enviou ao apartamento do filósofo capangas, que o castraram. Profundamente envergonhados, Abelardo e Heloísa aceitaram levar uma vida monástica, trocando cartas de amor que mais tarde se converteram em comentários sobre como funcionava o convento de Heloísa. A história mostra de que maneira o sexo poderia sobrepujar os escrúpulos cristãos, um emblema das limitações do enfoque religioso. Mostra também como os padrões religiosos podiam legitimar uma punição privada bastante diferente do que hoje pareceria adequado. No período pós-clássico, a sexualidade cristã mesclava impulsos biológicos, algumas das necessidades particulares de uma sociedade agrícola e o vigor de um novo conjunto de padrões culturais.

Islamismo

O surgimento e a rápida difusão do islamismo após 600 e.c. foi uma das principais novidades do período pós-clássico, com profundos impactos na África, Europa e várias partes da Ásia. Com raízes no judaísmo e no cristianismo, que o profeta Maomé reconhecia como os precursores fundamentais do islamismo, não é de surpreender que houvesse muitas sobreposições de crenças e práticas. Ao longo dos séculos pós-clássicos, Cristandade e Islã tiveram alguns encontros violentos, mas houve também momentos de considerável tolerância religiosa mútua — por exemplo, na Espanha islâmica —, comércio e troca de influências, particularmente à medida que os líderes cristãos foram assimilando alguns dos avanços comerciais e filosóficos no Oriente Médio. Islamismo e cristianismo apresentavam entre si semelhanças mais numerosas do que ambos com o budismo, o que era reflexo das origens bastante diferentes do budismo. Na sexualidade, contudo, havia algumas distinções notáveis, refletindo intrigantes diferenças de crença: ainda que o islamismo impusesse regras rígidas sobre aspectos do comportamento sexual, não refletia a desconfiança básica com relação à sexualidade, tão característica dos primórdios do cristianismo. O impacto do islamismo sobre os comportamentos sexuais também foi condicionado por precedentes e condições do Oriente Médio, uma sociedade bem mais urbanizada e, em muitos sentidos, muito mais sofisticada do que a Europa Ocidental durante os séculos pós-clássicos.

O islamismo não desenvolveu nenhuma posição sistemática com base na premissa de que a castidade criava um estado espiritual mais elevado, ou de que a sexualidade era contrária aos objetivos religiosos. Nesse ponto, obviamente, diferia tanto do cristianismo como do budismo. O Islã não gerou nenhum tipo de instituição separada em que a devoção extrema e a negação do sexo estariam associadas. Não exigia de seus líderes religiosos que se privassem da sexualidade. Não enfatizava uma criação original assexuada que o pecado humano havia destruído. A concepção islâmica de paraíso, em acentuado contraste com a contraparte cristã e, implicitamente, com a concepção budista de evolução espiritual, incluía o prazer sexual – para os islâmicos o paraíso seria um lugar de recompensas (reconhecidamente, mais para os homens do que para as mulheres) para quem cumprisse com fervor as obrigações religiosas. O paraíso islâmico, na visão popular, prometia potência descomunal para os homens, mais a possibilidade de escolher não apenas as mais formosas entre centenas de virgens, mas também desfrutar à vontade de espíritos femininos, chamados de *houris*, cujos cabelos são como a seda. Nesse sentido, sexo e recompensa pela devoção religiosa andavam lado a lado. Antes do paraíso, aqui mesmo na Terra, foi desenvolvida a noção de que, uma vez que o amor dos homens por Deus não podia ser plenamente satisfeito nesta vida, o amor sensual era uma substituição adequada, ainda que obviamente incompleta.

Por certo o islamismo pode ter gerado preocupações sistemáticas sobre a sexualidade. No século IX surgiu uma seita separatista, kharij, com uma postura muito mais restritiva do que a que prevalecia na linha preponderante do islamismo, e que dava considerável apoio ao valor religioso do celibato.

Mais importante para a maioria dos muçulmanos era a ligação anual entre o comedimento e a devoção durante o mês sagrado do Ramadã, período do calendário islâmico em que os islamitas praticam o seu jejum ritual e em que, do amanhecer ao anoitecer, supostamente devem se abster de qualquer atividade sexual – acompanhando a proibição de ingerir comida e bebida. Aqui o islamismo se une às outras religiões mais importantes ao reconhecer o mérito religioso no controle sobre o apetite.

Contudo, salvo alguns pontos especiais acerca da obrigação religiosa, o islamismo combinava a crença na normalidade e desejabilidade da atividade sexual a regras firmes cujo intuito era restringir o sexo ao casamento e monitorar o comportamento sexual das mulheres. O casamento era visto

O impacto da religião na sexualidade, até 1450   97

Retrato do paraíso muçulmano, ilustração do manuscrito *Miraj Nama*. Autor desconhecido, séc. xv (Bibliotheque Nationale, Paris). Maomé (à direita, em cima) em visita ao paraíso, acompanhado do anjo Gabriel (à esquerda, em cima). Abaixo deles, montadas em camelos, estão as chamadas *houris*. Esses espíritos femininos, de acordo com a visão popular, seriam prometidos aos heróis e mártires.

como uma instituição crucial para submeter à vigilância estrita o impulso sexual, que, embora válido, podia sair do controle e levar ao pecado. Escrevendo no século XI, o teólogo al-Gahazli apontou que uma das vantagens do casamento era "dominar o desejo sexual [a ser protegido do demônio]". Alguns textos islâmicos insistiam que os homens limitassem sua vida sexual às esposas, concentrando-se essencialmente na procriação. Por outro lado, o casamento era visto, em termos mais gerais, como a união de um homem casto e uma mulher casta para quem a união sexual não era um ato comum, mas de *sadaqa*, ou adoração, para ambos os parceiros. Todas as formas de prazer sexual eram permitidas, exceto o coito anal e o sexo durante a menstruação. As mulheres deveriam raspar os pelos pubianos, para ficarem mais atraentes. Os maridos deviam executar carícias preliminares suficientes para que as mulheres ficassem prontas para o prazer; antes de ejacular, também era seu papel aguardar que as esposas chegassem primeiro ao orgasmo. Se visse uma mulher na rua e se sentisse estimulado, o homem deveria voltar imediatamente para casa e fazer sexo com a esposa, de modo a aliviar, e ao mesmo tempo controlar, seu desejo.

A lei islâmica era razoavelmente vaga e negligente acerca do tema do aborto, e no período pós-clássico, os doutores do Oriente Médio adquiriram conhecimento médico cada vez mais aprofundado sobre procedimentos eficazes – influenciando, no fim das contas, a perícia dos médicos ocidentais. Maomé acreditava que apenas na fase final do desenvolvimento do feto havia uma alma em jogo. Tudo isso contribuiu para um enfoque tolerante acerca da contracepção e do aborto. As mulheres podiam tentar abortar mesmo sem a permissão do marido, desde que tivessem bons motivos para querer interromper a gravidez. A contracepção era endossada de maneira ainda mais aberta, uma vez que a validade do prazer sexual era notória. As leis reconheciam que problemas de saúde ou condições econômicas podiam requerer proteção contra filhos indesejados. Os muçulmanos, provavelmente, usavam diversas plantas contraceptivas, e também empregavam a técnica do *coitus interruptus*, ou coito interrompido, por exemplo no caso de sexo com prostitutas ou escravas. O islamismo considerava que a masturbação era pecado, embora não fosse uma falta grave. Em geral, sobre essas questões a aceitação da sexualidade reduzia os níveis de preocupação religiosa ou, por conta disso, de qualquer esforço de envolvimento do Estado.

Os princípios islâmicos, partindo do exemplo do próprio Maomé, também permitiam a poligamia, embora a cautelosa exigência de que os homens mantivessem a capacidade econômica de sustentar mais de uma esposa criasse claras distinções sociais. Contudo, os homens abastados dispunham de oportunidades sancionadas de atividade sexual com mais de um cônjuge. O pressuposto era que uma boa esposa obedeceria às solicitações de acesso sexual do marido. Ao mesmo tempo, autores religiosos, incluindo al-Gahazli, enfatizavam que as mulheres tinham direito à satisfação sexual.

Tanto os homens como as mulheres tinham direito de se divorciar, mas o procedimento era bem mais fácil para os homens. Pelo menos ocasionalmente, os homens muçulmanos contraiam núpcias de maneira bastante casual – caso, por exemplo, do viajante Ibn Battuta, que esporadicamente se casava durante suas viagens e depois, já prestes a partir, renunciava à esposa – e isso podia, é claro, ter implicações sexuais. No islamismo xiita, desenvolveu-se o conceito de *mut'a* ou casamento temporário – um casamento de prazer sexual –, em que homens e mulheres ficavam juntos sem intenção de reproduzir ou de formar uma família. Embora tenha sido proibida pelo califa Omar, a prática persistiu.

O islamismo apresentava pontos de vista complexos sobre o homossexualismo, mas o enfoque geral incluía considerável tolerância. As relações homossexuais entre a elite não eram incomuns, e os homens que assumiam um papel mais passivo eram essencialmente afeminados. Em alguns círculos, o travestismo era uma forma popular de entretenimento. Prostitutos vestidos de mulher atuaram nas cidades maiores entre os séculos IX e XI. Há relatos também do ressurgimento de antigas tradições do Mediterrâneo, em que homens mais velhos desenvolviam relações eróticas com homens mais jovens. Alguns autores recomendavam com insistência que os filhos mantivessem atividade homossexual (bem como heterossexual), como meio de ganhar experiência e evitar o tédio. Em alguns casos, até mesmo a pederastia – ou seja, a prática sexual entre um homem e um rapaz mais jovem – era tolerada. Algumas visões do paraíso incluíam não apenas as *houris*, mas também *ghilmaan* – meninos "brancos como pérolas", prontos para servir aos mártires da fé. Assim como as mulheres, meninos pubescentes podiam ser descritos como "atraentes" e "perigosos". Por outro lado, alguns atos homossexuais acabavam rotulados como adultério e eram passíveis de punição legal – embora as regras estritas de evidência dificultassem a comprovação dos casos. O sexo anal era pecado e podia despertar a ira de Deus. As relações lésbicas recebiam menos atenção e eram menos comentadas, mas havia relatos de contatos lésbicos no interior dos haréns.

O islamismo enfatizava vigorosamente a importância da virgindade feminina antes do casamento. A noiva seria repudiada de imediato caso se descobrisse que não era virgem. As meninas muçulmanas eram criadas com objetivo de se casar, e é óbvio, em certo contraste com o cristianismo, não existia a noção de que de um ponto de vista religioso o matrimônio era uma segunda opção. Em geral, as meninas eram dadas em casamento ainda bastante jovens, invariavelmente entre 8 e 9 anos de idade. Não se esperava que iniciassem a vida de casada antes da puberdade, mas a tenra idade ajudava a assegurar a virgindade até o casamento. À medida que a sociedade árabe foi evoluindo – inicialmente essa não era uma prática geral no Islã –, as meninas respeitáveis começaram a usar véu também com essa idade, como símbolo de recato e castidade, reavivando as tradições que haviam se desenvolvido anteriormente no Oriente Médio. Circulavam diversas histórias exaltando mulheres que resistiam às investidas dos homens até que um casamento apropriado fosse providenciado: assim é o relato da cidade iraquiana de Wasit sobre um emir que corteja uma bela mulher, que, no entanto, o rejeita porque ele não pedira sua mão devidamente à família dela; quando o emir tentou raptá-la, os irmãos da noiva o mataram. A moral da história: tanto a mulher como seus irmãos comportaram-se de maneira exemplar para proteger a pureza dela. A castidade de uma moça era fundamental para a honra de sua família; embora sem a sanção do Alcorão, algumas famílias puniam as meninas com severidade, e até com violência, se sua castidade fosse colocada em questão.

A lei islâmica se opunha ferozmente ao adultério, e ambas as partes, marido e mulher, estavam sujeitas a punições rigorosas. O Alcorão afirma com todas as letras: "[...] a fornicadora e o fornicador que cada um seja flagelado com cem chibatadas". O adultério poderia facilmente ser equiparado à falsa crença ou outros crimes contra a religião. Muitos maridos sentiam-se autorizados a fazer justiça com as próprias mãos e usar de violência contra uma esposa suspeita. Ao mesmo tempo, a lei criou um substancial ônus da prova em princípio – eram exigidas quatro testemunhas, e se não fossem providenciadas o acusador (em geral, mas nem sempre, a esposa) seria punido por calúnia e difamação. Como no cristianismo, as autoridades islâmicas também incentivavam os casais a se perdoarem caso ocorresse adultério: idealmente, a família dos cônjuges intervinha em nome da reconciliação, que sem dúvida era vista como uma solução preferível, do ponto de vista social e pessoal, ao divórcio. Embora não incentivasse a prática, a lei islâmica também permitia que a mulher adúltera se divorciasse do marido e se casasse com o amante. Portanto, no islamismo toda a área referente ao tema do sexo fora do casamento envolvia complexidades reais: os objetivos básicos eram firmes, mas vários ajustes e concessões, por mais desastrosos que pudessem parecer para as partes envolvidas, podiam contrapor-se ao efetivo comportamento sexual.

A ascensão do islamismo foi compatível com uma cultura pública bastante notória no que dizia respeito à sexualidade. A arte, obviamente, estava proibida – a religião não permitia representações de humanos ou animais, e mesmo as culturas que violavam essa proibição, caso da Pérsia, certamente não retrataram conteúdo sexual. Na literatura, entretanto, havia uma expressividade ampla e variada. Dispunha-se de material relativamente farto contendo instruções sexuais, incluindo como manter ou aumentar a potência masculina ou que tipo de cosméticos as mulheres poderiam usar para incrementar a excitação do homem. O conhecimento árabe de afrodisíacos era rotineiramente incluído em manuais sexuais, tais como o *Livro do rejuvenescimento no poder da concupiscência*, de Ahmad bin Sulayman, com atenção particular às ervas que aumentavam o tamanho do pênis – tópico raramente mencionado nos livros europeus do mesmo período. A poesia amorosa era abundante, parte dela com conteúdo sexual. Em 828 um erudito perguntou a um poeta beduíno o que era o amor, e a resposta foi: "É o amante trocar olhares constantes com a amada e os dois se beijarem repetidamente, isso já é quase o paraíso.". Ao que o erudito respondeu que para os homens da cidade a definição era mais simples: "Você abre as pernas dela e a penetra.". Alguns autores insistiam na ideia de que o amor era uma expressão da alma, não do corpo. Entrementes, um livro publicado em 984 afirmava que o amor fora mais espiritual, mas que "hoje", quando um homem ama uma mulher, "não tem outra coisa em mente a não ser uma maneira de erguer as pernas dela". A famosa coleção *As mil e uma noites* contém diversas histórias sexuais, incluindo relatos de infidelidade feminina: as mulheres eram vistas como seres interessantes, mas dominados pela paixão, aprioristicamente infiéis. *O jardim perfumado*, de Nefzawi, era outra obra que descrevia prazeres sexuais, de maneira menos incisiva, sem seguir o programa islâmico. Diversos poetas também escreveram com tintas favoráveis sobre a homossexualidade. Wallada bint al-Mustai, uma princesa do século XI, atacou as convenções islâmicas celebrando explicitamente seus casos de amor. Em outras palavras, o islamismo abriu a porta para avaliações favoráveis da atividade sexual; ao mesmo tempo, durante a maior parte do período clássico, não dominou inteiramente a produção cultural relevante. O resultado foi uma considerável efusão de obras.

Em três áreas, os princípios islâmicos eram bastante claros e restritivos, mas tiveram impacto limitado. À medida que os monarcas árabes foram adquirindo mais poder e luxo, as pretensões da realeza falaram mais alto que a religião no que dizia respeito ao concubinato e o uso de eunucos. O Alcorão permitia que eunucos – aqueles desprovidos das "habilidades que definem os homens" – trabalhassem em alojamentos de mulheres, mas proibia a castração. Essa proibição era solenemente ignorada, e com o tempo os eunucos passaram a servir como guardas nos haréns reais, e, assim como na China, exercer papéis na burocracia do Califado árabe. No século VIII, conforme a prosperidade e o poder político árabe se expandiam, os califas começaram a construir enormes haréns, com mulheres cobertas de véus, invariavelmente trazidas do sudeste da Europa, Geórgia ou Armênia. Outros homens abastados mantinham inúmeras escravas como concubinas, além de suas quatro esposas; quando tinham filhos de seu senhor, as escravas do harém eram automaticamente libertadas assim que seu dono morria. Outras comunidades em territórios islâmicos, tais como os judeus, também desenvolveram tradições de concubinato e poligamia (em contraste com sua contraparte na Europa, onde a monogamia ganhou terreno).

Tecnicamente, o islamismo baniu a prostituição, que, contudo, floresceu nas cidades maiores, onde as prostitutas invariavelmente trabalhavam nas ruas. Se por um lado as escravas não deviam ser usadas como prostitutas – mais uma vez, em teoria –, por outro eram muitas vezes obrigadas a trabalhar no comércio sexual. Algumas mulheres, escravas ou livres, atuavam como artistas, caso da cantora Ulayya, que se apresentava na corte do califa e exercia considerável influência junto ao monarca. Assim como na Europa cristã, as prostitutas recebiam algum crédito por ajudarem as boas mulheres, apaziguando o impulso sexual masculino. Assim como no concubinato, mulheres estrangeiras e mulheres das minorias religiosas figuravam com papel proeminente na prostituição urbana.

De maneira geral, o impacto do islamismo na sexualidade foi evidentemente confuso. Por um lado, deu-se em uma região onde a cultura urbana já tinha se desenvolvido, e as práticas sexuais resultantes ficaram relativamente imunes às novas preocupações religiosas. Ao mesmo tempo, a (em muitos sentidos) ampla aprovação islâmica da sexualidade de muitas formas informou e encorajou muitos fiéis, particularmente homens, mas as mulheres também. Por fim, contudo, algumas áreas de intenso escrutínio, especialmente em torno da proteção da virgindade antes do casamento e o esforço de proibição do adultério, podiam gerar não apenas considerável dose de preocupação, mas punições ativas. Obviamente, tomada em conjunto essa combinação tinha algumas características em comum com outras religiões, mas também estabeleceu elementos distintivos.

Conclusão: as complexidades de uma era religiosa

A difusão das grandes religiões, um dos acontecimentos mais importantes desse período da história mundial, com impactos que ainda hoje se fazem sentir, afetou de diversas maneiras a sexualidade. Vieram à tona novas preocupações acerca de certos aspectos da sexualidade, tais como a maneira cristã de encarar o homossexualismo e as tentativas islâmicas de coibir o adultério. Sem sombra de dúvida, em cada religião surgiram padrões sexuais característicos, contribuindo para a identidade das principais sociedades. As posturas sobre a sexualidade alimentaram um novo conjunto de diferenciais comparativos, que dividiram grandes porções do mundo. Em períodos posteriores (mais uma vez, incluindo a atualidade), quando o ritmo dos contatos globais se intensificou, essas diferentes definições acabaram resultando em tensões e até mesmo hostilidades. Elas propiciaram as bases distintivas para as subsequentes evoluções tanto da cultura sexual quanto da prática sexual. Durante o período pós-clássico propriamente dito, os contatos ainda não eram suficientemente extensivos para que a diferenças sexuais tivessem papel explícito nas percepções mútuas. Os líderes islâmicos, por exemplo, menosprezavam os europeus, a quem consideravam belicosos, grosseiros e incultos, mas nessas impressões não se acentuavam aspectos relativos à sexualidade. Os cristãos opunham-se ao islamismo, que contestavam como religião herética, mas a questão sexual não ocupava a linha de frente dessas atitudes de objeção. Somente mais tarde a herança das diferenças religiosas afetaria o tema da sexualidade.

Durante os séculos pós-clássicos, o impacto das grandes religiões na sexualidade foi complicado por diversos fatores. Em primeiro lugar, é óbvio, havia o diferencial geográfico da efusão religiosa. A história sexual da China durante o período pós-clássico – embora tangenciada pelo budismo e influenciada pela preocupação confucionista sobre o budismo como um possível desvio dos valores familiares, incluindo o sexo com fins procriativos – originalmente não se desenvolveu sob os auspícios religiosos. Predominavam temas mais antigos, que interagiam com novas tendências econômicas. Em todo caso, no que dizia respeito ao sexo, a vagueza e as inconsistências internas do budismo reduziram sua capacidade de gerar mudança comportamental. A crescente expansão comercial e urbana em grande parte do mundo do budismo asiático fez com que aumentassem as oportunidades de sexo recreativo. A prostituição florescia em lugares como China, a despeito da influência budista. Marco Polo escreveu que em uma das cidades por ele visitadas havia 20 mil prostitutas. Sob a dinastia Song (960-1268) e sucessões posteriores, o governo administrava diretamente alguns prostíbulos, obtendo lucro e competindo com empreendimentos privados. Há evidências de que os índices de doenças venéreas aumentaram no período, em decorrência da expansão das oportunidades de atividade sexual disponíveis em ambientes urbanos. No topo da escala, cortesãs talentosas encetavam relacionamentos com homens poderosos, inclusive imperadores, entrelaçando relações sexuais e desdobramentos cruciais da história política chinesa. Continuavam proliferando manuais sexuais, que ofereciam conselhos para maximizar o prazer tanto de homens como de mulheres. A profusão de novelas e romances eróticos, caso de O tapete de orações carnal, de Li Yu, também refletia a falta de pudicícia na China pós-clássica. Os relacionamentos homossexuais eram tolerados, e alguns chegaram a ser descritos com considerável grau de detalhes durante o período. Líderes confucionistas expressaram algumas preocupações novas acerca do comportamento sexual das mulheres, insistindo numa maior reclusão em nome da castidade, e mais para o final do período os governos chineses começaram a censurar esporadicamente a literatura erótica. Contudo, em termos gerais, mesmo levando em conta certo grau de influência budista, a história sexual da China não foi essencialmente moldada por valores religiosos sobrenaturais. Um hiato similar, entre o impacto religioso genuíno e uma considerável continuidade na sexualidade, parece descrever outras partes do leste da Ásia no período pós-clássico, incluindo o Japão.

A difusão do islamismo por uma gama ampla de sociedades criou inevitavelmente variantes do impacto sexual. À medida que o islamismo se tornou religião minoritária na Índia, acabou estimulando, ainda que de maneira gradual, tentativas de manter as mulheres respeitáveis longe dos olhares públicos, mesmo entre as famílias hindus. Na maior parte dos casos, porém, para a maioria hindu, os padrões sexuais eram calcados mais em precedentes antigos do que em impulsos religiosos mais recentes. A prostituição vicejava, inclusive para um grupo conhecido como *devadasis*, em associação direta com alguns templos hindus. A arte hindu continuava estimulando um forte elemento erótico, e as histórias ainda retratavam as grandes paixões dos deuses. Os manuais sexuais davam continuidade à tradição. Juntamente com novas edições do *Kama Sutra*, outras obras romanescas incluíam o *Panca Sayaka* (*Cinco flechas do deus do amor*) e o *Ananga Ranga*, uma versão mais acessível do *Kama Sutra*. Em conjunto, essas obras mantinham a tradição indiana de ressaltar com insistência a importância do prazer recíproco no casamento e a responsabilidade do homem em satisfazer sua mulher. Alguns estudiosos acreditam que nesses livros o lado feminino recebia menos atenção e menor quantidade de conselhos como reflexo do *status* social mais baixo das mulheres. Por exemplo, o *Ananga Ranga* não menciona o uso dos dedos para estimular o prazer. Porém, no geral não havia mudança de tom. Os governantes indianos continuavam praticando a poligamia e o concubinato; aqui o exemplo dos monarcas do Oriente Médio de fato expandiu o uso dos haréns. Mas a monogamia persistiu para a maior parte dos grupos sociais da Índia. O homossexualismo continuou estigmatizado como prática que causava impotência, em uma sociedade que continuava valorizando o sexo com finalidade procriativa. Os códigos legais impunham a aplicação de multas, mas a bem da verdade as punições eram relativamente leves. Embora desdenhados como um terceiro gênero, grupos de travestis masculinos obtiveram reconhecimento institucional como os *hijra* (palavra que significava "impotente"), servindo como guarda-costas e artistas e vivendo em comunidades separadas, em interação tanto com o hinduísmo como com o islamismo.

Na África Subsaariana, onde a difusão do islamismo foi bastante seletiva, surgiu outro conjunto de impactos distintivos. Em algumas regiões, em particular no nordeste, a crença islâmica gradualmente amalgamou-se a práticas anteriores, tais como a circuncisão feminina, produzindo convicções regionais profundamente arraigadas, e que vigoram ainda hoje, de que a circuncisão era na verdade uma obrigação religiosa. Em outras regiões, em especial na África Ocidental, a sincera conversão ao islamismo não acarretou a rápida aceitação de práticas como a reclusão das mulheres. Era frequente que viajantes muçulmanos vindos do Oriente Médio e do norte da África ficassem chocados com os costumes reveladores e os papéis públicos desempenhados pelas mulheres nas famílias islâmicas. Ao mesmo tempo que elogiava os africanos por seu conhecimento do Alcorão, o grande viajante do século XIV, Ibn Battuta, apontava de maneira explícita (embora provavelmente com alguma dose de exagero): "Entre as coisas ruins que eles fazem – suas servas, escravas e filhas pequenas aparecem em público nuas, expondo suas partes íntimas... No vigésimo sétimo dia do Ramadã, vi cerca de cem escravas saindo do palácio [do sultão] carregando mercadorias; junto com elas estavam duas filhas dele, com os seios à mostra e sem roupas".

Claramente a difusão das grandes religiões interagia com padrões sexuais preexistentes, produzindo uma uniformidade bem menor do que seria de esperar, dado o fervor dos textos e regulamentos oficiais.

Essa variedade regional deve, obviamente, ser combinada às muitas limitações no impacto que as inovações religiosas tiveram sobre o comportamento sexual, mesmo nos centros mais importantes, como a Europa cristã ou o Oriente Médio islâmico. Os líderes religiosos invariavelmente insistiam na mudança – isso se aplica em particular a aspectos do budismo e do cristianismo. Quase sempre buscavam enrijecer algumas regras-padrão, acerca do adultério e do sexo pré-marital, por exemplo, pontos nos quais as sociedades anteriores tinham obtido sucesso apenas parcial, insistindo em uma nova especificidade e uma nova gama de punições divinas e humanas. Sem dúvida alguma, estimularam alguns indivíduos a repensar o comportamento – particularmente, é óbvio, as minorias que haviam feito votos sinceros de castidade. Também não resta dúvida de que a efusão religiosa teve menos impacto na alteração de comportamentos médios do que era esperado pelos líderes espirituais, mesmo que admitissem a fraqueza do corpo humano. No que tange às modificações dos padrões sexuais, as grandes religiões do mundo tiveram um efeito menor do que a introdução da agricultura.

Mas o enfoque religioso não deve ser descartado ou subestimado, uma vez que criou oportunidades para novos tipos de desaprovação pública ou culpas privadas, dotadas de realidades próprias e capazes de afetar o comportamento pelo menos de algumas pessoas. Embora de maneiras bastante diferentes, as três grandes religiões, como fizera o judaísmo anteriormente, encararam o sexo em contraste com um conjunto de propósitos mais elevados, em uma escala muito maior do que ocorrera nos sistemas culturais dominantes da era clássica. Isso podia afetar as expressões públicas e avaliações privadas, no mesmo período e também mais tarde. Particularmente no caso do cristianismo e islamismo, foram estabelecidas preocupações que podiam usar proibições sexuais como proteção ou barreira contra a mudança ou além e fora da ameaça cultural, com peculiaridades que ainda continuam a vir à tona no mundo contemporâneo. O forte impulso no cristianismo e no islamismo – mas, claro está, não muito comum no budismo – de traduzir padrões religiosos em punições não apenas espirituais, mas também seculares patrocinadas pelo Estado, criou maneiras mensuravelmente novas de ver os tipos de comportamento sexual tidos como ilegítimos, nesse quesito indo bem mais longe do que a maioria das sociedades seculares tentara fazer; aqui também ainda hoje persistem fortes ecos. Por fim, apesar de partilharem de princípios consideravelmente comuns, as diferenças entre as grandes religiões abriram oportunidades para a incompreensão mútua e a desaprovação recíproca assim que aumentaram os contatos interregionais; para os observadores de uma dada sociedade, ficou bem mais fácil que antes detectar com precisão os aspectos em que uma outra sociedade parecia estar violando códigos de orientação divina, fosse no comportamento, na cultura pública ou em ambos – apontando não apenas diferenças, mas completas imoralidades. Para o bem ou para o mal, religiões mais poderosas geraram novas complexidades para a história sexual mundial.

Em termos mais óbvios, tanto no período propriamente dito como mais tarde, a ascensão de religiões distintas incrementou, ou pelo menos tornou mais visível, a extraordinária variedade de crenças que as pessoas podem ter sobre a sexualidade ou sobre quais devem ser as recomendações ou até mesmo as exigências na arena sexual. Também é inquestionável que as religiões inspiraram comportamentos individuais correspondentes, muitas vezes em nome da realização espiritual, da abstinência, por um lado, até a considerável indulgência, de outro. Em ambos os casos – princípios professados e comportamentos individuais –, a religião adicionou aos pontos de vista sobre a sexualidade um apaixonado fervor – favorecendo algumas práticas, hostilizando outras –, que afetaria as reações sociais por muitos séculos.

Para saber mais

Sobre o budismo, ver S. Young, *Courtesans and Tantric Consorts: Sexualities in Buddhist Narrative, Iconography and Ritual* (New York: Routledge, 2004); B. Faure, *The Red Thread: Buddhist Approaches to Sexuality* (Princeton: NJ: Princeton University Press, 1998); C. Benn, *Daily Life in Traditional China* (Westport, CT: Greenwood Press, 2002); P. B. Ebrey, *Confucianism and Family Rituals in Imperial China* (Princeton, NJ: Princeton Univerity Press, 1991); J. I. Cabezon (ed.), *Buddhism, Sexuality and Gender* (New York: SUNY Press, 1992); K. Ch'en, *Buddhism in China: A Historical Survey* (Princeton, NJ: Princeton University Press, 1964): R. H. Gulik, *Sexual Life in Ancient China: A Preliminary Survey of Chinese Sex and Society from ca. 1500 BC till 1644 AD* (Boston, MA: Brill, 2003); N. R. Reat, *Buddhism: A History* (Freemon, CA: Jain Publishing Company, 1994); e H. B. Urna, *Tantra: Sex, Secrecy, Politics, and Power in the Study of Religion* (Berkeley: University of California Press, 2003).

A respeito de tópicos ligados ao cristianismo, ver J. M. Bennett, et al. (ed.), *Sisters and Workers in the Middle Ages* (Chicago: University of Chicago Press, 1989): J. Boswell, *Christianity, Social Tolerance, and Homosexuality* (Chicago: University of Chicago Press, 1980): P. Brown, *The Body and Society: Men, Women, and Sexual Renunciation in Early Christianity* (New York: Columbia University Press, 1998): E. Levin, *Sex and Society in the World of the Orthodox Slavs, 900-1700* (Ithaca: Cornell University Press, 1989): S. A. McKinion (ed.), *Life and Practice in the Early Church: A Documentay Reader* (New York: New York University Press, 2001); E. Pagels, *Adam, Eve, and the Serpent* (New York: Random House, 1998); J. Richards, *Sex, Dissidence, and Damnation: Minority Groups in the Middle Ages* (New York: Rotledge: 1990); e T. Shaw, *The Burden of the Flesh: Fasting and Sexuality in Early Christianity* (Minneapolis: MN, Fortress, 1998).

Sobre o islamismo, consultar K. El-Rouayeb, *Before Homossexuality in the Arab-Islamic World* (Chicago: University of Chicago Press, 2005);Y.Y. Haddad e J. L. Esposity (eds.), *Islam, Gender, and Social Change* (New York: Oxford University Press, 1998); G. R. G. Hanbly (ed.), *Women in the Middle East* (Princeton, NJ: Princeton University Press, 2007); G. Nashat, *Women in Iran from the Rise of Islam to 1800* (Urbana: University of Illinois Press, 2003); B. Rogerson, *The Heirs of Muhammed* (New York: Overlook Press, 2006); M. Ruthven, *Islam in the World*, 3rd ed., (New York: Oxford University Press, 2006); e W. Walther, *Women in Islam from Medieval to Modern Times* (Princeton: NJ, Markus Wiener Publishers, 1999).

A sexualidade na era do comércio e das colônias

No período entre 1450 e 1750, a história mundial foi particularmente marcada por uma intensificação do comércio global, agora incluindo as Américas, e o desenvolvimento de um novo poder colonial e marítimo. Muitas partes da Ásia, encabeçadas pela China, lucravam com o comércio global, ao passo que os mercadores europeus usavam a prata produzida nas Américas para pagar artesãos chineses e indianos e especiarias do sudeste asiático, cada vez mais populares na Europa. Em muitas regiões, crescia o interesse no consumo. A inclusão das Américas no incipiente sistema global moderno propiciou novas oportunidades para o intercâmbio de colheitas, doenças e pessoas. Novos gêneros alimentícios, como milho e batata, foram adotados na Ásia e na África. Doenças europeias e africanas causaram epidemias em larga escala nas Américas, onde 80% das populações nativas morreriam em dois séculos. Por sua vez, esse fato facilitou a imposição dos regimes coloniais em muitas partes das Américas, ao passo que o novo comércio escravista afetou a África (em função da perda da população), a Europa (graças à riqueza obtida com a organização do tráfico negreiro) e também as Américas.

Esses diversos desdobramentos não geraram um estágio novo e decisivo nas convicções ou práticas sexuais em escala global. Se na China, por exemplo, durante o período novas versões do pensamento confuciano trataram de questões sexuais, os padrões efetivos da sexualidade chinesa calcaram-se em tendências anteriores, agora fomentadas pela expansão da prosperidade urbana. Os europeus ocidentais começaram a introduzir significativas mudanças na estrutura familiar, conhecidas como a família de estilo europeu, com profundas implicações para a sexualidade na região – mas houve poucas implicações globais.

De maneira geral, e mais uma vez sem a pretensão de afirmar nenhum tipo de padrão uniforme, as maiores mudanças e complicações relacionadas à sexualidade durante o período envolveram os novos encontros entre povos. Comerciantes europeus e autoridades coloniais começaram a formular concepções sobre a sexualidade em outras regiões. A dominação europeia e a mudança populacional tiveram enorme impacto sobre os padrões sexuais nas Américas, com alguns efeitos duradouros. Novas formas de escravidão tiveram óbvias consequências nas avaliações da sexualidade e nos comportamentos sexuais efetivos. De maneira hesitante e com variadas implicações, o sexo começou a ser entremeado pelas apreciações de diversos povos e sociedades, chegando até mesmo a ser vinculado a ideias sobre raça. Alguns dos efeitos disso tiveram vida curta, mas à medida que o turbilhão populacional começou a se apaziguar, houve legados duradouros, inclusive para a futura história mundial. A atenção aqui se concentra particularmente nas transformações no Novo Mundo Atlântico das Américas, África e Europa, embora as interações entre europeus e asiáticos tenham desempenhado importante papel, pelo menos no que tange a mostrar como a sexualidade ajudou a moldar percepções e incompreensões mútuas.

Desdobramentos na Ásia

No início do período moderno houve tremendas mudanças na Ásia, particularmente com a expansão da economia manufatureira e a ascensão de diversos impérios novos, mas os impactos sobre a sexualidade foram relativamente modestos.

A expansão da burocracia e do aparato legal na China, em particular sob a dinastia Qing, produziu uma discussão suplementar acerca de questões sexuais. O estupro voltou a ser alvo das atenções, com regras cuidadosas sobre os tipos de provas que poderiam ser apresentadas para confirmá-lo, mas também sobre as penalidades para falsas acusações. A bem da verdade, em função das dificuldades de provar o estupro, mais a necessidade de que a mulher fizesse a acusação admitindo publicamente que havia perdido a virtude, era muito difícil que a vítima prestasse queixas. Havia quase sempre o consenso de que o suicídio era a melhor solução para a mulher estuprada. Em tais casos, o governo Qing pagava as despesas com os funerais e providenciava uma placa atestando que a mulher preferira a morte à desonra. Esse tipo de novidade, porém, meramente acrescentava detalhes novos a uma situação havia bastante tempo predominante na China e na maior parte das sociedades agrícolas, em que as medidas de proteção contra o estupro, embora discutidas, eram em sua maioria ineficazes.

O advento do Império Otomano no Oriente Médio e no sudeste da Europa manteve muitos aspectos previamente existentes da cultura islâmica concernentes à sexualidade. Se as grandes obras da literatura sexual árabe, persa e africana, incluindo poesia erótica e discussões islâmicas místicas sobre o amor tinham sido escritas no final do período pós-clássico, farto material relativo ao erotismo continuava em circulação. As posturas islâmicas básicas, insistindo na validade do prazer sexual, mas impondo várias proibições a certos comportamentos, seguiram existindo. O prazer sexual no casamento era vivamente recomendado, embora os casais devessem se limpar após o ato, em respeito a Alá. O sexo oral não era proibido, mas em muitas culturas de inclinação mais vigorosamente voltada à masculinidade, era considerado um tanto quanto degradante. O sexo anal era em princípio proibido. De novo, temas desse tipo simplesmente confirmavam padrões anteriores. As punições para o adultério podiam tornar-se mais severas – há registros de morte por apedrejamento ou dilapidação, pena para o que continuava sendo visto como um crime grave; em geral, porém, persistia o velho sistema de chibatadas, seguidas das tentativas, por parte das famílias, de promover a reconciliação. As mulheres que acusavam o marido de infidelidade sem ter como provar a incriminação tinham autorização para se divorciar, embora fossem proibidas de voltar a se casar, em mais uma elaboração sobre um tema precedente.

O poder do sultão otomano expandiu a prática do concubinato, agora levando o harém diretamente para Constantinopla. Uma grande parte do palácio real, Topkapi, foi construída para servir como harém, e, obviamente, sob sua administração foram usados eunucos.

Na Índia, o novo Império Mogol implementou algumas mudanças no sul da Ásia. Embora tolerantes em muito sentidos, os primeiros imperadores mogóis, muçulmanos que eram, ficaram chocados com o erotismo de certa porção da arte indiana. Várias estátuas foram destruídas ou tiveram o rosto desfigurado. Os exemplos islâmicos também estimularam a prática de relegar as mulheres hindus respeitáveis à reclusão cada vez mais rigorosa e ao uso de trajes que escondessem seu corpo. Os mogóis também estabeleceram um elaborado harém, com até cinco mil mulheres à disposição do imperador. Uma equipe de médicos estava de prontidão para cuidar das condições de saúde, inclusive, evidentemente, da vitalidade sexual do monarca. Os princípios hindus e muçulmanos estimulavam o prazer sexual no âmbito da família. As mulheres sempre usavam esmerados perfumes e cosméticos para ficar sexualmente atraentes dentro de casa. Apesar das restrições quanto à presença das mulheres em público, alguns mercados se tornaram pontos de encontro, em que homens e mulheres entregavam-se ao flerte. Supõe-se que o imperador Jehangir, que construiria o Taj Mahal para honrar seu amor por Nur Jehan, buscava prazer em um desses mercados. A arte erótica hindu continuava florescendo, particularmente em um novo estilo de poesia amorosa. O poeta Upendra Bhanja (1670-1730) escreveu uma rebuscada celebração do ato sexual. Canções em bengali tratavam do tema do amor fora do casamento. Era muito frequente louvar as belas mulheres. Histórias mais antigas sobre relações sexuais entre deuses e mortais também ressurgiram, em versões reelaboradas, com uma nova ênfase sobre a ardente união entre uma fiel, mortal, e o deus Krishna. Tanto a pintura quanto a literatura recorreram a esses temas, o que propiciou um aprimoramento dos ornamentos e demais formas de embelezamento, além de algumas novas nuances, mas nenhuma mudança fundamental.

No que se referia à sexualidade, nesse período o Japão passou por algumas inovações na cultura pública, relacionadas à expansão urbana e econômica geral, mas que logo seriam contestadas. Novas formas de teatro, como o kabuki, surgiram no século XVI. Muitas peças eram organizadas por mulheres, algumas delas ex-prostitutas que queriam abandonar a profissão, e invariavelmente incluíam referências obscenas, bem como sátira política. Em 1629, o novo xogunato Tokugawa baniu as atrizes, e o gênero passou a ser dominado por homens, que interpretavam papéis femininos. Continuavam bastante populares as dramáticas demonstrações de afeto público no palco, incluindo representações de "amor-suicídio". Mesmo assim, no Japão era pequena a sensação de que os padrões sexuais estavam mudando de maneira significativa.

A família de estilo europeu

Por caminhos inesperados, mais inovações básicas e significativas estavam tomando corpo na Europa. Ainda não está suficientemente claro por que razão um novo padrão familiar começou a emergir na Europa Ocidental no século XVI, mas o propósito de proteger a propriedade campesina do fardo do número excessivo de filhos desempenhou papel crucial. A família de estilo europeu, em outras palavras, foi uma resposta ao clássico problema do controle populacional no contexto agrícola.

Nesse padrão distintivo, os europeus começaram a se casar mais tarde – os homens, por volta dos 27 anos e as mulheres um pouco mais jovens; assim, um casal casado passava um número menor de anos cuidando de filhos. Além disso, uma substancial minoria das pessoas mais pobres, até 20% da população, jamais se casava, porque não tinha acesso a terras e dependia, a vida toda, do trabalho assalariado. Eis aí outro gesto-chave com vistas ao controle da população em meio a uma economia que passava por rápidas mudanças e em meio a novas divisões sociais. Inquestionavelmente, os resultados ajudaram a estabilizar a população europeia por diversas décadas, particularmente no século XVII.

As classes superiores não participaram desse padrão e continuaram promovendo casamentos de mulheres ainda bastante jovens e constituindo famílias mais numerosas; ademais, em geral, demonstravam interesses sexuais mais variados. À medida que a monarquia ganhava terreno, as poderosas cortes rotineiramente incluíam amantes reais e outros arranjos, embora sem o intricado aparato dos imperadores asiáticos. É famosa a história de Henrique VIII, que, em sua busca desesperada por um herdeiro varão, teve diversas esposas em sequência, ainda que isso fosse mais uma expressão de interesse na procriação do que propriamente luxúria.

Mas a grande novidade se deu bem longe dos atos da nobreza e da realeza, entre o campesinato comum e as casas de artesãos. Obviamente, a família de estilo europeu contrastava com comportamentos mais comuns na Ásia e na África, onde as mulheres se casavam cedo e uma percentagem mais alta da população constituía família. Contudo, o padrão europeu foi traduzido pelo menos para as colônias britânicas nas Américas, exceto pelo fato de que a existência de terras mais abundantes permitia que as mulheres se casassem com idade ligeiramente mais baixa (por volta de 23 anos, em média) e que houvesse uma minoria mais reduzida de pessoas solteiras.

Mesmo na América do Norte, e certamente na Europa, o movimento rumo a essa nova conjuntura teve tremendas implicações na sexualidade, que agora podia concentrar-se no prazer sexual no âmbito do casamento, como muitos comentadores começaram a recomendar; evidentemente, a necessidade de ter alguns filhos, uma vez consumado o casamento, se fazia presente como nunca. Porém, para as pessoas solteiras ou ainda por casar, assomavam problemas verdadeiros. Que tipo de válvulas de escape sexuais havia à disposição dos jovens adultos nos dez ou mais anos entre a puberdade e o casamento, ou para a minoria que não se casava? A questão é particularmente decisiva para as massas rurais, onde normalmente não existia prostituição formal. As taxas de nascimento de filhos ilegítimos cresceram ligeiramente, para cerca de 3% de todas as crianças nascidas – não chega a ser surpresa que esse fosse um índice mais elevado do que prevalecia em sociedades como as do Oriente Médio, onde as mulheres se casavam bem mais jovens. Em grande medida, contudo, o padrão europeu parece ter sido alcançado por meio de uma dose substancial de restrições sexuais e de um cuidadoso monitoramento dos hábitos sexuais dos jovens, por parte da comunidade. Todas as atividades relacionadas ao galanteio, por exemplo, em geral ocorriam em grupos públicos, pelo menos até o momento em que o noivado era anunciado. Outras medidas visavam prevenir o sexo antes do casamento. Na Nova Inglaterra colonial, por exemplo, quando por alguma razão os pretendentes precisavam pernoitar na casa da noiva, uma tábua protetora era colocada entre a prometida e o visitante (cuja etiqueta rezava que devia dormir totalmente vestido); assim, por mais que quisessem demonstrar afeição, não teriam condições de manter relações sexuais propriamente ditas.

O método não era infalível. A ilegitimidade era uma fissura no sistema de controle, ainda que de pequenas proporções. O número de casos de gravidez pré-casamento – ou seja, entre casais que começavam a manter relações sexuais após o noivado (mas antes do casamento), assim que a disponibilidade de terras permitia que fosse marcada a data da cerimônia, também constituía uma falha do sistema, mas não muito grave, já que mesmo assim os casamentos eram realizados normalmente.

O festim de batizado, óleo sobre tela. Jan Steen, 1664 (Coleção Wallace, Londres).
Um novo padrão familiar começou a emergir na Europa Ocidental no século XVI. Os europeus começaram a se casar mais tarde e, assim, um casal casado passava um número menor de anos cuidando de filhos. Isso faria também que, com o tempo, aumentasse a atenção dada às crianças individualmente.

A sexualidade na era do comércio e das colônias 115

A forte ênfase nas restrições sexuais não necessariamente evitava a obscenidade e as constantes referências sexuais na cultura popular, pois não se desenvolveu em meio a um novo nível de condenação do sexo em geral. Persistia o ativo interesse no controle da natalidade, juntamente com um novo estilo de família. As condenações religiosas do aborto e do controle da natalidade de fato cresceram, agora tanto do lado protestante como do católico. Durante a histeria da caça às bruxas no início do século XVII, acusações de uso de magia negra podiam ter como alvo toda e qualquer tentativa de limitar a tamanho da família. Na prática, em geral eram amplamente tolerados os abortos realizados por mulheres casadas, desde que por motivos de saúde ou em nome da economia familiar. Traumas voluntários (quedas, espancamento), o uso de espartilhos e coletes apertados e poções à base de ervas – como ergotina de centeio ou juníperos – eram os métodos comuns. Também faziam as vezes de contraceptivos algumas ervas, ingeridas por via oral ou usadas como tampões embora a crença na sua eficácia tenha diminuído no século XVIII, o que resultou em uma renovada ênfase na restrição sexual.

Ainda que não conseguisse abranger toda a cultura ou a prática sexual, o novo padrão familiar era assunto sério, particularmente quando havia jovens envolvidos. As comunidades consumiam uma dose considerável de energia no controle rigoroso, ainda que informal, do sexo. Em alguns lugares, como na Nova Inglaterra colonial, entraram em cena diversas regras e punições, bem como a condenação informal à vergonha pública. Os casos de processos por homossexualismo e bestialismo são suficientemente numerosos para nos alertar para o fato de que nem todo mundo jogava de acordo com as regras, mas também que as punições não eram ameaças vazias: em 1677, por exemplo, um homem de Massachusetts foi executado por ter feito sexo com um cavalo. Em um caso mais ameno, em 1660, um certo Samuel Stearns, de Cambridge, foi condenado e preso porque "sentou Sarah Boatson no seu colo e a beijou", embora depois tenha sido solto. As adúlteras, como sugeria o famoso (apenas mais tarde) romance *A letra escarlate*, de Nathaniel Hawthorne, podiam acabar sendo marcadas com a letra A (bordada em suas vestes) e colocadas em praça pública para ser ridicularizadas e insultadas pela população geral – outro símbolo da ativa supervisão comunitária da sexualidade. A família de estilo europeu e sua extensão norte-americana ajudou a gerar novos tipos de preocupações acerca das restrições sexuais e o controle da natalidade, que encontrariam expressão adicional, embora em um contexto sexual diferente, no século XIX.

Obviamente, o sistema europeu era bastante consistente com a moralidade cristã, que tanto exaltava o comedimento sexual e o foco na reprodução no âmbito do casamento, embora a religião não pareça ter sido a causa do sistema. É certo que algumas versões do protestantismo, particularmente a corrente calvinista, apoiavam com vigor as campanhas contra qualquer tipo de atividade sexual fora da família. O sistema europeu colocou os ocidentais em uma categoria à parte em comparação com uma larga porção do resto do mundo – e os resultados dessa dependência particular da repressão podem ter dado cor e aspecto às reações europeias à sexualidade mais irrestrita e aos padrões de casamento sexualmente mais abertos de outras sociedades. Esse foi o principal modo como, nesse período, os sistemas europeu e norte-americano se conectaram particularmente aos avanços globais, pois àquela altura nenhuma outra sociedade havia caminhado na direção da família de estilo ocidental. Contudo, dada a crescente presença europeia global, esse estímulo adicional à condenação de outros estilos culturais, motivado por um estado de choque ou libertinagem invejosa, ou ambas as coisas, não foi uma questão de pequena monta.

O mundo atlântico

A maior novidade da sexualidade durante o início do período moderno envolveu duas novas trocas biológicas resultantes da inclusão das Américas no comércio global. As novas doenças que dizimaram as populações americanas criaram, é óbvio, oportunidades para que pequenos grupos de europeus, em sua maioria homens, assumissem posições de grande poder no Novo Mundo. Seu domínio de armas e cavalos ancorava sua superioridade militar. Sua capacidade de capturar e transportar milhões de escravos africanos, para suprir uma mão de obra reduzida por causa das doenças, foi outro componente fundamental. A imposição sexual era parte vital desse processo de mudança, expressando a posição de poder dos europeus, mas ao mesmo tempo a consolidando.

O uso da força sexual por um grupo invasor estava longe de ser novidade no início do período moderno. Muito menos a convicção de que a população conquistada era sexualmente inferior e, portanto, legitimamente aberta à exploração. A escala do ímpeto sexual nas Américas, contudo, foi invulgarmente gigantesca. Além disso, as características distintivas da moralidade sexual cristã, agora intensificadas pelas restrições impostas pelo sistema familiar europeu, podem ter gerado oportunidades singularmente grandes tanto para condenar práticas sexuais locais como para ver as populações locais em termos de recompensa sexual, coisa proibida em outros âmbitos.

O primeiro assomo sexual moderno associado ao colonialismo europeu não foi um desdobramento global, mas Atlântico. Como vimos, a Ásia, embora participasse vigorosamente da economia global e da aceitação dos gêneros alimentícios americanos, não foi afetada de maneira profunda.

Mesmo a África, profundamente impactada pelo tráfico negreiro, não experimentou uma mudança de grandes proporções nos padrões sexuais. A principal força nova, resultante do comércio escravista, foi uma alteração no equilíbrio entre a quantidade de homens e mulheres na África Ocidental, combinada a uma perda da população geral. Mais de 65% dos escravos eram homens, o que em muitas regiões criou um excedente cada vez maior de mulheres. A consequência foi o aumento da poligamia, principalmente por razões econômicas. Os homens assumiram múltiplas esposas para criar uma mão de obra familiar que pudesse funcionar continuamente e com êxito. De fato, algumas mulheres formaram as próprias famílias, usando a força de trabalho de outras mulheres, a elas subordinadas, sem nenhuma implicação sexual precisa. Mas o principal resultado foi a poligamia, que em todo caso não era novidade na região, e, com a perda populacional, era considerável a pressão para que as esposas dessem à luz um número maior de filhos. Alguns homens queixavam-se de que, dado o excesso de mulheres, elas se tornavam mais difíceis de controlar, e talvez tenham sido intensificadas as tentativas de usar a sexualidade e alguma força bruta para manter as mulheres na linha. Na África Ocidental os escravos domésticos eram quase sempre mulheres, usadas principalmente para funções de limpeza e manutenção da casa; além disso, eram tidas como alvos adequados aos avanços sexuais. Por fim, nos enclaves costeiros, homens europeus invariavelmente se relacionavam com mulheres africanas, como "esposas" ou amantes; mesmo quando esses homens já eram casados na Europa, havia pouco estigma tanto para as mulheres africanas como para os filhos nascidos desse tipo de união.

América Latina

Os exploradores e conquistadores europeus concluíram com rapidez que os nativos americanos eram sexualmente desregrados e imorais. Alguns deploravam o fato e exigiam solução. Outros se deleitavam, no que parecia um óbvio celeiro de oportunidades. Alguns faziam ambas as coisas.

As diferenças pareciam gritantes. De Colombo em diante, proliferaram comentários sobre os costumes reveladores e a seminudez dos nativos, embora alguns grupos indígenas constituíssem exceção, tanto que europeus chegaram a escrever sobre suas humildes vestimentas. O próprio Colombo capturou e escravizou algumas índias (do Caribe) e presenteou com uma delas seu amigo Michele de Cuneo, que mais tarde escreveu:

> Capturei uma bela nativa caribenha... eu a levei para minha choupana e ela ficou nua, como era o costume de seu povo. Eu estava cheio de desejo para me satisfazer com ela. Ela não queria, por isso tratou-me à base de unhadas, e desejei nunca ter começado... Então peguei um pedaço de corda e a açoitei com vigorosas vergastadas... ela parece ter sido criada em alguma escola para meretrizes.

Em jogo havia mais do que estilos de roupas. Muitos grupos nativos americanos toleravam ou até mesmo estimulavam a atividade sexual antes do casamento, o que por sua vez era em larga medida entendido, com exagero, como parte de uma licenciosidade mais generalizada. Assim, o jesuíta Frances Paul Le Jeune escreveu, em 1639, "Há entre os selvagens o mais abominável dos costumes. Aqueles que buscam uma moça ou mulher para se casar vão atrás delas à noite para fazer amor". Os europeus escreveram também sobre os prostíbulos indígenas, embora certamente não tenham existido – mas a noção do desvio de comportamento indígena e o desejo de usar a crítica sexual para justificar ações europeias não foram refreados pela preocupação com a exatidão.

Os europeus rapidamente censuraram também o costume indígena comum de identificar certos grupos de pessoas que assumiam as características de gênero atribuídas ao sexo oposto, às vezes praticando atividades homossexuais ou, o que era mais frequente, bissexuais. Um espanhol vivendo na Flórida no século XVI "viu um homem casado com outro", o que descreveu como "coisa do demônio". Outros escreveram que a sodomia – termo para se referir tanto ao homossexualismo como ao sexo anal, ambos vigorosamente proibidos na Europa – era uma coisa comum, "permitida livremente", escreveu um autor. Os exploradores franceses deram a esses grupos o termo *berdaches*, e adicionaram suas próprias expressões de condenação.

A facilidade com que derrotaram militarmente os indígenas, mais o reconhecimento de práticas especiais como as dos assim chamados *berdaches*, incutiram nos europeus a ideia de que os homens indígenas eram afeminados, e legitimamente descartados em qualquer competição sexual. As mulheres nativas, entretanto, foram facilmente e em larga medida erotizadas.

Artistas europeus do início do período moderno retrataram as Américas em termos de nudez feminina. Exploradores como Américo Vespúcio escreveram de maneira mais específica sobre o quanto as nativas eram luxuriosas e sexualmente disponíveis. Vespúcio relata a história de uma mulher que usava insetos venenosos para picar o pênis de seus amantes, de modo que inchassem; depois que se servia dos membros intumescidos, os homens adoeciam e ficavam impotentes. Um explorador português comentou simplesmente que tinha inspecionado as "partes privadas" das nativas, e que "mesmo quando as examinou bem de perto elas não ficaram constrangidas".

Por fim, é preciso destacar o simples fato de que, particularmente no Caribe e na América Latina, havia um número relativamente pequeno de mulheres europeias, o que criou um enorme desequilíbrio numérico entre a quantidade de homens e mulheres no âmbito da pequena população branca dominante. A princípio, mulheres solteiras não tinham autorização para embarcar rumo aos domínios espanhóis. Mesmo se o marido quisesse levar a esposa, precisava de permissão especial do rei. Gradualmente, é óbvio, foi-se acumulando uma população feminina de origem europeia, mas isso levou tempo, e durante as cruciais décadas formativas os conquistadores europeus estiveram sozinhos no Novo Mundo – exceto pela companhia das massas indígenas.

Esses diversos fatores geraram uma complexa sequência de resultados, que até certo ponto se alastraram por todas as Américas, mas particularmente na América Latina e no Caribe. Primeiro, grupos missionários cristãos e outros líderes buscaram mudar os hábitos dos nativos, em nome de um maior refreamento sexual, conforme a definição europeia. As missões tentaram induzir os indígenas a se vestir de maneira mais decente, usando mais roupas, e gradualmente obtiveram resultados. Tentaram também dividir as famílias numerosas, entre os maias, por exemplo, em favor de famílias nucleares mais simples – as famílias extensas eram vistas, entre outras coisas, como fontes de adultério e abuso sexual. Os costumes maias permitiam a vigência de um período de noivado, em que a mulher continuava a morar com os pais, mas fazia sexo com o marido – esquema que possibilitava que o casal decidisse adiar o casamento, caso verificasse incompatibilidades –, foram atacados como sendo escandalosos, à medida que os europeus tentavam, novamente com gradual sucesso, impor casamentos únicos e definitivos. O resultado, em algumas famílias, foi o aumento da violência doméstica, nos casos em que parecia não haver meio de dar fim a um relacionamento incompatível. Os ataques à suposta homossexualidade nativa também começaram cedo, e também nesse quesito houve constantes incursões em uma prática bastante tradicional entre determinados grupos.

No que tange a esse aspecto das interações entre europeus e nativos, o ponto mais enfatizado era o controle sexual das mulheres. A influência europeia estimulou a crescente dominação masculina no âmbito familiar, inclusive por meio da violência, se necessário. Outrora bastante liberais, as oportunidades de que dispunha a mulher para abandonar o marido agora sofreram pesadas restrições por parte da lei colonial. As meninas também tinham de ser vigiadas. Uma menina indígena podia ser punida simplesmente por ficar a sós com um homem em uma choupana. A ênfase no pecado e na punição podia ter consideráveis consequências. Uma menina indígena chorou porque tinha permitido que um homem tocasse sua mão, "e ficou muito temerosa de que por causa disso não fosse mais virgem".

Os hábitos dos nativos americanos não cederam de maneira súbita ou completa aos novos padrões de controle sexual. Continuaram persistindo padrões mais antigos e instalou-se também considerável confusão. Gradualmente, contudo, houve impacto.

O segundo resultado mais significativo da nova interação foi simplesmente a quase sempre forçosa imposição do desejo do homem europeu às mulheres nativas. Obviamente houve muitas variações sobre o mesmo tema. Os líderes indígenas às vezes ofereciam mulheres como presentes aos conquistadores. Algumas mulheres se apegavam sinceramente a homens europeus, acabando ou não se casando. Algumas, de maneira mais calculista, se dispunham a manter relações sexuais com europeus na esperança de algum ganho adicional. Mas o estupro foi amplamente praticado, em especial nas primeiras décadas de contato. Não surpreende que muitos grupos indígenas tenham ficado tremendamente perplexos com esse tipo de comportamento (que faria com que o posterior moralismo europeu parecesse ainda mais estranho e irrelevante), que invariavelmente resultava na desorganização de muitas comunidades nativas.

O inglês John Lawson escreveu que

> os mercadores europeus quase nunca se privam da presença de uma nativa como sua companheira de cama, alegando que as seguintes razões eram suficientes: [...] Primeiramente [...] que isso preserva sua amizade com os pagãos [...] e [...] que [...] essa correspondência faz com que aprendam mais rápido a língua indígena.

Supõe-se que um conquistador espanhol teve trinta filhos, com várias mães indígenas diferentes, em apenas sete anos.

Muitos europeus registraram suas conquistas sexuais como questão de grande orgulho, à medida que uma noção de "direitos do macho" começou a fazer parte de uma definição americana de masculinidade. No México, o conquistador espanhol Cortés, que rapidamente arrebatou uma amante nativa, com quem teve pelo menos um filho, ficou conhecido como *el shingon* – o fodedor – com *huevos d'oro*, ou "testículos de ouro". Um jesuíta francês lamentou que os franceses que mantinham relações sexuais com as indígenas "tornavam-se todos libertinos" – sem dúvida um exagero, baseado em preconceito racial, mas uma indicação precisa de que, em alguns casos, os homens europeus acabavam comparando as mulheres nativas a animais de caça. O resultado, entre outras coisas, foi o rápido aumento de crianças provenientes do cruzamento de pais de "raças" diferentes, os *mestizos* ou mestiços, que acabariam compondo o grosso da população em muitos países latino-americanos, uma vez que os nativos "puros" sucumbiram à doença. Outro resultado: quando, no século XVIII, por fim surgiram os prostíbulos em algumas das maiores cidades latino-americanas, neles atuavam muitas mulheres europeias solteiras, que não conseguiam outro tipo de trabalho. As nativas eram vistas como criaturas sexualmente disponíveis, à força, se necessário, de modo que não fazia sentido a ideia de que prestassem serviços sexuais por dinheiro.

Obviamente houve tentativas de resistir, em particular à medida que a sociedade colonial ia ficando cada vez mais organizada. Algumas mulheres, como a pouco disposta nativa que Colombo deu de presente a um amigo, podiam lutar – um espanhol na Flórida tentou estuprar uma indígena, que agarrou e espremeu seus testículos com tanta força que ele sucumbiu à dor. A consequência disso era a guerra; pelo menos em parte as hostilidades entre brancos e indígenas eram motivadas pelo ressentimento com relação às depravações sexuais dos europeus. Guillermo Como escreveu que

> Sentimentos ruins foram suscitados e acabaram levando à guerra, por causa da conduta licenciosa de alguns de nossos homens com relação às mulheres indígenas, pois cada espanhol contava com cinco mulheres para atender a seu prazer.

Outras comunidades indígenas simplesmente tentavam esconder suas mulheres, toda vez que percebiam ou ficavam sabendo da chegada dos espanhóis. No século XVIII, algumas nativas ou mestiças começaram também a tentar recorrer à lei. No México, Catarina Maia levou aos tribunais um homem acusado de estupro, exigindo que se casasse ou pagasse indenização

Mestiço, óleo sobre tela. Autor desconhecido, 1770 (Maison de l'Amérique Latine, Paris). Como resultado do envolvimento entre homens europeus que desembarcaram na América Latina e nativas, houve um rápido aumento de crianças mestiças. Embora tenham ocorrido relacionamentos harmoniosos e consensuais (como parece sugerir esta imagem), a violência foi marca significativa das interações sexuais entre europeus e nativas.

em dinheiro; ela perdeu, porque a corte não tinha como saber com certeza se era virgem antes do encontro. Como sempre, era a reputação da própria acusadora que sofria no processo. Mulheres casadas eram mais bem-sucedidas no que dizia respeito a levar aos tribunais casos de estupro, mas as penalidades resultantes para estupradores não eram severas, e por isso a maioria das mulheres casadas julgava que o processo não valia a pena. O número de casos desse tipo que chegava à corte era pequeno em comparação com as numerosas tentativas empreendidas por mulheres solteiras.

Missionários e líderes religiosos também tentavam intervir, especialmente no século XVIII. No México, toda a guarnição de um exército foi excomungada por causa dos frequentes estupros praticados.

Fato mais importante é que o problema da violência sexual implicava que muitas das famílias tentavam fazer justiça com as próprias mãos, às vezes atacando diretamente o violador, mas na maioria dos casos tentando controlar, com grande zelo, o comportamento público das filhas. A proteção da honra tornou-se matéria de grande preocupação. Novamente no México, um homem chamado Mariano Guadalupe foi açoitado por ter se recusado a salvar a honra de uma prima, que ele havia estuprado, casando-se com ela. Um homem estuprou uma nativa chamada Leonarda Maria e queria casar-se com ela; quando a vítima hesitou em desposar o estuprador, foi chicoteada pela própria irmã.

Em termos gerais, os resultados desse longo período de ajuste sexual na América Latina, e entre as populações indígenas como um todo, foram inúmeros e diversos. Em primeiro lugar, como vimos, os hábitos locais mudaram, às vezes totalmente em favor dos padrões europeus oficiais, às vezes com maior mistura e confusão. Mesmo quando as definições europeias de respeitabilidade não pareciam relevantes, a necessidade de proteger a honra da família e manter as chances de casamento das filhas podiam incitar novas restrições.

Em segundo lugar, veio à tona um padrão durável, em que um sem-número de latino-americanos mantinha relações sexuais fora do casamento, e cujo resultado é, ainda hoje, a existência de índices extraordinariamente elevados de filhos ilegítimos. A despeito do que os europeus pareciam pregar, seu comportamento efetivo não conseguia despertar a noção de que o casamento era algo que realmente importava, mesmo para as pessoas que em outros aspectos observavam sinceramente valores religiosos. À medida que as condições foram se estabilizando, grande parte da ilegitimidade resultava de casais que simplesmente não se davam ao trabalho de realizar uma cerimônia – não se tratava de um sinal consistente de promiscuidade ou violência sexual. Contudo, constituiu um padrão distintivo, diferente dos comportamentos dominantes na Europa pelo menos até bem recentemente.

O mesmo padrão criou uma duradoura divisão no seio da sociedade latino-americana, em que em geral os líderes e as classes mais altas apregoavam um modelo de respeitabilidade de estilo europeu, em que o sexo ficava confinado ao âmbito do casamento e em que esposas e filhas eram mantidas sob cuidadosa vigilância e proteção, em contraste com as normas populares (e que correspondiam ao comportamento efetivo de muitos homens das classes superiores). Periodicamente, movimentos das classes altas ou governos reformistas tentariam fazer campanhas contra a suposta ou real imoralidade sexual popular.

Por fim, em vários grupos sociais, uma cultura de virilidade sexual passou a constituir uma parte fundamental da definição de masculinidade – elemento básico do lendário machismo da América Latina. Histórias de aventuras sexuais em que os homens se gabam de suas proezas e façanhas figuram de maneira quase onipresente na cultura masculina da América Latina, mesmo quando no cotidiano seu comportamento é bem mais sereno. A conquista sexual – o que vincula o sexo à experiência colonial – tornou-se um emblema masculino, em que em princípio não se dá muita atenção à reciprocidade ou mesmo ao prazer em si.

Escravidão atlântica

Muitos dos mesmos eventos verificados nas interações entre europeus e indígenas ocorreram também entre as populações escravas trazidas da África para as Américas – exceto o fato de que os escravos tinham ainda menos recursos para remediar sua situação. Em muitas sociedades, a exploração sexual das escravas tinha se tornado uma parte corriqueira do sistema escravista. O sistema americano pintou com tintas ainda mais fortes essas relações.

Muitos escravocratas partiam do pressuposto de que o acesso sexual às escravas era prerrogativa natural de sua propriedade. As escravas podiam aceitar de bom grado, na esperança de obter melhores condições de vida ou mesmo ganhar a liberdade; mas havia uma grande dose de coerção. Na América do Norte colonial algumas escravas urbanas eram obrigadas a trabalhar como prostitutas, de modo a ganhar dinheiro para seus senhores. Diversos colonos americanos e caribenhos mantinham cuidadosos registros de suas relações e conquistas sexuais, o que para eles era uma questão de orgulho, e sua expectativa era a de fazer sexo com o maior número possível de mulheres. Alguns ingleses que emigraram para a Jamaica (onde havia pouquíssimas mulheres europeias) alegavam que sua principal motivação não era o dinheiro que ali poderiam ganhar, mas sim as oportunidades de fazer sexo. Em 1709, o colono da Virgínia William Byrd, conhecido por suas prolíficas relações sexuais com servas e escravas (incluindo, supostamente, também homens), escreveu, em tom nada apologético: "Chamei a criada para limpar meu quarto, e quando

Família brasileira no Rio de Janeiro, aquarela. Jean Baptiste Debret, 1827 (Museu Castro Maya, Rio de Janeiro). Os senhores de escravos acreditavam que o acesso sexual às escravas era prerrogativa de sua propriedade. As esposas brancas com frequência sabiam das atividades sexuais dos maridos, mas eram obrigadas a obedecê-los e a se conformar em lhes dar filhos legítimos, com as bênçãos da religião.

ela veio, eu a beijei e a apalpei.". O estupro de escravas, por vezes à vista de seus pais ou maridos, podia expressar não apenas a supremacia branca, mas também servir como instrumento de controle, via humilhação. Não foram poucos os colonos que supervisionavam pessoalmente a iniciação sexual de seus filhos, providenciando relações com escravas.

As mulheres africanas nessa situação eram frequentemente descritas como sensuais e devassas – assim como no caso das nativas americanas, essas descrições podiam ser usadas para justificar o desejo masculino. Dessa forma, às negras podia ser atribuído o epíteto "de compleição fogosa", bem como a qualificação de "pessoas que se recusavam a restringir-se a uma única ligação com o sexo oposto... e que não tinham escrúpulos de se prostituir aos europeus em troca de um pequeno lucro". Na América do Norte colonial, dada a respeitabilidade em torno das mulheres brancas, as negras podiam facilmente ser descritas como objetos de fantasia sexual.

O sistema escravagista criou também um complexo conjunto de medos e imagens sobre os homens negros. Por um lado, os negros eram tidos como fracos e afeminados, simplesmente por serem escravos, e em especial por não serem capazes de defender suas mulheres. Por outro, as ansiedades e culpas inerentes a essa forma de posse de escravos criaram imagens sobre o poder sexual dos homens africanos, incluindo histórias sobre o tamanho de seu órgão sexual, e que fomentaram vigorosos esforços na tentativa de defender a pureza das mulheres brancas contra temidos ataques. Ao longo dos primórdios do período moderno, e durante muito tempo depois, as punições para todo e qualquer tipo de abordagem sexual suspeita a uma mulher branca eram extremamente severas. Por sua vez, em geral as mulheres europeias tinham plena consciência de que seus maridos colonos mantinham relações sexuais com as escravas, o que as brancas eram incapazes de evitar. Por causa disso, tinham razões próprias para desenvolver imagens desfavoráveis da sexualidade negra.

Previsivelmente, os impactos sobre a comunidade negra foram complexos. Aqui o medo era certo e justificado. Uma escrava fugida, Bethany Veney, escreveu:

> Minha cara senhora branca, em sua agradável casa, que o amor cheio de ternura de um marido e dos filhos transformou em lar aprazível, a senhora jamais poderá entender as emoções de uma mãe escrava que abraça seu recém-nascido... e quando essa criança se torna uma menina... a mãe vê, por experiência própria, que o destino quase certo dela será satisfazer a luxúria do dono de escravos.

Obviamente, as incursões sexuais por parte dos senhores brancos criaram um número cada vez maior de filhos ilegítimos. Criaram também tensões dentro de algumas famílias de escravos; alguns negros recorriam à violência ou à agressão sexual para demonstrar sua masculinidade e tentar impor algum controle sobre a sexualidade feminina. Alguns escravos também faziam das investidas sexuais empreendidas pelos brancos o motivo mais frequente para espancar suas próprias esposas.

Conclusão

O mundo atlântico da sexualidade no início do período moderno, forjado em meio à violência e à criação de estereótipos, teve certo impacto na própria Europa. Eram variadas as imagens europeias do Novo Mundo, mas podiam incluir fantasias sobre a liberdade sexual (em contraste com as condições do Velho Continente), ou condenações à imoralidade dos selvagens, com peculiaridades capazes de condicionar políticas coloniais mais amplas, naquele momento e também mais tarde. A cada vez maior dependência dos europeus em relação ao comércio marítimo obviamente impulsionou a importância dada às frotas navais; centros portuários se desenvolveram em muitas partes da Europa, processo que foi acompanhado pela atividade de prostitutas e um comércio sexual despreocupado e sem-cerimônia, em tudo diferente dos padrões que prevaleciam em outros lugares. A bordo dos navios, surgiram novas preocupações sobre a possibilidade do homossexualismo. A marinha britânica do século XVIII desenvolveu cuidadosas regras contra o que era chamado de "sodomia", e havia algumas penalidades severas previstas para esses casos.

O acesso da Europa ao Novo Mundo coincidiu também com um rápido aumento dos índices de doenças venéreas, literalmente a partir da década de 1490. A certa altura acreditava-se que a sífilis era uma doença americana, trazida pela frota de Colombo. Hoje isso parece bastante improvável. De fato, a atividade marítima e uma nova leva de guerras, inicialmente entre os exércitos franceses e espanhóis que invadiram a Itália, propiciaram as condições para que as doenças venéreas se alastrassem. O resultado certamente suscitou preocupação com o que havia muito tempo era conhecido como "doença francesa". Os médicos, em especial na França (onde, previsivelmente, havia repugnância à expressão), começaram a empreender novas pesquisas sobre a

O batuque em São Paulo, litografia (In: Johann Baptiste Von Spix e Karl Friedrich Phillipp Von Martins, *Atlas zur Reise in Brasilien*, Munique, Lindauer, 1823-31).
O comportamento dos habitantes do Novo Mundo era visto pelos europeus como imoral e selvagem. Algumas danças de origem africana, como o batuque (representado nesta figura), eram vistas como mais um costume libertino aos olhos europeus, com mulheres de seios à mostra e pernas abertas para os homens.

A sexualidade na era do comércio e das colônias 129

transmissão da enfermidade, e o termo "doença venérea" foi introduzido no século XVI. No final do mesmo século, foram desenvolvidos novos preservativos, inicialmente não com propósitos de contracepção, mas como proteção contra doenças. Em princípio, eram usados revestimentos de linho, e o uso de bexigas e vísceras de animais também se expandiu. Gradualmente, viria à tona a consciência acerca das implicações do controle da natalidade, embora essa articulação só ficasse mais evidente no século XIX.

O dinamismo europeu, mesmo em um período em que no geral predominavam consideráveis restrições sexuais, teve consequências no Velho Continente.

Entretanto, os resultados mais importantes das interações atlânticas no início do período moderno giraram em torno dos comportamentos sexuais populares de muitos grupos americanos e das atitudes ligadas à sexualidade moldadas com base em relações de poder muito diferenciadas. Certamente, tudo isso se deu séculos antes que o conceito de raça estivesse articulado de modo pleno. Contudo, as convicções acerca dos comportamentos e apetites sexuais, bem como com relação à luxúria e aos temores a eles associados, teriam vida longa e ajudariam a definir o pensamento racial quando este por fim emergisse de maneira mais cabal. Em termos mais óbvios, os donos do poder, particularmente homens brancos, desenvolveram pressuposições sobre a disponibilidade sexual das mulheres de outros grupos sociais. Em reação, as populações indígenas e escravas geraram complexas autoimagens, particularmente no que dizia respeito à masculinidade. E, pelo menos durante certo período de tempo, a ligação entre sexo e violência ficou bastante evidente, como raras vezes na história da humanidade.

PARA SABER MAIS

Sobre a América Latina, ver G. D. Jones, *The Conquest of the Last Maya Kingdom* (Stanford, CT: Stanford University Press, 1998); M. D. Smith (ed.), *Sex and Sexuality in Early America* (New York: New York University Press, 1998); J. L. Kessell, *Spain in the Southwest: A Narrative History of Colonial New Mexico, Arizona, Texas, and California* (Norman: University of Oklahoma Press, 2002): M. Restall, *Maya Conquistador* (Boston, MA: Beacon, 1998) e *Seven Myths of the Spanish Conquest* (New York: Oxford University Press, 2003); G. Sayre, "Native American sexuality in the eyes of the beholders, 1535-1710", in M. D. Smith (ed.), *Sex and Sexuality in Early America* (New York: New York University Press, 1998); R. Thompson, *Sex in Middlesex* (Amherst: University of Massachusetts Press, 1986); e M. Wood, *Conquistadors* (Berkeley: University Press: University of California Press, 2000).

Sobre a África, consultar T. Burnard, "The sexual life of an 18th-century Jamaican slave overseer", in M. D. Smith (ed.), *Sex and Sexuality in Early America* (New York: New York University Press, 1998); W. H. Dunaway, *The African-American Family in Slavery and Emancipation* (New York: Cambridge University Press, 2003): R. Goldbeer, "William Byrd's 'flourish': The sexual cosmos of a southern planter", in M. D. Smith (ed.), *Sex and Sexuality in Early America* (New York: New York University Press, 1998); J. E. Inkari e S. L. Engerman (ed.), *The Atlantic Slave Trade: Effects on Economics, Societies and Peoples in Africa, the Americas and Europe* (Durham, NC: Duke University Press, 1992); P. E. Lovejoy (ed.), *Identity in the Shadow of Slavery* (New York: Continuum, 2000); K. Mann, *Slavery and the Birth of an African City* (Bloomington: Indiana University Press, 2000); N. Zacak, "Sex, sexuality, and social control in the eighteenth-century Lewaard islands", in M. D. Smith (ed.), *Sex and Sexuality in Early America* (New York: New York University Press, 1998); e I. Berlin, *Many Thousands Gone: The First Two Centuries of Slavery in North America* (Cambridge, MA: Belknap Press, 1998).

Para outros desdobramentos, ver L. Stone, *The Family, Sex and Marriage in England, 1500-1800* (New York: Penguin, 1990); M. Hartman, *The Household and the Making of History: A Subversive View of the Western Past* (Cambridge: Cambridge University Press, 2004): N. Z. Davis, A. Farge (eds.), *A History of Women in the West, volume III; Renaissance and the Enlightenment Paradoxes* (Massachusetts: Harvard University Press, 1993; no Brasil, *História das mulheres no Ocidente, volume 3; do Renascimento à Idade Moderna*. Porto: Edições Afrontamento; São Paulo: Ebradil – coleção sob a direção de G. Duby e M. Perrot) e R. Chartier (ed.), *A History of Private Life, volume III: Passions of the Renaissance* (Massachusetts: Harvard University Press, 1989; no Brasil, *História da vida privada – volume 3: Da Renascença ao Século das Luzes*, trad. Hildegard Feist. São Paulo: Companhia das Letras, 1991 – coleção sob a direção de P. Ariès e G. Duby).

PARTE II
A sexualidade no mundo moderno, 1750-1950

Algumas das mudanças mais fascinantes na história da sexualidade humana começaram a tomar forma nos séculos XVIII e XIX. Nesse período, por exemplo, foram introduzidos novos e dramáticos dispositivos de controle da natalidade (o que, obviamente, não equivale a dizer que esses recursos estivessem disponíveis ou fossem cobiçados de maneira uniforme), incluindo a camisa de vênus (ou camisinha) e o diafragma. No longo prazo, esses dispositivos aumentariam a oportunidade de separar o sexo da procriação e de enfatizar o sexo apenas para o prazer – embora aqui a evolução viesse a ser extremamente complicada. Também nesse período os médicos começaram a reivindicar um novo papel nas questões sexuais, argumentando que seu aconselhamento era crucial tanto para a moralidade sexual como para a saúde sexual – uma das razões pelas quais alguns dos novos dispositivos de controle da natalidade tenham passado para a sua monitoração. Também nessa fase floresceu uma significativa indústria pornográfica, usando novas combinações de impressão e imagem e invariavelmente resvalando, ainda que de maneira perversa, em temas globais. Em outro indicador da dramática mudança, no final do período o Japão aprovou suas primeiras leis contra o homossexualismo, ao passo que no Ocidente as definições sociais de homossexualidade mudaram de maneira drástica e cabal. Havia muita coisa acontecendo.

Um padrão básico de mudança, embora bastante debatido e controverso, teve início na Europa Ocidental e na América do Norte envolvendo, a um só tempo, novos comportamentos sociais e novas – ainda que bastante complexas e desiguais – atitudes com relação à sexualidade. A mudança ocidental inevitavelmente afetou outras partes do mundo, simplesmente porque o poder ocidental estava crescendo graças ao papel de liderança na industrialização e a um novo e vigoroso estágio da expansão imperialista. Várias sociedades tiveram de compreender a natureza dos valores ocidentais e aprender como reagir a eles, ou, se possível, ignorá-los. Já no século XX, transformações de proporções ainda maiores, como a Revolução Russa em 1917, levantaram questões sobre a sexualidade, outro sinal de que o tema estava suscitando discussões fundamentais em várias partes do mundo.

Foi também nesse período moderno que os novos níveis de contato entre as várias regiões do mundo, combinados a crenças solidamente arraigadas acerca da superioridade de algumas culturais sexuais e padrões culturais, em detrimento de outros padrões e culturas, começaram a criar problemas cruciais em torno de diferentes tradições sexuais que tinham tomado forma em períodos anteriores. Obviamente, indícios disso já haviam aparecido durante os primeiros séculos modernos, quando os europeus julgaram e condenaram os hábitos sexuais dos nativos das Américas. Mas agora as implicações do contato eram bem mais amplas. Os ocidentais sentiam-se livres para julgar praticamente todas as sociedades à luz de seus próprios (e reconhecidamente complexos) valores, e justamente por isso as outras sociedades tinham de decidir como reagiriam às censuras do Ocidente. O resultado foi uma série de mudanças nas culturas públicas e na legislação, com o intuito de agir contra as acusações de lassidão sexual ou proteger as tradições regionais do contato externo. O processo continua até hoje, mas foi iniciado nesse período anterior.

Esta seção do livro examina um período de duzentos anos, dos primeiros sinais claros do surgimento de um novo comportamento sexual no Ocidente até um ponto em que as reações à mudança começaram a ganhar contornos razoavelmente definidos, mais uma vez em diversos lugares, mas também um ponto prestes a testemunhar significativas inovações adicionais – como a tão propalada "revolução sexual" da década de 1960. Não se trata aqui de uma periodização-padrão na história da sexualidade ou da história mundial, mas sim de uma segmentação que captura as questões fundamentais no movimento da sexualidade longe dos padrões puramente tradicionais, em muitas (embora não todas) partes do mundo, bem como as esforçadas tentativas dos tradicionalistas de "segurar as pontas" e manter a ordem das coisas. Apreende também os primeiros resultados dos novos confrontos entre diferentes tradições sexuais. Foram dois séculos de tremendas disputas, tanto no Ocidente como em outras plagas, à medida que novos comportamentos mediram forças com reações conservadoras (algumas delas surpreendentemente bem-sucedidas) e em que abundaram igualmente declarações extremadas favoráveis e contra a busca do prazer. Toda ação, fosse relativa aos novos comportamentos ou aos novos usos da sexualidade na cultura pública, estimulava um contra-ataque. A única constante, em meio aos esforços de defesa dos valores tradicionais, foi o fato de que o sexo passou a merecer uma quantidade cada vez maior da atenção pública, tornando-se efetivamente um tópico, e não mais um mero conjunto de pressupostos. Mesmo os social-conservadores, cujo desejo era o de que o tema do sexo fosse banido do discurso público, enfrentaram problemas para se manter afastados do assunto.

Começamos pelas mudanças no Ocidente, que parecem ter dado o pontapé inicial no processo de reexame e debate, e depois investigamos os diferentes tipos de reação ao redor do mundo, terminando com um balanço da situação em torno de 1950.

Em nossa discussão figura um sem-número de temas específicos, mas há, pelo menos potencialmente, um fio condutor e unificador. Os dois capítulos desta seção exploram, por um lado, a relação entre o advento dos processos modernos, como a industrialização ou o consumismo de massa ou os novos níveis de contato global, e, de outro, os comportamentos e atitudes sexuais. A pergunta que aqui é lançada é a seguinte: existe alguma relação distintiva entre essas mudanças mais amplas e a sexualidade, naquilo que é por vezes sumarizado como "modernização"? Não causa surpresa a constatação de que, de fato, livros tenham sido escritos sobre a própria modernização do sexo. O termo é perigoso, porque ignora as intensas e violentas disputas e as enormes variações entre uma e outra sociedade. Entretanto, em muitos lugares as tendências modernas desencadearam novas questões sobre a sexualidade e novas contestações e oposições a arranjos e esquemas já estabelecidos. Por sua vez, as mudanças na sexualidade e nos pressupostos, teorias e convicções sexuais, e as perplexas reações a essas mudanças tiveram sua própria influência na história mundial. O material disponível nesta seção inaugura a análise da complexa relação entre sexualidade e os tempos modernos.

A sociedade ocidental, 1750-1950

A primeira revolução sexual e a reação vitoriana

No século XVIII, pelo menos três forças instigaram mudanças fundamentais no comportamento e no horizonte sexual da sociedade ocidental. A economia começou a dar passos rumo a um caráter mais comercial e manufatureiro, mesmo antes da Revolução Industrial. Isso comprometeu a solidez do sistema de valores estabelecidos e propiciou aos jovens novos níveis de liberdade e poder aquisitivo. No fim das contas, esses avanços acabariam se amalgamando em uma revolução industrial propriamente dita, o que teria seus próprios efeitos no comportamento sexual e acrescentaria a vida fabril e a urbanização à lista dos fatores responsáveis por moldar a experiência de muita gente. Surgiram também mudanças culturais, algumas incitadas pelas implicações do protestantismo, outras estimuladas pelo iluminismo setecentista. De início, as transformações culturais básicas não tinham na alça de mira a sexualidade, mas resultaram em implicações pelo menos no que dizia respeito ao sexo e, em alguns casos, alteraram completamente os comportamentos. Por fim, como terceiro fator básico, a melhoria nas condições de nutrição (para muitos grupos, mas não todos) e a urbanização geraram mudanças efetivas no contexto físico para o sexo, particularmente em termos da idade da puberdade.

Os sintomas da mudança cultural vieram primeiro. Os ataques protestantes ao catolicismo, iniciados no século XVI, traziam em si o argumento de que, entre outras coisas, a castidade não havia alçado as pessoas a um nível espiritual mais elevado do que aquele obtido com a vida de casado. O próprio Martinho Lutero, o pioneiro líder da Reforma e ex-monge, casou-se (com uma ex-freira), enquanto os protestantes geralmente condenavam a tradicional ênfase católica na importância do celibato clerical e nas ordens monásticas. Nada disso teve implicações imediatas na sexualidade; porém, no século XVII, autores protestantes em diversos países, incluindo a Grã-Bretanha, estavam começando a enfatizar os prazeres da vida de casado, incluindo a satisfação sexual para os parceiros, bem como, especialmente, a compatibilidade e o afeto. Não se tratava de uma expressão revolucionária de sexualidade, e a oposição ao sexo antes ou fora do casamento continuou firme, como parte da manutenção do sistema de família de estilo europeu. O estrondoso ataque protestante à sexualidade imprópria podia facilmente eclipsar a discreta e renovada ênfase dada ao casamento e aos relacionamentos no âmbito do casamento.

Era esse o contexto em que, em 1684, um manual sexual surpreendentemente direto e explícito chamado *A obra-prima de Aristóteles* veio a lume na Inglaterra. O livro teve ampla circulação e foi fartamente traduzido (uma versão foi impressa nas colônias americanas em 1766), e continuava vendendo ainda na década de 1930. Alegando inspiração científica, trazia informações sobre como obter prazer sexual, partindo peremptoriamente do pressuposto de que ambos os parceiros deveriam estar aptos a buscar esse objetivo. Clima intimista com pouca luz, roupas sensuais e sugestões sobre música sedutora estavam entre as recomendações. Contudo, em parte alguma o livro apresentava conselhos sobre contracepção, pois insistia na noção de que o propósito básico do sexo era fazer filhos. Entretanto, apesar de alguns elementos tradicionais, algo diferente estava acontecendo na cultura ocidental.

Katharina Von Bora [esposa de Martinho Lutero], óleo sobre tela. Lucas Cranach, o Velho, 1526 (Nationalmuseum med Prins Eugens Waldemarsudde, Estocolmo). Ataques protestantes ao catolicismo, iniciados no século XVI, argumentavam que, entre outras coisas, a castidade não havia alçado as pessoas a um nível espiritual mais elevado do que aquele obtido com a vida de casado. O próprio Martinho Lutero, o pioneiro líder da Reforma Protestante e ex-monge, casou-se com Katherina Von Bora, uma ex-freira, enquanto os protestantes em geral condenavam a tradicional ênfase católica na importância do celibato clerical e nas ordens monásticas.

A sociedade ocidental, 1750-1950 **139**

O impacto da mudança social e econômica foi mais direto e, em muitos sentidos, mais mensurável, embora caminhasse na mesma direção em termos do aumento da valorização da expressão sexual. A grande mudança envolveu a difusão da manufatura e uma economia mais comercial, mesmo antes das inovações tecnológicas, como a máquina a vapor. No século XVIII, centenas de milhares de trabalhadores rurais, tanto homens como mulheres, mas todos desproporcionalmente jovens e trabalhando em seus domicílios, começaram a produzir fios e tecidos pequenos ou produtos de metal simples, para vender nos mercados. Para alguns era um emprego de meio período, para outros uma ocupação de tempo integral. O resultado foi reduzir a total dependência em relação à agricultura e colocar algum dinheiro (mesmo que pouco) no bolso de muitos trabalhadores, até então dependentes dos negócios domésticos agrícolas. Essa gente agora tinha meios de vislumbrar comportamentos que seus pais e líderes da comunidade poderiam não aprovar plenamente. Uma vez que lidavam com comerciantes e viajantes, vendiam o fruto de seu trabalho, mas também aprendiam um pouco sobre os hábitos e estilos urbanos, outra fonte potencial de mudança, mesmo em meio ao avanço da urbanização. Também no século XVIII, em função do crescimento populacional começou a aumentar o número de pessoas que já não podiam mais alimentar a expectativa de herdar grandes porções de terra (na Grã-Bretanha e na Prússia, por exemplo, os índices de aumento da população chegaram a 100% entre 1750 e 1800). Isso confirmou a importância dos empregos na manufatura e também começou a impelir alguns trabalhadores para as cidades. Ao mesmo tempo, serviu como outra fonte de afrouxamento do controle dos pais sobre os filhos: se o pai era incapaz de assegurar uma herança, havia menos motivos para que seus filhos aceitassem plenamente sua autoridade – uma grande ameaça ao controle sobre a juventude, aspecto que até então fizera parte do sistema familiar europeu.

Outro fator que vinculou as mudanças econômicas a novos valores culturais foi a expansão do consumismo popular no século XVIII, mais uma vez por todo o mundo ocidental. Muitas pessoas comuns começaram a comprar novos tipos de mobília e itens domésticos. E passaram também a demonstrar um interesse cada vez maior em roupas mais coloridas, elegantes e segundo a moda. Esse interesse na aparência fora provavelmente provocado pelos novos contatos com os tecidos asiáticos, graças ao proeminente papel da Europa no comércio global. O algodão estampado da Índia era particularmente popular. No século XVIII, esses tipos de tecido começaram a ser fabricados em casa e oficinas e tornaram-se muito mais acessíveis. A paixão por roupas elegantes e estilosas ensejou o aparecimento de um próspero mercado de artigos de segunda mão, destinado a pessoas ávidas por consumir, mas sem condições de pagar os preços dos produtos de primeira linha; os roubos de tecidos aumentaram também. Nem todos os aspectos do novo consumismo tinham relações com a sexualidade, mas o crescente interesse na aparência e em roupas atraentes certamente refletia o tipo de mudança cultural em que o contato e a expressão sexuais se tornariam mais importantes.

Um último fator dessa nova equação sexual resultou de uma gradual mas perceptível redução da idade da puberdade, que tradicionalmente tinha sido mais alta na Europa Ocidental (e em particular nas regiões mais ao norte). As melhorias na alimentação, incluindo o consumo de proteínas, e o maior contato com desconhecidos (fruto do intercâmbio comercial e, em última instância, da urbanização) se combinaram para produzir esse resultado. No final do século XVIII, a idade da puberdade das meninas começou a diminuir – de 17 ou 18 anos para baixo –, e os meninos passaram por experiência semelhante. De fato, ficou mais difícil recrutar coros de meninos, cuja voz começou a mudar mais cedo. A tendência parece ter sido interrompida nas primeiras décadas da industrialização, quando a pobreza urbana contrariou os níveis nutricionais, particularmente no caso das mulheres, mas seria retomada após 1850, assim permanecendo por várias décadas e induzindo uma queda de três meses, em média, a cada geração subsequente. Obviamente, uma idade mais precoce de pubescência automaticamente suscitou questões e possibilidades para o sexo na juventude. Inevitavelmente, deu também ensejo à confusão entre a expectativa dos adultos – acostumados a conjecturas sobre uma idade normal – e a experiência efetiva de seus filhos. A consequência disso, a partir do século XIX, foi atribuir à adolescência a condição de foco de interesse como período de confusão e perigo sexual.

A nova aprovação cultural da sexualidade, pelo menos em certos contextos, e a rápida mudança econômica e social que abalou as expectativas e linhas de autoridade estabelecidas, juntamente com as alterações físicas no amadurecimento sexual que afrontaram as relações geracionais, combinaram-se de modo a preparar o terreno para as mudanças realmente dramáticas na maneira como as pessoas comuns começaram a demonstrar interesse sexual. Não é equivocada a noção de que uma primeira revolução sexual moderna tenha se seguido a essas transformações, e a descoberta dos historiadores da evidência dessa revolução levou a profundas e intensas revisões da compreensão do passado, e de como o passado se relaciona com a vida contemporânea – embora tenha também suscitado acalorados debates.

★ ★ ★

O desdobramento mais dramático, novamente iniciado no mundo ocidental e aos poucos influenciando as colônias americanas e depois os Estados Unidos, a partir do final do século XVIII, envolve um surto de nascimentos de filhos ilegítimos, e o que essa explosão sugere acerca das relações entre sexo e casamento, e, provavelmente, sobre os jovens e a sexualidade em geral. É essa a mudança que mais chamou a atenção e que requer uma avaliação histórica mais abrangente. Mas houve também desdobramentos concomitantes, incluindo mudanças mais silenciosas e discretas inclusive no comportamento relativo ao sexo conjugal e na ascensão dos temas sexuais na cultura popular. É esse pacote geral que exige análise.

Jovens, sexo e casamento

Antes do final do século XVIII, a percentagem de crianças nascidas fora do casamento – ou seja, de nascimentos ilegítimos – na sociedade ocidental tinha atingido entre 2% e 3%. Houvera um pequeno crescimento em alguns lugares, como a Grã-Bretanha, no final do século XVI, mas nas décadas seguintes os níveis voltaram a cair; verificava-se, ainda, certa variedade regional. Obviamente, também é fato que, para antes do século XIX, os registros desse tipo de coisa não são inteiramente confiáveis: alguns partos ilegítimos podem ter sido omitidos, mesmo nas comunidades mais cuidadosas. Alguns recém-nascidos podem ter sido mortos secretamente. Ainda assim, há o consenso de que a partir da segunda metade do século XVIII até depois de 1850, das porções central e oeste da Alemanha até a Europa Ocidental, mas também em colônias americanas como Massachusetts, os casos de filhos ilegítimos aumentaram três ou quatro vezes além do níveis tradicionais, chegando a uma média de 6% em 1850, mas em algumas regiões particulares somando 10% de todos os nascimentos, às vezes até um pouco mais. Mais e mais jovens estavam fazendo sexo antes do casamento e, depois, por um conjunto qualquer de razões, não estavam se casando. A maioria dos historiadores (mas não todos) vai além e conclui simplesmente que mais e mais jovens estavam fazendo sexo, ponto final – e é daí, obviamente, que deriva a ideia de uma primeira revolução sexual moderna. Nessas avaliações, as cifras da ilegitimidade são apenas uma parte da história, pois, inevitavelmente, levando-se em conta aspectos como a infertilidade ou precauções primitivas (comuns em algumas regiões campesinas), tais como o hábito de gritar "cuidado" segundos antes do orgasmo masculino, assim fomentando a prática do *coitus interruptus*, havia muito mais casos de sexo pré-marital do que demonstram as estatísticas. Obviamente, é fundamental lembrar que a maioria das crianças ainda nascia no âmbito do casamento e que em muitas regiões rurais os casais ainda na fase do "namoro" invariavelmente mantinham relações sexuais antes da realização da cerimônia de casamento propriamente dita – comportamento que resultava em inúmeros casos de gravidez pré-casamento –, de modo que nem tudo estava assim tão desordenado ou de pernas para o ar. Mas a ideia de uma mudança substancial nos hábitos sexuais de muitos jovens, em nome de uma expressão sexual mais frequente e possivelmente mais precoce, tem a corroborá-la uma grande quantidade de evidências.

Essa provável transformação estava claramente relacionada às rupturas sociais e econômicas do período. Foi mais comum entre indivíduos das classes mais baixas, que estavam participando do crescente sistema de manufatura doméstica e que não tinham certeza da possibilidade de ter qualquer acesso à posse de terras, ou que simplesmente migravam para as cidades. Trabalhadores urbanos e artesãos também estavam envolvidos. A mudança seria confirmada e ampliada no início do século XIX em muitas das cidades fabris, expressando, assim, novas oportunidades – por exemplo, vestir-se com mais apuro e estilo e desafiar o controle dos pais –, mas também novas tensões – a falta de segurança resultante da crescente incapacidade de muitas famílias de camponeses ou agricultores de contar com a herança de terras. Embora nem todos os jovens estivessem envolvidos nessa nova mistura de maior latitude e novas tensões sociais, a mudança atraiu um contingente suficiente para criar uma verdadeira sublevação no comportamento popular.

A transformação nos fatos e números é clara. O contexto social e cultural é claro. O que é menos claro é o significado de tudo isso em termos de motivações e consequências humanas. Terá sido essa primeira revolução o sinal de uma nova cultura da juventude que incluía o compromisso com a expressão sexual, ou uma festiva rebelião contra a repressão sexual tradicional, ou uma turbulenta reação contra as novas dificuldades na vida comum – particularmente onerosa para as mulheres jovens?

Alguns jovens parecem ter genuinamente dado rédeas mais soltas não apenas aos apetites sexuais, mas também a um envolvimento emocional mais amplo, a que poderíamos chamar de amor. Em 1787, na França, um artífice marceneiro seduziu a filha de seu patrão. Uma vez que não dispunha de recursos econômicos para se casar, fugiu para evitar a prisão – conjunto de circunstâncias nada novo. O que havia de mais ou menos novo era o apego que ele continuou a demonstrar pela jovem. Escrevia cartas ardentes, afirmando que era "incapaz de esquecer" a moça. "Todo dia penso na senhora e espero que a senhora faça a mesma coisa por mim. Diga-me como se sente, se quer fazer-me feliz. Continuo sendo seu amigo íntimo". Em termos mais amplos, observadores começaram a notar um número cada vez maior de jovens que criavam vínculos afetivos com base em atração física e emocional, invariavelmente incluindo sexo, e deixavam de aceitar tacitamente os arranjos tradicionais, que envolviam a aprovação dos pais e algum tipo de acordo para a transferência de bens ou um dote. Obviamente, dadas as rupturas econômicas, em todo caso nem sempre os dotes eram líquidos e certos, mas é bastante forte a possibilidade de que alguns jovens estivessem colocando sentimentos românticos e desejos eróticos à frente de vantagens econômicas – o que, obviamente, é consistente com o fato do aumento da ilegitimidade.

Há outros apartes intrigantes. Alguns jovens pareciam pensar que as autoridades toleravam os novos comportamentos sexuais. A bem da verdade, algumas mudanças na legislação concernente ao tratamento dos filhos ilegítimos, e os interesses governamentais em promover o crescimento populacional, podem ter dado essa impressão. Indagada sobre os motivos que a levavam a continuar tendo filhos ilegítimos, uma jovem bávara respondeu de maneira simples e aparentemente bastante feliz: "Não há problema em ter filhos. O rei já disse que tá tudo bem.". Para alguns, a ideia do prazer sexual tornou-se mais familiar, e as oportunidades, mais acessíveis do que no passado. Esse é o lado otimista da revolução sexual.

Mas os aspectos negativos eram extremamente sérios. Para alguns rapazes, as expressões do apetite sexual tornaram-se demonstrações de proezas, cujo intuito era compensar as novas inseguranças em relação à sua situação econômica e posição social e a seus empregos entediantes e extenuantes. Por volta de 1850, um menino, funcionário de uma fábrica alemã, observa a ação de alguns rapazes que agarram uma mulher no pátio da fábrica e aplaudem e gritam de alegria enquanto um deles simula fazer sexo com ela, que cospe no agressor. Nas fábricas mistas, onde os operários vestiam-se com poucas roupas por causa do calor, sem dúvida aumentaram as oportunidades de abuso sexual, e com elas se esboçou outro cenário para o aumento dos casos de filhos ilegítimos.

Em meio às radicais alterações econômicas, em que ficou mais difícil esquematizar casamentos tradicionais baseados na propriedade, os homens certamente se aproveitavam de jovens moças cuja expectativa era a de que o sexo resultasse em relacionamentos mais estáveis e duradouros. Assim, os homens faziam sexo com elas, e quando as consequências tornavam-se evidentes, fugiam, em geral para outra cidade, no clima altamente inconstante do início da industrialização. Com certeza buscavam prazer sexual, mas não uma maior intimidade ou algum tipo de reciprocidade. E as mulheres envolvidas, embora não fossem diretamente coagidas, talvez percebessem que não tinham muita escolha; o que sentiam era uma combinação de esperança de que o sexo resultasse em casamento (ou pelo menos em estabilidade) e da percepção de que, para uma mulher solteira, as oportunidades econômicas não eram nada promissoras. Para algumas mulheres da classe trabalhadora, sem condições de oferecer dote ou propriedade para consolidar um casamento, o sexo podia ser a única alternativa disponível – e que nem sempre funcionava. Esse era o contexto, obviamente, em muitas cidades nos primórdios da industrialização, quando aumentou a prostituição. Operárias de uma cidade francesa, cujos salários eram bem menores que os de seus colegas homens, falavam de vender seu corpo por "uma quinta parte" de seu dia de trabalho. Aqui também houve revolução sexual, mas uma revolução de desespero contido, não uma busca esfuziante de novas liberdades de expressão.

Não causa surpresa o fato de que os historiadores tenham trocado pesadas farpas e golpes baixos em meio a essas interpretações conflitantes da mudança sexual. Questões contemporâneas, incluindo a afronta feminista diante dos abusos sofridos pelas mulheres, inevitavelmente se misturaram à análise histórica. De fato, parece provável que ambos os lados tenham razão. Novos contextos e expectativas geraram novos ou mais abertos interesses sexuais entre os jovens das classes baixas, incluindo algumas mulheres. Para um número maior desses jovens, porém, provavelmente a mudança criou novas oportunidades de abuso — incluindo uma nova percepção masculina de que as expressões sexuais eram uma compensação essencial para aceitar o trabalho sujo e mal remunerado nas fábricas e a crescente insegurança econômica — e novas limitações à capacidade feminina de recorrer aos mecanismos de controle comunitários em busca de proteção. E um ponto estava bastante claro: à medida que a revolução sexual gerou um elevado contingente de filhos ilegítimos (embora nem sempre) abandonados pelos pais, criou também um fardo duradouro para as mães solteiras, invariavelmente sujeitas à vergonha, bem como à pobreza, além de inúmeras dificuldades para os próprios filhos.

Sem dúvida, a reação característica dos observadores contemporâneos, conscientes das mudanças em um espectro mais amplo, era expressar uma perplexa desaprovação (acrescida de frequentes exageros), mesmo quando os aspectos abusivos da mudança não lhes eram evidentes. Por volta de 1800, uma autoridade bávara afirmou que "ambos os sexos estão tão inclinados à libertinagem que dificilmente se encontra uma menina de 20 anos que já não seja mãe". As virgens, afirmava outra autoridade, não apenas eram raras, mas menosprezadas. "Toda vez que moços e moças solteiros saem para dançar ou ir a algum outro lugar de divertimento, acabam na cama". Nesse sentido, a mudança era claramente aflitiva, mas também inequivocamente visível — somando-se à evidência das taxas de natalidade propriamente ditas. Para o bem ou para o mal, novos tipos de padrões sexuais estavam emergindo entre muitos jovens em segmentos-chave das classes mais baixas.

O ciclo da concepção

Ao mesmo tempo, e novamente tendo início no final do século XVIII, outra impressionante transformação estatística estava em andamento — envolvendo a distribuição de nascimentos durante o ano. Na maior parte das sociedades rurais no hemisfério norte, um número desproporcional de partos tradicionalmente ocorria em fevereiro e março, o que significa que um número desproporcional de concepções ocorria em maio e junho, uma expressão dos eflúvios criativos da primavera. Até 40% de todas as concepções podiam coincidir e se aglomerar nesses dois meses. Influências sazonais à parte, a maior razão para esse estranho desequilíbrio parece residir na necessidade do trabalho das mulheres nas famílias das zonas rurais. Para a família,

As respigadoras, óleo sobre tela. Jean-François Millet, 1857 (Museu d'Orsay, Paris). A distribuição dos nascimentos ao longo do ano refletia o caráter sazonal do trabalho familiar no campo, que não podia prescindir da mão de obra feminina em épocas de plantio e colheita.

não contar com o trabalho da mulher, mesmo que apenas por um breve período, no final do inverno era menos danoso – não afetava o trabalho na terra, não comprometia o plantio nem a colheita. Então, supostamente, muitas famílias camponesas empreendiam deliberadamente o esforço de concentrar sua prática sexual com fins procriativos. Mas, dada a ausência de efetivos mecanismos de controle da natalidade, isso também significa que provavelmente em outros meses limitavam sua atividade (havia outro pequeno pico em setembro, refletindo muitas vezes algum relaxamento da precaução durante os feriados). Obviamente, alguns nascimentos ocorriam em outras épocas, e, é claro, havia algum esforço para controlar a natalidade ou usar plantas que pudessem induzir o aborto, de modo que não é possível concluir que as relações sexuais ocorriam apenas na primavera. Mas havia, sim, uma concentração desproporcional. De maneira reveladora, esse ciclo de concepção sazonal era bem menos pronunciado nas cidades, onde as necessidades do trabalho das mulheres eram bem menos dependentes das estações do ano.

O que começava a ocorrer agora nas áreas rurais era um nivelamento semelhante, ainda que gradual, do ciclo de concepção, reduzindo essa diferença entre o campo e a cidade. Ainda hoje podem ser observadas moderadas concentrações de nascimentos, refletindo alguma sazonalidade, mas a distribuição é razoavelmente uniforme ao longo do ano. Essa silenciosa mas gigantesca transformação do ciclo de concepção na verdade constitui uma mudança dramática, certamente nas taxas de natalidade, mas em muito também na sexualidade. A causa imediata parece bastante clara: uma vez que havia mais trabalho não agrícola à disposição, incluindo a manufatura que podia ser feita nos domicílios, diminuiu gradualmente a preocupação com fatores sazonais. Do ponto de vista da sexualidade, o aspecto mais importante era o de que a atividade sexual podia ocorrer de maneira mais regular ao longo do ano. Assim, outro conjunto de restrições à expressão sexual e, possivelmente, ao prazer, estava mais frouxo – dessa vez não apenas para os jovens e certamente não apenas para os solteiros, mas para os adultos. Tudo isso constitui a segunda faceta da primeira revolução sexual moderna.

Ideias sexuais: pornografia e amor livre

A terceira ramificação da revolução sexual foi mais puramente cultural, embora abarcasse comportamentos, pelo menos para um pequeno grupo – dessa vez mais na ponta de cima do que na extremidade inferior da escala

Variedade de sadismo e voyerismo, ilustração do romance *Thérèse philosophe* ou *Mémoires pour servir à l'histoire du père Dirrag et de mademoiselle Eradice*, p. 120, 1748 (1. ed.) (Department of Rare Books and Special Collections, Princeton University Libraries, Princeton). O século XVIII assistiu ao crescimento da produção de literatura pornográfica, com uma possível intensificação do conteúdo explícito e, certamente, uma expansão do público leitor.

A sociedade ocidental, 1750-1950   **149**

social. Materiais explicitamente pornográficos estavam longe de ser uma inovação na Europa do século XVIII. O simbolismo sexual tinha sido usado na arte europeia ainda na Idade Média, cultivando, por exemplo, a conexão visual entre a rosa e vagina. O Renascimento e a imprensa estimularam ainda mais abertamente a escrita pornográfica, detalhando vários atos e perversões sexuais, incluindo flagelação, do século XV em diante.

O que aconteceu no século XVIII, entretanto, foi uma aceleração na produção de literatura pornográfica, sendo possível uma intensificação do conteúdo explícito, e certamente uma expansão do público leitor. Novos temas específicos, como as frequentes referências ao aparato sexual masculino como "uma máquina", também podem ter sugerido uma sexualização de transformações mais amplas, tais como a mudança tecnológica. Durante o século XVIII, diversos autores pornográficos, e também seus livreiros, associavam a pornografia a ataques mais amplos ao *establishment* político e religioso. Por um breve período, pornografia e reforma deram mostras de uma verdadeira afinidade. Não era um vínculo que sobreviveria integralmente, mas que sugeria, ainda que de maneira diversa, a associação entre mudanças na sexualidade com alguns dos desenvolvimentos mais amplos na vida ocidental.

Em 1749, John Cleland escreveu *Fanny Hill*, cujo subtítulo era *Memoirs of a Woman of Pleasure* (*Memórias de uma mulher de prazer*), na esperança de que um amontoado de cenas eróticas conquistasse uma ampla plateia e pagasse suas contas (na ocasião ele estava preso em função de dívidas). O livro começa com uma cena de estupro, que supostamente estimula a heroína, uma jovem interiorana humilde que chega a Londres em busca de uma vida de prazeres sexuais. Voyeurismo – ela assiste a atos sexuais em um bordel – e masturbação são apenas o começo para Fanny, que mais tarde entrega-se à flagelação, deleitando-se com o estímulo sexual de chicotadas que lhe arrancam sangue, bem como uma variedade de amantes de diversos extratos sociais. Há lugar também para outro estupro e uma cena homossexual. O livro foi alvo de ataques e acabou banido (até o final do século XX), mas era sinal da ampliação da cultura sexual, em que a estimulação explícita ajudou a conquistar atenção de um público leitor considerável.

A essa altura, os autores mais entusiasmados contavam com o auxílio das melhorias nas condições de impressão, o que ajudava a baratear o custo dos livros, e da expansão da alfabetização. No final do século XVIII, pelo menos em lugares como a Grã-Bretanha e a França, uma ampla variedade de indivíduos podia apoderar-se de leituras pornográficas. De fato, em função de seu custo de produção, alguns exemplares eram particularmente destinados às classes mais altas, e em especial aos homens; por outro lado, em alguns casos, pequenas comerciantes e criadas eram as consumidoras mais ávidas, mesmo que em segredo, desse tipo de material.

Pelo menos ocasionalmente, o que não é de surpreender, a pornografia também tinha correspondência com a vida real. O marquês de Sade, um aristocrata francês nascido em 1740, teve toda a sua vida adulta permeada de relações com prostitutas, uso da violência no sexo (de seu nome surgiu o termo "sadismo") e atos de sodomia, bem como orgias periódicas em que aparentemente praticava, em sequência, diversas atividades sexuais. Preso a maior parte do tempo, Sade usou o encarceramento para escrever romances e peças sobre as tentativas de estender os limites da perversão, enquanto punha em prática toda sorte de atos sexuais também com seus carcereiros. Não existe razão para supor que Sade fosse único em sua indulgência com relação aos próprios apetites – certamente indivíduos desse tipo surgiram em muitos tempos e lugares –, mas distinguiu-se pela capacidade de atrair as atenções e pela tentativa de promover uma participação pública mais ampla.

É impossível dizer o quanto essa variada explosão da pornografia foi influente. Muitas pessoas sequer tomaram consciência dela; muita gente meramente lia os textos, por interesse e para estímulo, sem considerar a obscenidade um guia ou uma diretriz para a vida concreta. Contudo, havia casos, como o do próprio Sade, em que começaram a ser formados alguns grupos abertamente devotados à busca de certos tipos de gratificação sexual, tais como o sexo vinculado à flagelação. Em termos mais gerais, a ascensão da pornografia popular inquestionavelmente fez parte do novo nível de interesse na definição e na busca do prazer sexual – mesmo que, em alguns casos, isso ficasse apenas no papel.

Distante da pornografia, e explorando mais explicitamente a ideia de que uma transformação sexual era parte crucial da reforma social, por volta do início do século XIX, alguns escritores (homens e mulheres) começaram a escrever sobre a necessidade de abandonar alguns dos pressupostos tradicionais relativos ao comportamento sexual. Em especial, começaram a questionar a ideia do casamento e, com isso, a noção de que é normal ou desejável que um adulto tenha apenas um único parceiro sexual. Alguns reformadores concentraram-se particularmente nas desigualdades de gênero, argumentando que, a bem da verdade, quase sempre o casamento permitia que os homens se dessem ao luxo de ter casos amorosos, ao passo que as esposas estavam atadas à monogamia; ambos, de acordo com esse argumento, deveriam ter mais liberdade de ação. O ciúme (e, particularmente, o ciúme masculino) foi objeto de uma considerável quantidade de comentários, calcados na premissa de que em um mundo ideal essa emoção possessiva deveria ser dominada e sobrepujada, de modo que as pessoas pudessem buscar o máximo prazer sexual possível. Assim, Max Lazarus, nos Estados Unidos, dinamitou qualquer ideia de "propriedade exclusiva" sobre a pessoa amada.

Alguns defensores da mudança tentaram traduzir seus ideais em uma vida comunitária efetiva, parte do movimento utópico mais amplo que chegou a seu auge em meados do século XIX, com força particular nos Estados Unidos. Muitas comunidades utópicas concentraram-se em outras reformas sociais, ou porque não estavam interessadas na mudança sexual ou porque tinham a esperança de que a questão da sexualidade poderia vir a reboque com a atenção a outros tipos de melhoria social. Mas algumas comunidades orientaram, sim, suas energias na direção de uma maior liberdade sexual. Mais notadamente, a comunidade de Oneida (Nova York), sob a liderança de John Humphrey Noyes, instava homens e mulheres a abandonarem "sentimentos privados" em favor de um maior acesso sexual comunitário e da prática de trocas frequentes de parceiros. A maior parte dessas comunidades enfrentou tremenda hostilidade pública, embora tenha havido algumas exceções; e muitas delas, incluindo Oneida, uma vez que seus participantes começaram a refutar os conselhos dos líderes, acabaram constatando que o sentimento de posse acabava por reafirmar um tipo de relacionamento parecido com o casamento. Mas os ideais de amor livre persistiriam. Alguns casais, independentes das malogradas comunidades, defendiam periódicas expe-riências sexuais: o reformador Moses Hull, por exemplo, contando à esposa que se relacionava com outras parceiras, por fim conseguiu persuadi-la de que o amor livre fazia as pessoas melhores.

Questões de classe social

A evidência mais clara das amplas mudanças no comportamento sexual, nesse primeiro período revolucionário moderno, vem das classes baixas. A pornografia, entretanto, atesta que novos interesses sexuais podiam emanar também de outros grupos sociais.

A estrutura de classes da emergente sociedade industrial que estava se formando no Ocidente, somada aos apetites sexuais mais explícitos, criou também diversas situações em que a vantagem de classe podia ser imposta para fins de gratificação. Não era um tema novo na história da humanidade, mas seus afloramentos foram ficando mais comuns e, às vezes, mais desestabilizadores.

Diversas conjunturas estavam envolvidas. O uso de prostitutas por parte de homens da classe média e das camadas superiores constituía o primeiro; não era uma circunstância exatamente nova, mas agora bem mais difundida do que antes. O fato era que nas primeiras etapas da Revolução Industrial as oportunidades econômicas para as mulheres não acompanharam o mesmo ritmo da demanda. À pressão populacional sobre a terra somou-se a concorrência de versões manufaturadas de produtos que as mulheres tradicionalmente faziam em casa, tais como fios. Muitas mulheres se mudaram para as cidades na esperança de encontrar trabalho, mas se decepcionaram. Algumas, é óbvio, podem ter sido estimuladas por aspectos do comércio sexual – é importante não simplificar em demasia as prostitutas ou suas motivações. Mas as pressões econômicas foram o fator preponderante. O resultado foi um grupo cada vez maior de mulheres urbanas vendendo sexo. Muitos homens da classe trabalhadora – particularmente migrantes ou imigrantes solteiros – se aproveitaram dessas oportunidades. Mas muitos adultos de classe média também participavam, invariavelmente aliando essas atividades à defesa pública da respeitabilidade, e em alguns casos até mesmo tomando parte de campanhas para regulamentar e "salvar" ou "redimir" as prostitutas. Uma significativa clientela também se desenvolveu entre estudantes do ensino médio e das universidades. Em meados do século XIX, os prostíbulos de Paris, por exemplo, ficavam particularmente alvoroçados durante os feriados escolares.

Os empregos domésticos e nas fábricas também propiciaram outros cenários. Embora não haja maneiras de medir a frequência desse tipo de ocorrência, alguns donos de fábricas e capatazes abusavam do poder de contratar e demitir mulheres com base em favores sexuais. Provavelmente mais comum ainda era a exploração sexual de criadas e de empregadas domésticas. Durante o século XIX, trabalhar como criada de família, em geral residindo no próprio local de trabalho, passou a ser a ocupação mais comum para uma mulher urbana. Nessa atmosfera doméstica, e dada a subordinação da posição, maridos e filhos mais velhos da família empregadora não demoravam a tirar proveito da situação. A sedução das empregadas – algumas eram sim-

Rue des Moulins, óleo sobre papel-cartão. Henri de Toulouse-Lautrec, 1894 (National Gallery of Art, Washington, D.C.).

Nas primeiras etapas da Revolução Industrial, as oportunidades econômicas para as mulheres não acompanharam o mesmo ritmo da demanda. Muitas mulheres se mudaram para as cidades na esperança de encontrar trabalho, mas se decepcionaram. O resultado foi um grupo cada vez maior de mulheres urbanas vendendo sexo. Algumas, é óbvio, podem ter sido estimuladas por aspectos do comércio sexual, mas as pressões econômicas foram o fator preponderante. Por todo o século XIX, em geral, a prostituição foi um meio mais lucrativo de ganhar a vida do que o trabalho nas fábricas, que pagava muito pouco às mulheres.

plesmente coagidas, ao passo que outras podem ter, ainda que brevemente, sonhado com o casamento e a ascensão na escala social – não era fenômeno raro, resultando em uma substancial minoria de criadas desonradas e em desgraça – o que, no processo, às vezes contribuía para as taxas de nascimento de filhos ilegítimos. Entre outras coisas, no fim das contas o abuso das criadas podia ser fonte de prostituição, quando a jovem não encontrava meios alternativos de sobrevivência. Padrões desse tipo não eram novidade alguma, mas as situações em que ocorriam tornaram-se mais comuns, com o crescimento dos empregos urbanos para mulheres da classe trabalhadora e em meio a estímulos culturais a novas expressões da sexualidade masculina. Em meados do século XIX, histórias de pais que davam de presente de aniversário aos filhos uma visita ao bordel para uma primeira experiência sexual ou que viravam o rosto fingindo não ver os gracejos dos filhos com uma criada não eram apenas matéria de ficção.

A primeira revolução sexual e as reações sociais

O século que se seguiu a 1750 foi marcado por significativas, embora díspares, mudanças no comportamento sexual e em alguns aspectos da cultura pública. Para muitos jovens, a atividade sexual ganhou ímpeto. Para alguns homens, de várias classes sociais, cresceram as expectativas de acesso sexual, e a ideia de prazer sexual se estendeu inclusive a algumas mulheres. Ao mesmo tempo, existiam importantes desequilíbrios de gênero e entre classes sociais, e sem dúvida ganharam fôlego novo também as oportunidades de abuso e coerção. No geral, a capacidade dos pais e das comunidades no que tangia a regulamentar e monitorar a atividade sexual declinou acentuadamente, em meio a um contexto de rápida mudança e deslocamento.

A sociedade ocidental, 1750-1950 **155**

Alguns historiadores tomaram por certa uma ligação direta entre essas mudanças e desdobramentos posteriores, que expandiriam ainda mais as expectativas sexuais – uma ligação, por exemplo, entre essa revolução da juventude e a – anunciada aos quatro ventos – revolução sexual na década de 1960. Na verdade, a conexão não existe. No final do século XIX, ficou claro que algumas das novas expectativas e comportamentos que haviam se desenvolvido anteriormente estavam se apaziguando e se acomodando à prática e à cultura pública estabelecidas, ainda que com algumas modificações e adaptações; por sua vez, essa absorção prepararia o terreno para mudanças posteriores e ainda mais profundas. Alguns problemas suscitados de maneira intensa pela primeira revolução sexual também persistiriam, incluindo complicadas questões sobre relações de gênero e equanimidade na sexualidade moderna.

Mas as futuras implicações dessa primeira revolução sexual foram violentamente complicadas por uma tremenda reação social, cujo intento era defender padrões mais tradicionais e criar novas restrições, com o objetivo de dar conta de problemas vistos na própria revolução sexual. O resultado foi um novo movimento, que acabou conhecido como vitorianismo em função do longo reinado da rainha britânica, e que definiu uma nova/velha mistura de moralismo sexual e imenso poder aplicada à cultura, às leis e ao comportamento. O ápice do movimento vitoriano se deu nas décadas intermediárias do século XIX — mesmo quando vigoravam aspectos da revolução sexual. Mas seu impacto perdurou e continuou fazendo-se sentir muito além, e fortes traços vitorianos ainda hoje estão vivos e atuantes na sociedade ocidental (e talvez particularmente nos Estados Unidos).

As bases do vitorianismo

Os novos esforços para refrear a sexualidade baseavam-se em diversos problemas. O primeiro, e mais óbvio, era simplesmente a perplexidade diante de um abismo cada vez maior entre valores tradicionais, incluindo padrões cristãos, e muitas das inovações no comportamento popular e na cultura pública.

Como vimos, muitos observadores ficavam verdadeiramente horrorizados com o que julgavam ver no comportamento popular. Muitos também temiam o perigo do contágio em suas próprias famílias: já era suficientemente desastroso que as classes inferiores pusessem no mundo uma infinidade de filhos ilegítimos; a possibilidade de que um desses bastardos manchasse a respeitabilidade de uma honrada família de homens de negócios ou de profissio-

A expulsão, óleo sobre tela. Richard Redgrave, 1851 (Royal Academy of Arts, Londres). A possibilidade de que um bastardo manchasse a respeitabilidade de uma honrada família de homens de negócios ou de profissionais liberais era terrível demais para ser contemplada. O pintor Richard Redgrave foi um dos vários que retrataram a desonra de uma família por conta de uma filha que engravidara fora do casamento e, por isso, era expulsa de casa.

nais liberais era terrível demais para ser contemplada. Não é de admirar que, no final do século XIX, histórias e pinturas ilustrassem a desonra que se abatia sobre uma família por causa de uma filha que engravidava fora dos laços do matrimônio, bem como a necessidade de expulsar de casa essa "depravada".

Mas a tradição e a respeitabilidade não eram a única questão. A segunda base do vitorianismo era o reconhecimento, ora implícito, ora explícito, de que a mera repetição de fórmulas tradicionais provavelmente não funcionaria em um ambiente cada vez mais urbano, em que não apenas a autoridade da comunidade, mas em muitos casos também a liderança religiosa, estavam sendo rejeitadas ou ignoradas. Novas táticas e argumentos eram essenciais. Abriu-se também uma oportunidade para novas afirmações de relevância, por parte de certos tipos de especialistas que até então não tinham se ocupado de questões sexuais. O fato mais importante é que médicos e porta-vozes da classe médica começaram a oferecer apoio aos conservadores sitiados ou incomodados, martelando na tecla de que muitas práticas sexuais tinham efeito na saúde e na moralidade e que em matérias relativas à sexualidade a autoridade médica valia tanto quanto a dos padres e sacerdotes. Muitos doutores, ávidos por um novo *status* e fonte de renda, buscaram claramente se beneficiar da reivindicação de um novo papel em questões sexuais. O resultado foi uma crucial inovação nos tipos de consequências agora discutidos publicamente em assuntos sexuais e nos tipos de práticas sexuais colocados sob os holofotes para escrutínio. E a "medicalização" do sexo duraria muito mais que o próprio vitorianismo.

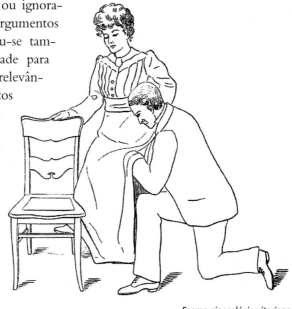

Exame ginecológio vitoriano, ilustração. William Easterly Ashton, 1905 (*A Textbook on the Practice of Gynecology*). A moral vitoriana influenciou a prática médica e as ideias sobre o corpo feminino. Esta ilustração de um manual médico de 1905 recomenda um modo mais adequado de examinar os órgãos reprodutivos da mulher.

Em terceiro lugar, uma ampla variedade de grupos sociais começou a perceber que tinha em mãos um problema de controle da natalidade diferente do que se verificava nas sociedades puramente agrícolas, e que também nessa área a regulamentação da sexualidade era uma resposta crucial. Aqui, o foco era, até certo ponto, as classes mais baixas, mas muito mais urgente era o grupo de cada indivíduo, ou a família de cada um. Em outras palavras, o problema era social e pessoal. Se as taxas de mortalidade de crianças continuavam elevadas, no final do século XVIII houve uma queda modesta, o que significava que em um número maior de famílias estavam sobrevivendo mais crianças do que se esperava – um fator-chave no rápido índice de crescimento populacional como um todo. De fato, o novo interesse na sexualidade talvez tenha impelido diretamente os índices de natalidade – certamente o crescimento das taxas de filhos ilegítimos. Em outras palavras, havia motivos para preocupação com a possibilidade de que a população estivesse crescendo mais depressa do que a disponibilidade de recursos sociais e pessoais. Economistas proeminentes e pessimistas como Thomas Malthus carimbaram esse problema com um retumbante "sim", em nível social, argumentando que as classes mais baixas tendiam constantemente a se reproduzir em excesso, assim exacerbando a pobreza, por causa do achatamento da sua renda. Os pais – como um comerciante alsaciano no final do século XVIII que se viu com 12 filhos, todos necessitando de educação, um dote ou uma posição na carreira comercial – podiam sentir um novo nível de constrangimento no âmbito da própria família.

Mas a pressão populacional era apenas parte do problema. Para as classes médias, e logo depois também outros grupos, as crianças estavam começando a representar mais custos do que braços extras para compor a mão de obra da família. A classe média estava zelosamente convencida da importância da educação para sua prole – pelo menos no nível primário ou fundamental, talvez um pouco mais. E em todo caso não havia muitos tipos de trabalho que as crianças pudessem executar nos empregos típicos da classe média. Além disso, a classe média sentia tradicionalmente uma obrigação de oferecer algum tipo de dote para as filhas e de ajudar os filhos a se estabelecer na carreira comercial ou em uma profissão liberal. Os pais simplesmente não conseguiam mais ver os filhos como recurso, e perceberam rápido que precisavam planejar novos níveis de investimento para dar conta das expectativas modernas. Isso implicava, por sua vez, que muitas famílias não apenas queriam evitar o aumento das taxas de natalidade, mas na verdade pretendiam reduzir os níveis tradicionais. Muitas famílias de classe média e proprietárias de terras na França e em importantes cidades norte-americanas como a Filadélfia começaram a baixar os índices de natalidade para números da década de 1790, exemplo que logo seria imitado por outros grupos.

Isso recolocou a sexualidade sob os holofotes. Antes dos anos 1840, a única maneira segura de reduzir os índices de natalidade era reduzir a atividade sexual. Obviamente podiam ser usados dispositivos tradicionais, e é claro que havia o *coitus interruptus*; sem dúvida, ambas as estratégias receberam nova atenção. Ambas, entretanto, eram pouco confiáveis, e em todo caso algumas das crenças mágicas em torno dos métodos tradicionais estavam em franco declínio. Para muitos grupos que sentiam a necessidade urgente de reduzir o número de filhos, nesse momento e durante muitas décadas depois, uma reação crucial para o atormentador problema foi intensificar os níveis de abstinência sexual em fases-chave da vida, não apenas antes, mas também durante o casamento. A privação atingiu primeiro as classe médias – que estavam começando a assumir a responsabilidade de estabelecer padrões morais para a sociedade em termos mais gerais –, embora no fim das contas essa responsabilidade tenha se alastrado de maneira mais ampla. Um componente decisivo da ética sexual vitoriana derivava de uma profunda necessidade pessoal de promover valores que auxiliariam no controle da atividade sexual em sua própria vida e na de seus filhos.

Como resultado, o vitorianismo buscou tratar tanto de questões sexuais da sociedade em geral como de questões sexuais com que se depararíam jovens das classes médias propriamente ditas – as "classes respeitáveis", como agora eram muitas vezes chamadas. Por sua vez, o vitorianismo era um código sexual novo, e não simplesmente tradicional, porque respondia tanto a novos comportamentos como também a novos tipos de problemas.

A natureza da moralidade sexual vitoriana

Nunca foi possível definir de uma só maneira e de forma cabal o vitorianismo, pois de fato havia muitas variantes. Havia, porém, alguns impulsos comuns. Os componentes familiares incluíam uma profunda convicção de que a atividade sexual deveria ficar limitada ao casamento e que o ímpeto dos jovens precisava ser controlado – com atenção particular para os rapazes. Mesmo no âmbito do casamento, o prazer sexual deveria ser moderado por padrões apropriados de restrição e comedimento. A fidelidade conjugal era fundamental. O decoro devia também permear a cultura pública, de modo que a sexualidade não fosse estimulada de maneira irresponsável e para que as vulgaridades sequer vissem a luz do dia.

Contudo, as inovações a partir desse contexto convencional foram impressionantes, respondendo a novas questões que o vitorianismo tentou abordar. As questões de saúde associadas à sexualidade receberam uma atenção sem precedentes. Na verdade, na mentalidade popular europeia anterior, os orgasmos masculinos eram tidos como algo desgastante, um ônus equivalente à perda de sangue. Agora, contudo, o excesso de atividade sexual – em algumas interpretações, fazer sexo mais de uma vez por semana – podia causar problemas que iam da morte prematura à insanidade. No final do século XIX, recrudesceram os alertas sobre doenças venéreas, juntamente com dramáticos relatos sobre o quanto era perigoso – por mais excitante que fosse – dormir com outra pessoa que não o cônjuge (por volta de 1900, alguns médicos franceses chegaram a argumentar, engenhosamente, que o casamento era vital para a saúde porque levava ao tédio sexual, e assim protegia as pessoas de ataques cardíacos).

No âmbito dessa conjuntura, uma gigantesca dose de preocupação tomou a forma de um jorro de advertências contra a masturbação. Havia muito tida como pecado, a masturbação agora se tornava fonte de enormes riscos, incluindo, mas não se limitando a, uma subsequente vida sexual de perversão, dificuldades mentais, envelhecimento precoce, esterilidade, cegueira – a lista era longa. De maneira bastante óbvia, o novo interesse em encontrar maneiras de alertar os jovens, particularmente os meninos, contra a sexualidade se traduziu em convicções, em geral sinceras, sobre o fato de que brincar com os próprios genitais era caminho para a perdição. Vários tipos de estratagemas foram disponibilizados no sentido de evitar a masturbação ou de reconhecer evidências de que a prática ocorrera. Em casos extremos, rapazes eram enviados para tratamento em manicômios por conta do excesso de masturbação. Embora a preocupação com o comportamento das meninas fosse menos intensa, também nessa categoria havia alertas e tratamentos: nos Estados Unidos, várias clitoridectomias (extirpação do clitóris ou do prepúcio do clitóris) foram realizadas em masturbadoras "habituais". Na visão vitoriana, a infância devia ser mantida a salvo de qualquer tipo de referência sexual, e as crianças que não conseguissem estar à altura desses padrões chamavam a atenção e acabavam sendo segregadas.

Gênero e sexualidade ganharam novas definições com o vitorianismo. Em contraste com as tradicionais crenças de que as mulheres estavam mais suscetíveis ao pecado, agora o jogo se inverteu. Os homens passaram a ser vistos como criaturas por natureza mais sexualmente agressivas, às vezes até mesmo com certo grau de perigo, ao passo que as mulheres seriam agentes civilizadoras, inatamente programadas para refreá-los. Os moralistas vitorianos argumentavam que as mulheres tinham pouco ou nenhum desejo sexual – certamente bem menos que os homens. Portanto, para elas deveria ser mais fácil, e era sua responsabilidade, colocar sob controle o apetite masculino, rejeitando o sexo antes do casamento e moderando a quantidade de relações sexuais mesmo no leito conjugal. Obviamente a esposa deveria dispor-se ao sexo, para procriação e para assegurar que o marido não se "desencaminhasse". Um vitoriano radical recomendava que para cumprir essas funções uma esposa respeitável deveria simplesmente "fechar os olhos e pensar na Inglaterra" – porque, era óbvio, ela não sentiria nenhum prazer de verdade enquanto o marido fazia o que quisesse. Num outro extremo, pernas de piano deviam ser cobertas com panos, e era proibido chupar laranjas em público, de modo a evitar que as mulheres se deixassem levar por conotações sexuais. Os vitorianos também demonstravam avidez para condenar as mulheres que dessem mostras de ser sexualmente agressivas (ou simplesmente fossem mais ativas), pois estas violavam não apenas a moralidade, mas a própria feminilidade; já os homens transgressores podiam ser mais facilmente perdoados, por causa de seus níveis mais altos de desejo. Em função de tudo isso, às mulheres foi atribuído um poderoso papel moral, no âmbito da família e da sociedade como um todo; mas isso levaria a novas formas de sofrimento psicológico e invariavelmente resultaria em um alto custo para o que mais tarde (hoje) seria considerado um funcionamento sexual normal.

O Estado vitoriano granjeou um novo papel na defesa da cultura pública, em parte, é óbvio, por substituir as Igrejas, cujo poder vinha declinando, mas em parte também por causa das novas ameaças, como, por exemplo, a pornografia. No início do século XIX, muitos governos, dos dois lados do Atlântico, passaram a ser vigilantes no que tangia a banir arte e literatura tidas como luxuriosas. Até mesmo romances como *Madame Bovary*, que versavam sobre o adultério, foram colocados sob mira de pesados ataques. Por mais de um século, a noção de que os produtos culturais podiam afetar o comportamento e de que a respeitabilidade estava correndo risco influenciou profundamente os governos.

Um alvo particular – e aqui havia uma alta dose de ironia – envolvia os dispositivos de controle da natalidade. O interesse por artifícios contraceptivos começou a aumentar claramente na década de 1820, particularmente por parte de casais casados (em especial as mulheres) que queriam limitar o tamanho da família sem depender inteiramente da abstinência. Agora havia acesso a novos dispositivos, especialmente uma forma primitiva de diafragma (conhecido no século XIX como pessário ou supositório vaginal). Então, na década de 1840, com a vulcanização da borracha, passou a ser possível adquirir dispositivos de borracha muito mais eficazes e baratos, incluindo uma nova forma de preservativo masculino. Mas os moralistas e as autoridades ficaram apavorados, sob a alegação de que incentivar artifícios desse tipo também incitaria a sexualidade, o que, além de contribuir para o crescimento populacional, era uma Coisa Ruim. Por isso, os governos agiram rápido para evitar qualquer furor de publicidade ou de venda em larga escala de itens de controle da natalidade. Na década de 1870, nos Estados Unidos, um zeloso agente dos correios, Anthony Comstock, foi responsável por uma lei que bania o envio postal desse tipo de dispositivo ou de seus anúncios e propagandas (bem como de qualquer outro material estimulante).

O vitorianismo também atacou o aborto, que anteriormente não tinha sido matéria de preocupação especial do governo. Novamente a argumentação se pautava pela necessidade de desestimular a sexualidade qualificando a gravidez indesejada como castigo, sem possibilidade de defesa ou escapatória. Agora essa acusação falava mais alto do que argumentos sobre a vida do feto e justificava o amplo ataque legal ao aborto. A partir da década de 1830, sob os auspícios do clero protestante, a maioria dos estados norte-americanos aprovou novas leis, e muitos governos europeus também baniram a prática, invariavelmente prendendo as pessoas que realizavam abortos (às vezes, médicos, mas em geral parteiras). Ações desse tipo contavam com total apoio da maior parte dos profissionais da área médica, convencidos dos perigosos efeitos da sexualidade incontrolada e que também se ressentiam da atuação de determinadas pessoas, vistas por eles como marginais, caso das parteiras, que historicamente participavam de procedimentos cirúrgicos abortivos.

Por fim, o vitorianismo fundamentou-se em um novo e nítido tipo de divisão de classes baseada em padrões sexuais. Os pobres, incluindo os imigrantes e as minorias raciais, agora eram malvistos por conta de sua frouxidão moral, incluindo, é óbvio, sua propensão a ter um grande número de filhos. As relações tradicionais estavam sendo subvertidas, à medida que as classes médias assumiam a dianteira no controle da natalidade e as classes baixas ficaram para trás – daí a acusação do fardo da superpopulação. Mas eram sublinhadas também, quase sempre com exagero, evidências de sexo pré-marital e outras atividades reprovadas, como parte da dramática divisão entre pessoas respeitáveis – sobretudo, mas não exclusivamente, da classe média – e as massas. A classe média direcionou seu desdém também para os aristocratas antiquados, que não seguiam um código sexual estrito, e, ainda, para uma nova categoria de artistas conhecidos como boêmios, cujo comportamento sexual era supostamente licencioso.

Em meados do século XIX, o vitorianismo era uma força poderosa na sociedade ocidental. O sistema vitoriano circunscreveu uma infinidade de publicações moralistas, que fomentaram uma nova visão do comedimento feminino e os perigos que o excesso de sexo representava para a saúde. Obviamente, pavimentou o caminho para uma nova leva de leis. Conduziu a novos hábitos alimentícios, em particular nos Estados Unidos: vários especialistas vitorianos alegavam que alimentos puros e insípidos ajudariam a manter sob controle o comportamento sexual, e assim introduziram itens como flocos de milho e biscoitos Graham Cracker – biscoito tipo maisena, cujo nome em inglês deriva do reverendo Sylvester Graham –, como parte da cruzada vitoriana, que afetou tremendamente a educação dos filhos, uma vez que os pais, preocupadíssimos, supervisionavam as crianças e tentavam refrear todo e qualquer tipo de impulso masturbatório. O vitorianismo ajudou a dar sustentação a uma nova definição de amor, em que um casal na fase de "namoro" era estimulado a desenvolver um alto nível de intensidade romântica, cuja pureza era garantida evitando-se qualquer expressão física. Enxurradas de cartas de namorados sinceramente envolvidos atestavam até que ponto os jovens da classe média tentavam separar a atração emocional do sexo – e até que ponto um halo de profunda culpa cercava qualquer lapso. De fato, a palavra "culpa" foi um dos lemas vitorianos, e muitas pessoas passavam a vida toda sob o jugo dos sentimentos vitorianos acerca dos perigos dos impulsos eróticos ou até mesmo da imundície e impureza de seus órgãos sexuais. Da culpa, pelo menos em situações extremas, invariavelmente também derivava o medo: na França, na década de 1860, há registros de casos em que jovens mulheres acreditavam que sentar-se em assentos no trem previamente ocupados por um homem podia resultar em gravidez ou doença venérea. Também na França, uma esposa entrou com o pedido de divórcio porque o marido dava frequentes mostras de ardor sexual e a sujeitava a "carícias inaturais"; há vários indícios históricos, relativos a vários países, de homens que não esperavam que suas respeitáveis esposas demonstrassem interesse particular em sexo, e que se adaptavam à situação.

Adaptação ao vitorianismo

Por mais intensa que fosse a ética vitoriana, e por mais profundo que seu impacto tenha sido, a realidade sexual nas décadas vitorianas continuava sendo complexa – em parte, é óbvio, porque os efeitos da primeira revolução sexual não podiam ser totalmente desfeitos. Os índices de nascimento de filhos ilegítimos de fato declinaram após meados de 1870, de um lado por causa das restrições e da censura vitorianas, de outro porque as famílias da classe trabalhadora começaram mais efetivamente a insistir no casamento se a relação sexual pré-marital resultasse em gravidez. Apenas o vitorianismo não descreve a sexualidade de maneira tão completa e detalhada quanto os historiadores outrora supunham.

Uma razão fundamental para isso é o fato de que a moral e as autoridades médicas vitorianas não eram unânimes. Todas concordavam, por exemplo, que o desejo sexual feminino era diferente do masculino, mas apenas uma facção extremista afirmava que as mulheres não podiam e não deviam (no casamento) buscar algum prazer sexual. Em outras palavras, havia à disposição, de maneira pública e notória, informações que podiam ajudar as mulheres a entender que algum interesse sexual era natural, e que a respeitabilidade não exigia que elas se reprimissem inteiramente após o casamento. Isso ajuda a explicar por que as evidências disponíveis em relatos sugerem que um número substancial de mulheres da classe média, em lugares como os Estados Unidos, conhecia o orgasmo e dele desfrutava com alguma regularidade em suas relações conjugais, pelo menos no final do século XIX (embora seja relevante apontar que, entre as mulheres que chegaram à maturidade sexual na década de 1870, esse tipo de relato foi perceptivelmente mais comum do que entre as mulheres que alcançaram a maturidade duas décadas mais cedo, o que sugere que a força do vitorianismo declinou um pouco com o tempo).

O vitorianismo tinha aplicabilidade ainda menor com relação aos homens de classe média, embora não devamos chegar à conclusão precipitada de que todos, ou ao menos a maioria dos homens, desafiassem com frequência as restrições vitorianas. A incidência de culpa masculina acerca dos impulsos sexuais sem dúvida aumentou. Inquestionavelmente, contudo, e em parte estimulados pelas ideias vitorianas de gênero, muitos homens entregaram-se a uma sexualidade de duplo padrão, insistindo que suas esposas jogassem de acordo com as regras e como mandava o figurino, ao mesmo tempo que eles visitavam ocasionalmente prostitutas; às vezes (quando dispunham de recursos financeiros para tanto), mantinham uma amante. Um marido francês expressou um sentimento comum (embora de maneira mais franca do que teria sido o caso em outros países):

> Faço sexo com minha esposa quando quero um filho. No resto do tempo faço sexo com minhas amantes. As esposas servem para produzir herdeiros. Para o prazer, os homens procuram outras mulheres.

Os rapazes eram bem menos propensos do que as moças a respeitar as regras referentes ao sexo pré-marital, em parte porque não arcariam com o fardo e a vergonha da gravidez indesejada. Essas tendências podiam afetar até mesmo a vida adulta, uma vez que os homens, mais sexualmente experientes que as esposas e menos oprimidos pela ênfase vitoriana à coibição, julgavam-nas por demais impassíveis, indiferentes ou frias na cama. Um importante efeito colateral do comportamento sexual de duplo padrão no final do século XIX foi o aumento dos índices de doenças venéreas, entre homens de várias classes sociais, o que por sua vez incitou alertas médicos sobre sexo inadequado e medidas para melhorar as condições de saúde das prostitutas.

Tanto homens como mulheres das classes médias se ajustaram ao vitorianismo também por meio de relacionamentos surpreendentemente intensos entre pessoas do mesmo sexo. Isso, é obvio, podia ser compatível com a ética vitoriana, mas também suscitou algumas questões intrigantes. Precisamente pelo fato de que contatos mais elaborados entre rapazes e moças eram desestimulados – até mesmo nas instituições de ensino meninos e meninas eram separados na época do ensino médio, quando não antes –, investia-se com frequência grandes doses de emoções profundas em relações de amizade entre pessoas do mesmo sexo. Aqui as necessidades eram no mínimo iguais para homens e mulheres, talvez porque no caso masculino a idade para o casamento passou a tardar vários anos a mais para chegar (por causa da necessidade de estabelecer uma base econômica que propiciasse um padrão de vida respeitável). Muitas moças amaram uma ou mais amigas, e o mesmo se aplica aos rapazes. Em ambos os casos, manifestações físicas e referências verbais a essas manifestações faziam parte do pacote. Assim, uma garota norte-americana Mary Hallock Foote escreveu à amiga: "Imagine-se beijada uma dúzia de vezes, minha querida. Talvez seja bom que estejamos tão distantes. Talvez você julgasse esmagadora demais a maneira com que expresso meus agradecimentos". Os rapazes podiam usar linguagem semelhante, referindo-se a si mesmos como "amantes ardentes" dos amigos. E os contatos não se limitavam a uma mera questão de palavras. Era comum que rapazes dormissem juntos, dividindo o mesmo quarto de hotel, por exemplo, e isso dava ensejo a declarações bastante diretas de amor:

> Nossos corações estavam repletos daquela amizade verdadeira, que não encontrava expressão em palavras, então deitamos a cabeça no peito um do outro e choramos. Talvez chorar não seja algo viril, mas não nos importamos, nosso espírito estava comovido.

Não é de surpreender que muitos historiadores tenham se debruçado sobre a questão, a fim de decifrar se relacionamentos desse tipo eram o que chamaríamos hoje em dia de ostensivamente homossexuais ou lésbicos ou se no aspecto físico não incluíam sexo. Não há como saber ao certo, pois se tratava de um tipo de cultura emocional bastante diferente da que hoje é recomendada. O melhor palpite é *sim* algumas vezes, e *não* com frequência. O que está claro é que alguns relacionamentos amistosos entre pessoas do mesmo sexo ajudavam a preencher a lacuna que existia até que fosse possível encetar o flerte e o namoro heterossexual, o que tornava mais toleráveis as restrições vitorianas à relação sexual antes do casamento. Para os homens, de maneira reveladora, a maior parte das amizades desse tipo terminava com o casamento. As mulheres, porém, mantinham a intensidade desses relacionamentos, o que obviamente podia ajudar a compensar a pouco ardente versão vitoriana do matrimônio a que se submetiam e, em alguns casos, a dor (abertamente admitida ou não) causada pelo comportamento de duplo padrão dos maridos.

Em suma, no que diz respeito à classe média ocidental, alguns poucos indivíduos desafiaram de modo aberto os padrões sexuais vitorianos. Um punhado de mulheres vigorosamente promíscuas escreveu acerca de seus triunfos, e longe dos holofotes e da atenção pública certamente deviam existir outras. Bem mais comum foi uma combinação de modificações de senso comum do vitorianismo mais severo – graças à qual outros aspectos do sistema vitoriano se tornaram mais suportáveis –, como na possibilidade de interesse sexual recíproco e de satisfação no casamento, mas também algumas compensações particulares, reconhecidamente com mais opções para homens do que para mulheres. Não temos como saber, é óbvio, até que ponto havia brechas e violações nas regras do vitorianismo com relação à masturbação, por exemplo.

O vitorianismo não chegou a dominar de maneira absoluta a cultura pública. Continuou existindo uma indústria pornográfica, cuja tendência, contudo, foi abandonar aos poucos o hedonismo aberto de um *Fanny Hill* rumo a maiores explorações do sexo com violência ou mais discussões sobre ambientes eróticos, quase sempre com um verniz aparentemente científico, por conta do interesse nas atividades dos povos mais primitivos. Durante as décadas intermediárias do século, grande parte da produção pornográfica ficou mais cara, e agora, mais do que se verificava antes, voltada mais explicitamente para homens das classes altas e clubes masculinos. Mas também havia material à disposição de homens de outras classes. Um novo tipo de relatórios policiais e de ficção barata invariavelmente trazia histórias de crimes sensacionalistas e melodramáticos, alguns com claro componente sexual. Nas escolas circulavam entre os alunos exemplares de velhos clássicos, como o *Manual de Aristóteles*, às vezes em edições revistas, incluindo um maior conteúdo masturbatório.

Para as classes mais baixas, objeto da preocupação e de desprezo aos olhos dos vitorianos respeitáveis, a relevância do vitorianismo com relação a convicções e comportamentos efetivos era ainda menor. Obviamente, algumas famílias de trabalhadores – às vezes guiadas por uma esposa que absorvera padrões de respeitabilidade durante o período em que havia servido como empregada doméstica em alguma casa de classe média – aspiravam ao decoro sexual como meio de demonstrar o próprio valor e também como recurso para ajudar a limitar a taxa de natalidade, em uma época em que a educação estava ganhando terreno e os custos de ter filhos aumentavam a olhos vistos. Algumas assimilavam a opinião da classe média de que o refreamento sexual era crucial para a prosperidade da família e, possivelmente, a ascensão na escala social. Muitos líderes da classe trabalhadora, no final do século XIX e depois, também defenderam restrições sexuais como parte de seu interesse em manter a atenção dos trabalhadores voltada para o que consideravam objetivos mais importantes, como o ativismo sindical.

Muitos trabalhadores, porém, ignoravam aspectos fundamentais do vitorianismo, e alguns os afrontavam diretamente. O sexo antes do casamento continuou sendo uma prática comum. Rapazes operários falavam com frequência sobre sexo, às vezes estimulados por pornografia ou até mesmo provocados por mulheres mais velhas nas fábricas. Em uma fábrica alemã, meninos de 13 anos às vezes lambuzavam de seiva o rosto e as áreas pubianas, na esperança de ficar com a aparência mais máscula – e fingindo, obviamente, ter pelos pubescentes antes da hora. Muitos trabalhadores, afastados da

A sociedade ocidental, 1750-1950 **169**

Cartaz de propaganda para o espetáculo "Hurly-Burly Extravaganza and Refined Vaudeville", Courier Litho. Co, 1899 (Library of Congress Prints and Photographs Division, Theatrical Poster Collection).
O *vaudeville*, ou teatro de variedades, na década de 1870, continha referências obscenas e alusões sexuais, o que evidentemente não fazia parte do "mundo vitoriano".

religião, ingressavam em relacionamentos que jamais terminavam em casamento. À medida que a vida industrial ia deixando de ser novidade, o mais comum era um padrão de busca sexual e atividade pré-marital – às vezes com uma jovem, às vezes com várias – que terminava, contudo, sob pressão familiar, quando a moça engravidava. Assim, um trabalhador britânico dormiu com a namorada durante 23 meses até, por fim, casar-se com ela, mas "sem pressa", e apenas porque não podia mais protelar de maneira honrada. Outro apontou: "Se eu não tivesse engravidado minha 'noiva', provavelmente teria demorado um tempão para me casar".

A sexualidade da classe trabalhadora, particularmente antes do casamento, também foi afetada pela crescente consciência da importância do uso de preservativos. Um operário de uma fábrica recém-construída na zona rural da Alemanha foi caçoado porque nunca tinha ouvido falar desses dispositivos, que seus companheiros, curiosamente, chamavam de "artigos parisienses".

Muitos jovens trabalhadores também apreciavam a incipiente forma de entretenimento popular oferecida pelo *music hall* e pelo *vaudeville*, ou teatro de variedades, em cujos palcos, na década de 1870, eram comuns as referências obscenas e alusões sexuais, feitas por artistas de ambos os sexos. Isso não fazia parte do "mundo vitoriano".

Entretanto, a sexualidade da classe trabalhadora encarava restrições cada vez mais severas, não do vitorianismo propriamente dito, mas das urgentes demandas do controle da natalidade, a partir de meados do século XIX e adentrando o século XX. Em meio a baixos salários e ao desemprego recorrente, e com o incremento da educação e da frequência à escola nos países ocidentais, pelo menos nos primeiros níveis e séries fundamentais, era desastroso ter um número excessivo de filhos, e os índices de natalidade começaram a cair rapidamente, embora permanecessem um pouco superiores aos índices da classe média. Os imigrantes que haviam rumado para os Estados Unidos em busca de trabalho rapidamente aprenderam a mesma lição, por vezes ajustando-se aos níveis de natalidade com surpreendente velocidade. A necessidade era clara: a questão era o meio a ser usado para tanto. A camisinha podia ser útil na sexualidade dos jovens, mas era pouco confiável ou simplesmente cara demais para dar conta das necessidades de casais casados adultos. O único recurso envolvia períodos cada vez mais frequentes de abstinência, o que claramente limitava a expressão sexual no casamento para muitos trabalhadores, após o nascimento do segundo ou terceiro filho.

Obviamente, os trabalhadores recorriam ao aborto, a despeito da ilegalidade da prática – isso valia para algumas mulheres solteiras, mas também para muitas esposas. Em Berlim, na década de 1890, estimava-se que pelo menos 1/4 de todas as gravidezes na crescente classe trabalhadora terminava em aborto. O procedimento era arriscado, e podia cobrar seu próprio preço na vida sexual posterior, mas seu uso ilustrava ainda mais o abismo entre a cultura sexual da classe trabalhadora e a pregação vitoriana. A sexualidade da classe trabalhadora estava longe de ser desregrada e desenfreada, e de fato ficou cada vez mais restrita, particularmente depois da fase de namoro e os primeiros anos de casamento, mas não ecoava diretamente os diversos valores-chave do vitorianismo.

E, obviamente, prontos para o ataque, observadores da classe média continuavam se debruçando sobre sinais desse abismo, mantendo sua campanha contra a não respeitabilidade da classe trabalhadora. Nas escolas, as crianças que demonstravam interesse excessivo por sexo eram enquadradas e encaminhadas para medidas disciplinadoras, e algumas meninas – principalmente, mas não exclusivamente da classe trabalhadora – eram rotuladas como desviantes ou "fora dos padrões normais de sexualidade". As prisões por comportamento sexual impróprio eram a forma mais comum de punição para a delinquência das meninas. O hábito dos trabalhadores de frequentar prostíbulos era amplamente mencionado e quase sempre exagerado (já o uso que os homens da classe média faziam dos bordéis era, convenientemente, minimizado). Os imigrantes chineses nos Estados Unidos, acompanhados de algumas mulheres, adquiriram uma reputação de imoralidade sexual por causa do patrocínio de prostitutas. As famílias mais numerosas da classe trabalhadora, por exemplo entre os muitos grupos da primeira geração de imigrantes nos Estados Unidos, eram tidas como outro sinal da falta de refreamento sexual.

O debate sobre a sexualidade, ainda que velado, em nome do decoro, foi uma característica básica da vida ocidental do século XIX. Ajudou a dividir as classes sociais. Inspirou aspectos fundamentais da educação dos filhos nas classes médias. Desempenhou papel crucial nas definições de gênero, estabelecendo diversas restrições para as mulheres respeitáveis, bem como padrões difíceis também para os homens, que muitas vezes eram obrigados a, simultaneamente, mostrar refreamento no âmbito de sua própria classe e, de outras maneiras, dar mostras de capacidade de façanhas sexuais. O debate sobre a sexualidade também estimulou vigorosos esforços para regulamentar a cultura pública em nome da decência, impedindo significativamente que as pessoas tomassem consciência de opções relativas ao controle da natalidade. O debate claramente informou o movimento feminista, que ganhava corpo no final do século XIX. Embora algumas feministas se preocupassem com a exagerada ênfase na pureza feminina e se opusessem às caracterizações da ausência de desejo sexual, no geral as líderes do movimento utilizaram o argumento da pureza para ajudar a promover outros objetivos, tais como a exigência do direito a voto; e passavam mais tempo atacando o comportamento masculino de duplo padrão do que instigando uma nova liberdade sexual para as mulheres. As feministas deram atenção às condições das prostitutas, invariavelmente exigindo inspeções de saúde para a prevenção de doenças venéreas. Muitas também apoiavam medidas adicionais de controle da natalidade, como meio de liberar as mulheres para outras atividades; mas também nesse ponto reiteravam aspectos do vitorianismo, fazendo o elogio da necessidade de refreamento sexual. Em outras palavras, o vitorianismo não era uma força estática e se mostrou capaz de angariar novos aliados com o passar do tempo. No geral, a reação vitoriana esteve longe de triunfar plenamente em todo o mundo ocidental, mas conseguiu complicar o ímpeto e as implicações da revolução sexual que a precedeu e que continuava dando sinais de vigor.

Além do vitorianismo

O embate entre o vitorianismo e as pressões por transformações sexuais se apaziguou um pouco nas últimas décadas do século XIX e no início do século XX, embora não tenha desaparecido de todo, e, a bem da verdade, tenha assimilado uma nova bagagem, poderosa e inesperada. Os ajustes e as modificações tornaram-se mais importantes, contudo, e se os resultados nada tiveram de revolucionários, devolveram o ímpeto a alguns aspectos da mudança sexual. Agora, obviamente, os alvos de uma nova espécie de reformadores explícitos ou involuntários incluíam não apenas o tradicionalismo puro, mas também a camada vitoriana.

Em 1918 uma cientista britânica chamada Marie Stopes lançou um livro intitulado *Married Love*,[*] essencialmente dedicado à ideia de que o prazer se-

---

[*] N. T.: No Brasil, *Amor e casamento: nova contribuição para a solução do problema sexual*. Trad. Godofredo Rangel. São Paulo: Companhia Editora Nacional, 1929.

xual era um aspecto crucial do casamento e que deveria incluir o reconhecimento pleno do desejo e da capacidade das mulheres. Stopes abriu a primeira edição com um apelo pessoal: "Em meu primeiro casamento paguei um preço tão terrível pela ignorância em relação ao sexo que sinto que, uma vez que adquiri a tanto custo esse conhecimento, ele deve ser posto a serviço da humanidade". O livro caiu como uma bomba silenciosa e gerou críticas de líderes religiosos católicos e protestantes, mas arrebatou um tremendo e fiel público leitor não apenas na Grã-Bretanha, mas em todo o mundo de língua inglesa (embora uma primeira edição norte-americana só tenha sido permitida em 1931, os artigos e comentários de Stopes já tinham chamado a atenção anteriormente). Literalmente milhares de mulheres começaram a escrever para Stopes todo ano, agradecendo pela mensagem, mas também buscando conselhos mais específicos sobre como definir e obter prazer sexual. Stopes tornou-se uma defensora do acesso mais amplo a dispositivos de controle da natalidade, outro passo na sua obra voltada a uma sexualidade – particularmente a sexualidade feminina – livre dos grilhões e amarras do vitorianismo.

A obra de Stopes, e sua recepção, atestavam a sobrevivência de tradições mais antigas. A despeito de modificações no vitorianismo, um grande contingente de mulheres continuava sexualmente ignorante, com homens também ignorantes e sem consciência da possibilidade de reciprocidade em um casamento respeitável. Ainda assim, a obra de Stopes é um sinal de que o vitorianismo não havia triunfado de maneira absoluta e que sua forte influência estava de certo modo começando a afrouxar. Agora era possível ter acesso a aconselhamento sexual explícito, ao qual muita gente passou a recorrer. Era evidente que estava crescendo o interesse em uma vida sexual mais satisfatória e gratificante, não inteiramente sufocada pelo sistema vitoriano.

Os ataques ao vitorianismo tornaram-se cada vez mais comuns e difundidos. Sigmund Freud e outros praticantes da psiquiatria, profissão em ascensão, deploravam a desnecessária repressão sexual, em particular na socialização na infância. Freud deixou bem claro que a sexualidade era tremendamente complicada do ponto de vista psicológico, e ao mesmo tempo repetiu algumas ideias vitorianas, por exemplo com relação ao nível mais baixo de desejo feminino. Em termos gerais, contudo, sua obra e a de outros no campo da psiquiatria ajudou a reduzir a ênfase vitoriana na regulação da masturbação e outras expressões da sexualidade das crianças.

Reformadores do casamento, dos dois lados do Atlântico, começaram a exigir maior igualdade para ambos, incluindo a reciprocidade sexual, ao mesmo tempo que atacavam o excessivo sentimento de posse. Uma campanha cada vez mais forte para refrear o ciúme incluiu mudanças na lei: na maior parte dos estados norte-americanos, a partir da década de 1930 já não era mais possível alegar ciúmes como razão para agredir uma esposa adúltera ou o amante dela (esse tipo de argumento de defesa jamais pôde ser usado por mulheres). De fato, é provável que a frequência dos casos de adultério tenha começado a aumentar, particularmente à medida que mais mulheres da classe média começaram a passar mais tempo fora de casa. Um estudo realizado em uma cidade "média" do meio-oeste dos Estados Unidos (Muncie, Indiana) sugeriu que a perplexidade pública diante de revelações de adultério tinha declinado na década de 1930 em comparação a apenas uma década antes. O adultério estava longe de ser uma prática comum ou aprovada, mas também estava sujeito a mudanças.

O sexo pré-marital começou a ganhar fôlego nas classes médias, mais uma vez, contudo, sem tornar-se a norma. Nos Estados Unidos a prática do *dating* ("encontro") teve início entre 1910 e 1920: rapazes e moças passaram a sair juntos, o que tirou a troca de galanteios e o namoro de dentro da casa e os afastou dos olhos atentos dos pais. O "encontro" respeitável envolvia o pressuposto de que a atividade sexual propriamente dita não ocorreria e que os rapazes respeitariam aos limites impostos por seu consciencioso par. Mas esse tipo de encontros amorosos estimulou envolvimentos emocionais mais sérios entre jovens alunos do ensino médio e universitários. Além disso, encetou uma complexa e progressiva série de atos físicos, de segurar as mãos, na fase inicial, aos subsequentes beijos, carícias e "amassos", com frequência no banco traseiro de automóveis. Assim, a prática claramente promoveu oportunidades de "ir até o fim", embora sem dúvida os homens costumassem se gabar, vangloriando-se de ter conseguido fazer mais coisas do que realmente haviam feito; já as garotas respeitáveis aprenderam que era importante mentir quando tinham passado dos limites. Entre os rapazes da classe trabalhadora adeptos da prática, assumia-se de maneira mais sincera que os favores sexuais compensavam o dinheiro investido no jantar ou no cinema.

A cultura pública mudou. Mudou o estilo das roupas, agora mais informais, com saias mais curtas do que na era vitoriana. Os primeiros concursos de beleza, realizados na década de 1920, revelaram ainda mais o corpo feminino, em trajes de banho – ainda que de maneira bem mais tímida do que aconteceria depois. As pessoas tinham acesso não apenas a uma literatura de aconselhamento, mas também manuais gerais sobre o casamento começaram a discutir mais abertamente práticas e prazeres sexuais. Além de bem mais acessível, uma nova geração de pornografia, a partir do final do século XIX, trazia um número bem maior de ilustrações – incluindo cartões-postais baratos. A literatura e o drama sérios começaram a incluir temas mais sexuais: em Paris, uma peça popular, anterior a 1910, girava em torno da ideia de que a relação sexual antes do casamento era parte da preparação para uma vida adulta feliz.

Uma novidade crucial, e que se tornaria lugar-comum nas cidades ocidentais (e latino-americanas) no final do século XIX, envolveu o estabelecimento de zonas da "luz vermelha", em que prostitutas, *shows* de *striptease* e outras atividades sexualmente provocadoras eram implicitamente toleradas pelas autoridades. As zonas constituíam um reconhecimento, por parte dos líderes pós-vitorianos, de que a respeitabilidade plena simplesmente não podia ser alcançada. Melhor então permitir que uma parte da cidade monopolizasse o chamariz da degenerescência do que correr o risco de contagiar a cidade toda. Obviamente, a expectativa dos reformistas urbanos era a de que as novas zonas atraíssem principalmente trabalhadores e imigrantes. Na verdade, contudo, um número cada vez maior de jovens da classe média também foi sendo seduzido pelas zonas, onde iam buscar um cardápio mais picante e indecente de entretenimento – era a prática do *slumming*.* O crescente interesse por formas de recreação da classe trabalhadora, como o teatro de variedades, a um só tempo refletia e estimulava um movimento cada vez mais intenso de interesses culturais da classe média, afastado das amarras vitorianas rumo a um maior envolvimento com temas sexuais.

Contudo, o mais duro golpe sofrido pelo vitorianismo veio por meio de campanhas cada vez mais frequentes com o intento de ampliar o acesso e a aceitação dos modernos dispositivos contraceptivos – um dos principais pontos da plataforma do programa de liberação sexual de Marie Stopes. Em muitos países, reformistas vieram a público defender um controle da natalidade mais abrangente, em nome de uma maior liberdade sexual, e também na esperança de reduzir a perigosa incidência de recurso ao aborto (que, ainda ilegal, invariavelmente expunha as mulheres aos riscos

---

* N.T.: A prática do *slumming* (termo derivado de *slum*, "favela", "cortiço", "área pobre da cidade"), em voga na Inglaterra do século XIX, consistia na visita aos bairros pobres, por curiosidade ou em busca de aventuras e de experiências excitantes para o paladar e os olhos. Em troca, deixavam-se alguns trocados para os moradores.

de mutilação ou infecção). Alguns adeptos eram médicos ou parteiras locais que simplesmente tentavam disponibilizar a maior quantidade possível de informações, criando clínicas de bairro. Outras pessoas, entretanto, eram vozes de alcance nacional. Nos Estados Unidos, Margaret Sanger teve papel de destaque atuando como figura poderosa na modificação de leis que restringiam a publicidade e a venda de métodos de controle da natalidade. Alvo de frequentes ataques dos conservadores, Sanger mesmo assim levou a causa adiante, ainda que fazendo concessões, mais notadamente com a classe médica, que agora era responsável pela prescrição de dispositivos como diafragmas. Por outro lado, cada vez mais as organizações médicas mudaram de postura, afastando-se da oposição inicial, com base no argumento de que o sexo seguro e saudável era um objetivo mais importante do que a coibição máxima.

A bem da verdade, um número cada vez maior de casais casados, e sem dúvida também alguns dos não casados, passou a fazer uso do controle da natalidade, particularmente nas classes médias, na forma de métodos preventivos controlados pelas mulheres, tais como diafragmas e espermicidas. Continuava havendo grande resistência, agora encabeçada pela Igreja Católica, e nos Estados Unidos algumas jurisdições ainda proibiam, ao menos tecnicamente, o uso de qualquer outra coisa que não fosse o comedimento. Mas o movimento cresceu de maneira firme e constante, em décadas em que houve tremendo declínio das taxas de natalidade. De modo discreto mas decisivo, pelo menos no âmbito do casamento, e pelo menos nas classes médias, a aceitação do sexo recreativo e de sua importância para a felicidade conjugal tornou-se ponto pacífico nas décadas de 1920 e 1930. Essa, por sua vez, foi a transformação fundamental que ajustou o comportamento sexual às condições da sociedade industrial, em contraste com a sociedade agrícola.

Nem de longe o vitorianismo simplesmente morreu. Muitas pessoas continuaram acreditando piamente nas censuras e restrições vitorianas. Alguns exemplos de resquícios bastante sólidos: se deixaram de existir as punições exemplares para episódios de masturbação, muitos pais continuavam insistindo na tentativa de manter o hábito sob controle, monitorando os filhos adolescentes. Persistiam algumas pressuposições de gênero, embora de forma modificada. A crença de que o desejo sexual das mulheres era menor que o dos homens – mas não inexistente – continuou influenciando tanto as opiniões e conselhos como a prática – bem como a noção de que as "boas" meninas conseguiriam refrear os meninos ao saírem com eles em um encontro, mesmo no novidadeiro e tentador banco de trás de um carro. A ideia dos médicos como reguladores dos padrões sexuais ganhou terreno, embora o conteúdo de suas opiniões e pareceres tenha afrouxado. Perduravam tremendas divisões de classe. Agora havia acesso bem maior a dispositivos confiáveis de controle da natalidade, à disposição mais das famílias de classe média do que da classe trabalhadora, uma vez que estas últimas tendiam a se esquivar de médicos e dos custos aí envolvidos, ainda se fiando em larga medida na abstinência. Um tanto quanto ironicamente, dado o passado vitoriano, nesse ponto a prática sexual da classe média tornou-se mais aventureira, e a busca do prazer (e, pelo menos às vezes, do prazer mútuo) mais vigorosa do que na vida sexual da maioria dos casais da classe trabalhadora. As restrições à cultura pública persistiam. Após um breve período de folia e flerte com temas sexuais mais evidentes, Hollywood, a capital mundial da nova indústria cinematográfica já na década de 1920, adotou regras claras e restritivas, incluindo a praxe de mostrar casais, inclusive casais casados, em camas devidamente separadas, e as mulheres usando camisolas que convenientemente escondiam seu corpo. As diferenças nacionais ficaram mais evidentes; a censura francesa, por exemplo, era mais leve que a britânica ou a norte-americana. Porém, pelo menos na Grã-Bretanha e nos Estados Unidos, diversos livros pretensamente pioneiros, como *O Amante de Lady Chatterley*, de D. H. Lawrence, continuavam banidos, exceto para os turistas abastados, que simplesmente compravam as obras em Paris.

O vitorianismo ressurgente floresceu também em lugares improváveis. Um aspecto fundamental do movimento nazista na Alemanha foi insurgir-se contra a moda moderna e a licenciosidade sexual, atacando os filmes e as casas noturnas decadentes dos anos 1920 e incitando as mulheres da "raça ariana pura" a assumirem a responsabilidade de gerar mais filhos. Alguns líderes nazistas eram dissolutos, mas a face pública do movimento reavivou de muitas maneiras as restrições vitorianas.

Mais importante ainda (mas também parte do nazismo) foi a entrada de um novo integrante na lista de regulações sexuais, embora o vitorianismo estivesse se aplacando em outras áreas. O homossexualismo ganhou nova definição e recebeu renovada atenção, o que causou uma onda generalizada de hostilidade e ansiedade.

A atração entre pessoas do mesmo sexo não havia despertado grande interesse público no século XIX. Os atos homossexuais ainda eram considerados pecaminosos e ainda eram ilegais, mas não existia a noção de que se tratava de problema de grandes proporções – em comparação com outros aspectos da sexualidade que vinham merecendo mais atenção. A partir de meados de 1850, médicos europeus começaram a fazer pesquisas sobre o homossexualismo, o que aos poucos deu ensejo a uma nova percepção de que a condição era relativamente endêmica a certos indivíduos e (segundo o julgamento da maior parte dos especialistas) patológica. O próprio termo "homossexualidade" foi introduzido, de início na Alemanha, em 1896, refletindo o novo interesse especializado. Cada vez mais, cientistas argumentavam que a homossexualidade era um traço de caráter que se desenvolvia como resultado de alguma falha na educação infantil. Em vez de se concentrar nos atos sexuais entre pessoas do mesmo sexo – a visão tradicional, ainda que repreensiva –, a ideia de que alguns indivíduos eram (deploravelmente) homossexuais por natureza ganhou terreno, estimulada pelos estudos psicológicos de Freud e outros. Tudo isso ocorria em um clima de crescente preocupação sobre a masculinidade em um mundo repleto de máquinas, trabalho de escritório e um número cada vez maior de mulheres trabalhando como professoras – coisas que podiam ser vistas como elementos de afeminação. Gradualmente, as ideias de especialistas foram sendo traduzidas em uma maior consciência pública. Diversos julgamentos, incluindo uma famosa ação legal contra o autor britânico Oscar Wilde, ajudaram a dar publicidade à nova preocupação com o homossexualismo, juntamente com a ideia de que era uma condição intrínseca, e não um comportamento ocasional.

Houve uma trinca de resultados. O primeiro é que as pessoas interessadas em atos homossexuais (particularmente os homens, mas também as mulheres) cada vez mais passaram a sentir que tinham uma identidade, mesmo que ela estivesse sob ataque. Movimentos literários e alguns produtos implicitamente dirigidos aos homossexuais, tais como certos tipos de revistas de fisiculturismo, começaram a surgir na década de 1920, e mais tarde acabariam adquirindo importância ainda maior. O segundo é que o homossexualismo foi alvo de constantes insultos, e algumas vezes literalmente atacado em expressões tidas como formas aceitáveis de cultura pública. Em terceiro lugar, ficou bastante claro na década de 1920 que muitos pais começaram a se preocupar com a possibilidade de que seus filhos se tornassem homossexuais, e muitos jovens cultivavam ansiedades semelhantes. Isso foi tema de uma série de angustiadas dúvidas entre estudantes universitários na década de 1920, por exemplo. Os outrora intensos relacionamentos entre pessoas do mesmo sexo, comuns no século XIX, rapidamente perderam força, sobretudo entre os homens. O resultado disso ajudou a dar fôlego à tendência de concentrar o renovado interesse nas expressões heterossexuais, incluindo os encontros amorosos, mas ironicamente contribuiu para o acréscimo de uma nova preocupação na área da sexualidade com um todo, em uma época em que, em geral, aparentemente ganhava terreno uma maior permissividade, ainda que de maneira discreta.

★ ★ ★

Dois vigorosos tipos de mudança surgiram no mundo ocidental nos duzentos anos após 1750, ambos em conflito, mas até certo ponto também se alimentando mutuamente. Ao fim e ao cabo, a mais importante foi o novo interesse no prazer sexual em várias etapas da vida, incluindo o casamento, e, no final do século XIX, uma utilização cada vez maior de novos dispositivos que limitavam as chances de gravidez e estimulavam a sexualidade para fins recreativos. Por si só era uma tendência complexa, acrescida de variações por região, classe social e gênero. Contudo, juntamente com isso veio à tona um novo nível de preocupação com vários aspectos da sexualidade e um novo conjunto de peritos e especialistas, médicos e outros profissionais da área da saúde, que assumiram para si a responsabilidade de estabelecer padrões. Em consonância com isso, uma gama de novas leis procurou legitimar a repressão sexual. Ambas as tendências foram significativas. Ambas continuaram ativas, até inovadoras, mesmo após 1950. Ambas, por fim, influenciaram fortemente a relação das sociedades ocidentais com outras partes do mundo em uma era de crescente imperialismo e novos tipos de conexões globais. Entretanto, as complexidades sexuais do Ocidente não definiram a história global da sexualidade nos dois séculos após 1750. Persistiam importantes variações, reações e efeitos regionais. Mas a interação com modelos ocidentais desempenhou papel crucial, assim como a sexualidade se mostrou inesperadamente importante em novos aspectos do intercâmbio global.

Para saber mais

Os clássicos debates sobre a revolução sexual do século XVIII incluem E. Shorter, *Making of the Modern Family* (New York: Basic Books, 1975) e L. Tilly and J. W. Scott. *Women, Work and Family* (New York: Routledge, 1989). Sobre a noção de modernização, ver P. Robinson, *The Modernization of Sex* (New York: Harper Collins, 1977). Ver também R. Goldbeer, *Sexual Revolution in Early America* (Baltimore, MD: John Hopkins University Press, 2002). Sobre a ascensão do consumismo e sua relação com a mudança emocional e sexual, C. Campbell, *The Romantic Ethic and the Spirit of Modern Consumerism* (London: WritersPrintShop, 2005). Acerca da prostituição, ver A. Corbin, *Women for Hire: Prostitution and Sexuality in France after 1850* (Cambridge, MA: Harvard University Press, 1990) e J. Ringdal, *Love for Sale: A World History of Prostitution* (New York: Drove, 2002).
Estudos importantes incluem J. D'Emilio e Estelle Frideman, *Intimate Matters: A History of Sexuality in America*, ed. rev. (Chicago: University of Chicago Press, 1998); K. Crawford, *European Sexualities, 1400-1800* (New York: Cambridge University Press, 2007); A. Burguiere et al., *A History of the Family, Volume II: The Impact of Modernity* (Cambridge, MA: Harvard University Press, 1996); e C. Lyons, *Sex Among the Rabble: An Intimate History of Gender and Power in the Age of Revolution, Philadelphia, 1730 -1830* (North Carolina: University of North Carolina Press, 2006). P. Gay, *Pleasure Wars: The Bourgeois Experience: Victoria to Freud* (New York: W. W. Norton and Company, 1993; no Brasil: *Guerras do prazer. A experiência burguesa, da rainha Vitória a Freud.* São Paulo: Cia das Letras, 2001) combina dados fascinantes a um enfoque freudiano.
Sobre o ciúme e as mudanças relativas à sexualidade, ver P. N. Stearns, *Jealousy: Evolution of an Emotion in American History* (New York: New York University Press, 1989). Sobre a homossexualidade, F. Tamagne, *History of Homossexuality in Europe* (New York: Arno, 2004); L. Faderman, *Surpassing the Love of Men: Romantic Friendship and Love Between Women from the Renaissance to the Present* (New York: Harper Paperbacks, 1998); J. Weeks, *Sexuality and its Discontents: Meanings, Myths and Modern Sexualities* (London: Routledge, 1990): e G. Chauncey, *Gay New York: Gender, Urban Culture, and the Making of the Gay Male World, 1890-1940* (New York: Basic Books, 1994). Sobre a pornografia, consultar L. Z. Sigel, *Governing Pleasures: Pornography and Social Change in England, 1815-1914* (Newark, NJ: Rutgers University Press, 2002); e J. Peakman, *Lewd Books: The Developments of Pornography in Eighteenth Century England* (London: Algrave, 2003). Sobre o controle da natalidade, ver J. Brodie, *Contraception and Abortion in Ninettenth-Century America* (Ithaca, NY: Cornell, 1994); L. Gordon, *The Moral Property of Women: A History of Birth Control Politics in America*, rev. ed. (Urbana: University of Illinois Press, 2002); A. Tone, *Devices and Desires: A History of Contraceptives in America* (New York: Hill and Wang, 2001); e A. McLaren, *A History of Contraception: from Antiquity to the Present Day* (Oxford: Blackwell, 1990). Sobre a censura, ver N. Beisel, *Imperiled Innocents: Anthony Comstock and Family Reproduction in America* (Princeton, NJ: Princeton University Press, 1997).

Tendências e variações globais na era do imperialismo

Entre 1750 e 1950, quase todas as regiões do mundo estiveram envolvidas em relações políticas e econômicas cada vez mais intensas. No final do século XIX, nenhuma das grandes nações permanecia isolada. Os deslocamentos econômicos globais eram onipresentes, à medida que a produção fabril europeia fazia ruir a produção manual tradicional, privando do emprego dezenas de milhares de trabalhadores (desproporcionalmente do sexo feminino) em lugares como a Índia e a América Latina. Ainda que nenhuma revolução industrial tenha ocorrido fora do mundo ocidental antes da década de 1890, fábricas-piloto e ferrovias surgiram em diversos lugares. Por volta de 1900, Rússia e Japão davam passos largos no caminho do processo definitivo de industrialização. A produção com fins de exportação para o mercado mundial desmantelou ainda mais a agricultura campesina. A mudança econômica veio acompanhada de um novo poderio militar e político por parte da Europa e dos Estados Unidos. Novos impérios dominados por potências europeias se alastraram pela África, Sudeste Asiático e Pacífico, com incursões na China e às margens do Oriente Médio. A América Latina, embora tecnicamente independente nos anos 1820, passou a conviver com a contínua influência e intervenção ocidental.

A mudança econômica e o imperialismo inevitavelmente tiveram significativo impacto nos comportamentos e valores sexuais. O sintoma mais óbvio é que os juízos europeus sobre outras sociedades, às vezes reforçados, pelo menos em parte, pelas regras e interpretações imperiais, afetaram o contexto dos comportamentos e autopercepções locais. O sintoma mais sutil é que os deslocamentos econômicos podem ter tido em outras sociedades os mesmos efeitos que ocorriam na Europa, e no século XX o exemplo da cultura urbana europeia pôde suplementar esses efeitos. É de suma importância ter em mente que persistiram substanciais diferenças regionais, baseadas em padrões culturais anteriores e em relações bastante diferentes com a economia mundial emergente; a comparação continua sendo essencial. Não obstante, é possível identificar algumas tendências globais genuínas.

O impacto das avaliações ocidentais acerca das práticas sexuais de outras sociedades é o tema mais fácil de identificar, e isso obviamente teve continuidade e intensificou padrões que já tinham começado a emergir em meio ao colonialismo europeu no início do período moderno. As diferenças, agora, eram o maior poder e o alcance mais amplo da presença ocidental e o fato de que os próprios padrões públicos europeus estavam mudando, e em muitos sentidos, tornando-se menos tolerantes. Ao mesmo tempo, porém, os contatos europeus e o ritmo do crescimento comercial e da nova migração podiam tomar outras direções, promovendo a mudança, mas sem conseguir acompanhar ou deter o que agora era tido como respeitabilidade europeia.

★ ★ ★

A partir de 1870 e século XX adentro, tomou forma uma impressionante campanha global contra a "escravidão branca". Diversos grupos de reformadores, principalmente líderes feministas, atuaram para mobilizar a opinião pública contra o sequestro de mulheres, que depois eram forçadas a trabalhar na prostituição. Em 1877, 32 mulheres, de sete países ocidentais, fundaram a International Federation of Friends of Young Women (Federação Internacional dos Amigos das Mulheres Jovens). A pressão inicial contou com a ação de líderes britânicos, mas depois norte-americanos e muitos outros se envolveram pesadamente. A ideia era a de que mulheres jovens e inocentes, em número cada vez maior, vinham sendo capturadas em países ocidentais e vendidas por agentes internacionais para prostíbulos e haréns de outras partes do mundo. Organizações judaicas internacionais tiveram papel proeminente nesse movimento pelos direitos humanos, em parte para proteger as mulheres em uma época de gigantesca migração judaica – as imigrantes eram tidas como particularmente suscetíveis à captura – e em parte para conter as acusações de envolvimento judeu nas transações de compra e venda de mulheres. Uma série de congressos nacionais realizados na década de 1890 resultou na criação, em 1900, da Women's Purity Federation (Federação da Pureza das Mulheres), bem como numa conferência de Paris em 1902. Um acordo internacional foi firmado e criou-se uma agência internacional, com forte participação de autoridades francesas, para monitorar o cumprimento das determinações.

A cruzada contra a escravidão branca, um dos maiores movimentos globais do século XIX depois do abolicionismo, tinha muitos componentes intrigantes. Refletia a crescente preocupação, em especial das lideranças femininas, com a prostituição propriamente dita. Se a versão doméstica não podia ser plenamente atacada (isso tudo se deu durante o mesmo período em que foram instaladas as zonas da luz vermelha), então era preciso combater um inimigo estrangeiro. Expressava uma compreensível indignação diante de um tipo nefasto de crime contra mulheres vulneráveis, mas também canalizava uma grande dose de puritanismo e moralismo vitorianos, incomodados com busca tão explícita do prazer. Historiadores especializados no tema concordam de maneira unânime que o número de mulheres efetivamente capturadas e escravizadas era bem menor do alegavam, com aparente sinceridade, os adeptos da causa. A afronta diante de uma forma inaceitável de sexualidade suscitava exageros grosseiros. O mesmo vale, obviamente, para o racismo e a xenofobia. O pânico em relação à escravidão branca era baseado em uma reação de repugnância diante do fato de que estrangeiros estavam obtendo acesso sexual a mulheres ocidentais puras. Os reformistas desprezavam abertamente mulheres da Índia e de outras partes por conta de sua (suposta) frouxidão moral. E argumentavam ainda que homens brancos, ou pelo menos os anglo-saxões, jamais financiariam ou compactuariam com prostíbulos de escravas brancas – tratava-se de um crime cometido por estrangeiros corrompidos, uma repulsiva mistura de mediterrâneos, judeus e chineses.

A cruzada contra a escravidão branca revela até que ponto os padrões sexuais vitorianos podiam adquirir significado global, particularmente por meio de juízos insultuosos a respeito dos hábitos sexuais de outras sociedades. Reformistas argumentavam que a opinião e o apoio governamental ocidentais eram essenciais porque, caso contrário, nações de outras civilizações nada fariam no sentido de tomar medidas efetivas. Assim, um líder britânico se referiu à "ausência de qualquer opinião pública sobre a questão moral". As alegações de que na Ásia e na África a sexualidade era corrompida e degradada constituíram uma expressão fundamental na crescente insistência na superioridade da sociedade ocidental e sua responsabilidade de policiar o mundo.

Contudo, o mesmo movimento mostrou até que ponto o sentimento moral ocidental, por mais impreciso que fosse, podia ter um peso na era imperialista. Em 1904, diversos governos na América Latina e outras partes do mundo começaram a introduzir leis contra a prostituição e a imigração de mulheres solteiras, para demonstrar, por meio da regulamentação sexual, que podiam ser tão civilizados quanto qualquer país. O proeminente reformista Alfredo Palacios, que advogou leis para proteger as mulheres da atuação de cafetões, expressou com todas as letras o quanto ele e a classe média argentina se sentiam constrangidos e até mesmo envergonhados pela percepção europeia de que Buenos Aires havia se tornado "o pior de todos os centros do comércio imoral de mulheres". De qualquer modo, as convicções europeias persistiram; mesmo na década de 1920 perduravam afirmações como a de que "o viveiro do abominável comércio é a Argentina". Mas isso serviu meramente para estimular medidas regulatórias com o intuito de rechaçar as acusações. Uma visita da Liga das Nações à Argentina em 1924 suscitou uma nova rodada de reformas destinadas a limitar todo e qualquer tipo de prostituição. Somente depois da Segunda Guerra Mundial, de duas reformas legais de grandes proporções e um hercúleo esforço de relações públicas, é que esse déficit sexual global foi finalmente apaziguado.

★ ★ ★

À medida que o vitorianismo foi se formando, no final do século XVIII e início do século XIX, começou a ganhar corpo o fascínio pelos hábitos sexuais, reais ou imaginados, do Oriente Médio. A convicção cada vez mais veemente acerca da corrupção do governo do Império Otomano incluía frequentes e fantasiosas descrições da habitual depravação sexual no harém do sultão. Em jogo aqui estava um benefício duplo: em primeiro lugar, um odiado governo estrangeiro podia ser atacado de maneira nova, em uma nova frente; em segundo lugar, o resultado, mesmo que oficialmente deplorasse a degenerescência sexual, na verdade ensejava discussões públicas acerca dos excessos sexuais, que, de outra maneira, teriam de ser escondidas de uma audiência europeia respeitável. Não apenas a promiscuidade, mas também as posições sexuais "desviantes" ou diferentes e os namoricos entre pessoas do mesmo sexo podiam ser evocados, ou pelo menos insinuados, como parte da tentativa de mostrar que o governo otomano não mais poderia ser considerado instância internacional responsável. As mulheres do Oriente Médio, bem como as "nativas" africanas e asiáticas, também podiam ser evocadas para propósitos de pornografia explícita ou implícita. Explicitamente, o surto de pornografia mais popular no final do século XIX incluía ardentes cartões-postais exibindo mulheres supostamente islâmicas nuas, exceto por um véu cobrindo o rosto, bem como as indefectíveis cenas de harém. Implicitamente, novas revistas populares, como a *National Geographic*, apresentavam (e com isso provavelmente conquistavam um maior público leitor) imagens recorrentes de nativas – de Nova Guiné ou da África Ocidental – de seios de fora. Tidos como científicas ou antropológicas, as fotografias podiam facilmente causar excitação nos leitores europeus, bem como suscitar uma nova percepção do quanto os outros povos do mundo eram diferentes e sexualmente questionáveis se julgados pelos padrões que os vitorianos asseveravam em sua própria sociedade.

Além da pornografia e da ciência popular, a opinião ocidental foi formada também a partir de outras fontes, entre elas os missionários: no século XIX, uma onda cada vez maior de missões religiosas se espalhou pelo mundo, pela primeira vez incluindo protestantes e católicos. O resultado, que não chega a ser surpresa, foi uma amplamente alardeada sensação de desalento e perplexidade diante do abismo entre os padrões sexuais das populações que os europeus pretendiam converter e aquilo que era geral e tido como moralmente essencial. Mas os missionários não propiciaram as únicas vozes novas. À medida que o imperialismo europeu foi amadurecendo, os altos funcionários coloniais, em lugares como Índia e África, passaram a ganhar a companhia de suas famílias. A consequência foi uma pequena, embora em geral bastante isolada, comunidade de mulheres europeias em contexto estrangeiro. Algumas dessas mulheres, no final do século XIX, tiveram papel ativo na tentativa de estimular novos níveis de educação ou outras reformas entre as populações à sua volta. Mas outras, mais temerosas, contentavam-se em repetir suas impressões de que a estranheza que viam nas "nativas" devia incluir indecência sexual, bem como expressavam sua preocupação com o fato de que a licenciosidade das mulheres locais era uma ameaça direta às suas relações com os maridos e os outros homens europeus. Tendo em mente as pressuposições vitorianas, somadas às aviltantes convicções acerca da imoralidade sexual asiática ou africana, ficava fácil afirmar que "alguma coisa devia ser feita" para manter sob controle a luxúria e as manobras de sedução das nativas, porque mesmo os homens brancos podiam facilmente cair no engodo e ser "desencaminhados". Assim, pelo menos as cartas enviadas para a Europa são mais uma fonte de críticas europeias aos hábitos sexuais de outros povos.

Uma questão fundamental acerca das tendências globais da sexualidade nas décadas após 1850, se não um pouco antes, envolve a tentativa de descobrir de que maneira as várias sociedades reagiram à opinião europeia – o quanto a ignoravam, até que ponto a rejeitaram, o quanto tentaram introduzir novos padrões ou regras para tentar rechaçar a percepção vitoriana.

Um segundo conjunto de tendências é mais sutil do que a comparação entre os pressupostos vitorianos-mais-argumentos-raciais e a sexualidade real ou imaginada fora do Ocidente. As mudanças em muitas economias locais, em função da nova atenção dada à produção para exportação e de algumas das primeiras fábricas, podem ter tido os mesmos efeitos que novidades e desdobramentos semelhantes tiveram na Europa a partir do século XVIII – só que um pouco mais tarde. Em vários casos – por exemplo, a Rússia do final do século XIX –, o declínio do poder comunitário, somado a novos ganhos financeiros e a um novo interesse na atividade sexual, levou a mudanças significativas. No início do século XX, a mudança pode também ter sido estimulada pelos contatos diretos com exemplos ocidentais. Africanos de classe média, educados por um ou dois anos em escolas francesas ou britânicas, podiam trazer para casa o que tinham aprendido sobre os hábitos dos estudantes e os contatos urbanos, aprendizado que ajudaria a moldar seus padrões sexuais e de consumo. Havia forças em ação instigando mudanças de atitudes, pontos de vista e comportamentos sexuais além da necessidade de chegar a bom termo com as críticas europeias. Isso contribuiu para a complexidade dos padrões sexuais em escala global, e certamente ajuda a explicar a constante variedade entre diferentes regiões e grupos sociais. A tendência mais consistente, obviamente, era a pressão cada vez mais intensa para que fossem repensados alguns aspectos da sexualidade estabelecida, em favor de alguma aceitação da mudança.

Como resultado desses vários temas, o século XIX testemunhou, a um só tempo, tanto esforços no sentido de reformar várias práticas tradicionais – na tentativa de ajustar as sociedades de acordo com a moralidade europeia oficial – como também uma abertura cada vez maior à promiscuidade, evidenciada pela clara expansão da prostituição, um provável aumento da violência sexual contra as mulheres, e níveis definitivamente inéditos de doenças venéreas (sífilis e gonorreia), afetando praticamente todas as partes do mundo.

No início do século XX, vários líderes, em muitas regiões, estavam tentando conciliar tendências contraditórias. Não apenas os colonialistas europeus, mas também médicos regionais e as primeiras líderes feministas esperavam estancar a maré da licenciosidade sexual, que de qualquer forma estava começando a afetar a saúde e a respeitabilidade, em função da ascensão dos casos de doenças sexualmente transmissíveis. Comunistas e alguns nacionalistas tentavam ainda outras maneiras de promover a coibição sexual. Mas ficou evidente que era difícil prender novamente o gênio na garrafa. Mesmo o Ocidente vitoriano seria afetado pelas novas tendências globais, conforme sugeria o exótico arsenal imagético da pornografia da virada do século.

Mais uma vez, o tema da mudança e da contradição não deve ser exagerado além da conta. Persistiram tradições e reações regionais. Os moradores das áreas rurais – ainda a vasta maioria – podem ter sido pouco afetados ou por tentativas de reforma ou pela nova promiscuidade, mantendo os padrões costumeiros na maior parte dos aspectos da sexualidade. Mas as influências ocidentais – que ironicamente podiam apontar tanto para a acentuada coibição como para a nova licenciosidade – e a força da rápida expansão comercial e o crescimento urbano criaram alguns temas e tensões genuinamente globais. Pelo menos no final do século XIX e início do século XX, a sexualidade tornou-se um dos primeiros comportamentos particulares a serem remodelados pela primeira onda de globalização.

Ambientes imperialistas

A força da opinião europeia pesou de maneira particularmente direta nas colônias, novas e velhas – mais obviamente no Pacífico, na Índia e na África. Em lugares como o Havaí, na década de 1830 missionários ocidentais trabalhavam com afinco para mudar o que viam como costumes imorais, insistindo em roupas mais discretas para as mulheres e tentando desestimular o sexo pré-marital em favor da monogamia. As tradições locais não foram completamente abandonadas, mas houve mudanças graduais.

Na África e na Índia, o enfoque imperial ocidental teve diversos ingredientes comuns: as populações locais podiam ser desculpadas (como no início da colonização da América Latina) por não entender ao certo qual era a mensagem ocidental, dados os óbvios contrastes entre a pregação moral e os comportamentos efetivos dos homens ocidentais.

Dois aspectos dominavam a imaginação ocidental; se os pontos de vista sobre a Índia e a África não eram idênticos, os temas se aplicavam a ambos os ambientes coloniais. Primeiro, a sexualidade local era descrita como imoral e devassa – usualmente em tom de crítica, às vezes com certo grau de inveja. Os ocidentais consideravam que tanto os homens como as mulheres africanas eram excessivamente sensuais e sexualmente desenfreados, um perigo sexual para eles mesmos e para os outros. Por outro lado, no segundo aspecto, os nativos eram vistos como afeminados, incapazes de estar à altura dos padrões ocidentais de virilidade. Os temas combinados eram menos contraditórios do que se poderia imaginar, pois a afeminação podia ser compatível com visões de sexualidade excessiva e depravada, em oposição às normas vitorianas de controle masculino.

O tema da sensualidade apareceu por inteiro de maneira clara, mais uma vez envolto tanto em censura como em exaltação. A ênfase veio à tona primeiramente nos comentários sobre a Índia. Alexander Hamilton, escocês do século XVIII, repudiava os homens indianos definindo-os como "o Príapo vivo", em estado de constante e ardente desejo sexual. No mesmo século, um oficial da marinha escreveu que os indianos eram "grosseira e ridiculamente ludibriados [em termos sexuais] por seus sacerdotes e brâmanes, que deles se aproveitam". Mesmo as prostitutas indianas eram descritas como algo único e diferente; aparentemente, elas se deleitavam com o sexo, em contraste com as respeitáveis normas europeias: "[...] elas se vestem de maneira suntuosa, usam em profusão as mais caras joias, são bem educadas e cantam com voz doce [...] geralmente adornam os cabelos com arranjos de clematite [...]". As indianas que raspavam a genitália pareciam particularmente fascinantes: "[...] até o momento em que você encara os seios cheios e encantadores, cuja beleza está além de qualquer comparação, pode imaginar que está de posse de alguma menina impúbere [...]". O mesmo aspecto podia ser visto sob uma ótica diferente. Em 1857, uma certa senhora Colin Mackenzie escreveu: "Você pode imaginar a degradante condição das pessoas aqui, quando digo que constantemente passo nas ruas por mulheres inteiramente nuas até os quadris... elas não parecem ter o menor senso de decência.". A arte hindu, retratando várias posições sexuais, incluindo sexo oral, suscitava grande interesse. Práticas específicas, como a poligamia islâmica e os casamentos hindus com meninas ainda crianças, obviamente causavam perplexidade. Era comum tomar por certa a mais desenfreada homossexualidade, ignorando o fato de que o hinduísmo normalmente desprezava essa conduta – quando a visão geral pressupunha a inexistência de restrições, diferenças genuínas e comportamentos imaginados se mesclavam quase que indistintamente.

Os termos aplicados aos africanos eram bastante semelhantes, embora uma crença adicional sobre as práticas de relações sexuais com animais mostrasse tanto o deslumbramento diante do ambiente natural africano quanto uma ridícula ignorância acerca dos comportamentos efetivos. Um europeu escreveu que os africanos tinham o que chamou de "temperamento quente e personalidade volúvel e licenciosa". Outro culpou o clima quente. "Só com muita dificuldade eles conseguem se refrear, e uma vez iniciada a libertinagem, mantêm a mais execrável voluptuosidade. Daí as relações íntimas entre homens e animais, que ainda geram monstros na África" – esse é o comentário de um francês, Jean Bodin. Mesmo Voltaire, normalmente cético em questões humanas, acreditava que as mulheres africanas tomavam parte de práticas de bestialismo: "Não é improvável que (algumas vezes) macacos tenham subjugado garotas.". Os órgãos sexuais africanos eram descritos como descomunalmente avantajados e semelhantes aos de animais; circulava inclusive a crença de que as mulheres africanas não tinham hímen, o que explicaria sua excessiva sexualidade. Mas a beleza africana também merecia louvores, pelo menos no século XIX: as mulheres de Zanzibar eram descritas como elegantes, sensuais e cheias de truques sexuais: "Ninguém ficará surpreso com o fato de que essas magníficas beldades são bastante vaidosas. Flertando com um passante, elas podem competir em pé de igualdade com qualquer mulher no mundo". Mais uma vez, práticas específicas chamavam a atenção, como os haréns em reinos africanos, que para os padrões europeus pareciam repulsivos, ou a prática da circuncisão feminina em algumas regiões. E a maneira nativa de vestir, que muitas vezes incluía os seios de fora no caso das mulheres, era tida como sinal de imoralidade sexual.

Os homens africanos pareciam ser ao mesmo tempo afeminados e tarados. Os mantos que usavam pareciam femininos, mas ao mesmo tempo eles eram acusados de falta de autocontrole, de participar de orgias frequentes e de desejar ardentemente as mulheres brancas. Dos homens africanos e indianos dizia-se que eram preguiçosos e que, mesmo ainda muito jovens já eram fracos, debilitados em função do excesso de sexo – razão que explicaria sua incapacidade de obter vitórias militares (embora as disparidades de armamento fossem o fator mais óbvio). Assim, o primeiro governador britânico de Uganda apontava como culpado do perceptível declínio populacional "a exaustão dos homens e mulheres por conta da libertinagem prematura".

Os comentários sobre os altos níveis de sexualidade refletiam em parte uma projeção das fantasias sexuais europeias sobre as mulheres locais, em oposição às restrições impostas pelo vitorianismo no Velho Continente. Mas podia haver mais coisa em jogo do que a fantasia: na verdade, os homens europeus frequentemente expressavam em ações suas convicções acerca da disponibilidade das mulheres locais, em padrões que lembravam seu comportamento anterior na América Latina, embora um degrau abaixo. Os altos funcionários britânicos invariavelmente mantinham múltiplas concubinas na Índia, o que às vezes chegavam até mesmo a admitir para suas esposas na Europa, embora alegando que o clima havia atiçado seus apetites de maneira incontrolável (Lorde Wellesley escreveu à esposa: "este clima excita terrivelmente nosso desejo sexual", embora nesse caso não esteja claro o que ele fez, se é que fez alguma coisa); segundo consta, sir David Ochterlony do Nepal tinha um harém de treze mulheres indianas. Edward Sellon, cadete do exército, escreveu em 1834: "Agora iniciei a prática regular de foder nativas". O uso de prostitutas locais era comum entre o estafe militar britânico, suscitando alertas sobre as consequências físicas e financeiras desse tipo de "indulgência irregular". Sem dúvida havia também casos de estupro, embora não fossem muito mencionados. Em 1849 um soldado raso escreveu:

> Um homem da terceira companhia do meu regimento... entrou em um quarto e arrancou uma menina dos braços da mãe, e perpetrou o crime, pelo qual teve de responder perante Deus, que ouviu os gritos e rogos da pobre menina.

De sua parte, o que não é de surpreender, muitas indianas reclamavam não apenas da violência europeia, mas da maneira agressiva dos homens com quem praticavam até mesmo o sexo consensual – argumentando que, pelos padrões indianos, era realmente impossível fazer amor com aqueles homens.

Padrões semelhantes surgiram na África. Novamente, não há como calcular os índices de estupro e sexo forçado, embora ambos tenham ocorrido, particularmente, é óbvio, entre senhores europeus e escravas ou criadas locais. Havia casamentos também, oficiais ou de fato, uma vez que muitos europeus iam solteiros ou desacompanhados para a África. Um observador do século XVII, preocupado com o crescimento da população "inter-racial", que podia ser menos dócil que os "nativos", escreveu que: "os colonos [europeus], sem ter consciência disso, cavaram a própria cova com o pênis". Obviamente, para muitos brancos essas uniões eram apenas temporárias e terminavam assim que eles deixavam o continente, de modo que o padrão ficava no limite entre o sexo marital e a promiscuidade.

A intrusão sexual europeia não afetou o grosso da população nem na Índia nem na África – não aconteceu o que se dera anteriormente na América Latina, pois no geral o estrago demográfico em função de doenças foi bem menor. Contudo, as crenças sobre a devassa sexualidade local, combinadas à inequívoca indulgência europeia, fomentaram os esforços no sentido de introduzir uma coibição mais efetiva. Muitos líderes se preocupavam imensamente com o efeito dos hábitos locais na moralidade europeia. Havia também problemas de ordem prática, com o alastramento das doenças venéreas – a incidência de sífilis na Índia disparou na década de 1840, à medida que crescia a promiscuidade e se intensificava a prostituição, por causa da pobreza entre as mulheres indianas. Britânicos e indianos foram infectados; durante a segunda metade do século XIX, a cada ano era contaminado entre 1/8 e 1/3 das fileiras das guarnições militares britânicas.

Por fim, a chegada de contingentes cada vez maiores de mulheres europeias, esposas dos administradores coloniais, ou, mais raramente, professoras e missionárias, aumentou a tentação de condenar a libertinagem local como meio de tentar controlar melhor os homens europeus, bem como de expressar a moralidade europeia. Um dos resultados foi o preconceito cada vez maior contra os filhos de uniões "inter-raciais", tanto na Índia como na África. Os filhos mestiços eram vistos como causa do solapamento da família britânica.

As preocupações morais europeias e as convicções comuns acerca da libertinagem das tradições locais se combinaram de modo a produzir esforços concretos de mudança. De fato, grande parte das críticas aos hábitos nativos perdurou em nível teórico. Na verdade, muitos administradores europeus relutavam em interferir nos hábitos estabelecidos, com receio de que isso suscitasse resistência desnecessária ao jugo colonial – havia outros objetivos, incluindo estabilidade política e lucro econômico, que ocupavam lugar de honra. Assim, somente depois de 1950, os governos britânico e francês tentaram interferir na circuncisão feminina em importantes regiões da África sob seu controle. A religião também podia provocar hesitação: muitos observadores acreditavam que apenas a conversão ao cristianismo podia redimir a sexualidade "nativa", e que quaisquer outras medidas de menor escopo seriam inúteis. Na Índia as medidas mais concretas introduzidas no século XIX afetando os padrões sexuais tradicionais, aprovadas somente após longa discussão, envolviam o aumento da idade em que as meninas poderiam ser dadas em matrimônio, pois o casamento entre adultos e crianças e a sexualidade precoce havia muito pareciam chocantes. Uma lei de 1860 estabelecia como idade mínima 10 anos, que depois a Lei da Idade do Consentimento, de 1891, elevou para 12 – esta última lei foi aprovada após ampla repercussão pública da morte de uma menina bengali de 9 anos depois que seu marido de 35 anos a obrigara a manter relações sexuais.

Na África, leis vigentes a partir do final do século XIX, na Nigéria, por exemplo, permitiam que as mulheres se divorciassem mais facilmente do que ditavam os costumes, e alguns observadores afirmaram que a independência daí resultante não apenas ensejou o fim de casamentos infelizes, mas também o aumento dos casos de adultério. Aqui, a pressão europeia teve como consequência levar a certa reconsideração da prática de prometer em casamento meninas muito jovens. As atitudes africanas com relação a esses temas podiam mudar – no início do século XX, um local escreveu a um comissário ferroviário inglês:

> Senhor, uma menina chamada Animatu, filha de Olowu [um monarca], veio até mim reclamar que Olowu quer obrigá-la a se casar com um tal Jinadu, mas na verdade ela quer se casar com um jovem chamado Peidu, filho de Agura. Ela me disse também que ele a manteve acorrentada durante seis dias e que ela conseguiu escapar esta manhã. Espero que o senhor a ajude, caso essa história seja verdadeira. Ela não deveria ser obrigada a se casar com quem quer que seja.

Tanto na Índia como na África, com o tempo surgiram cada vez mais evidências do aumento da incidência de sexo extraconjugal, bem como da prostituição. Havia várias razões para isso, e a intrusão europeia não era um dos fatores principais. Como já mencionado, muitas mulheres passaram a conviver em meio à pobreza mais generalizada, uma vez que as atividades econômicas locais enfrentaram então a nova e esmagadora competição fabril e as manufaturas domésticas foram desproporcionalmente afetadas. Muitas mulheres acabaram vendo a prostituição não apenas como remédio contra o desastre, mas como saída mais lucrativa do que o próprio casamento. O crescimento das cidades e a migração interna, às vezes facilitada pela expansão das ferrovias, também criaram novas oportunidades para o comércio sexual. Para as mulheres ficou mais fácil fugir de casa. O aspecto mais importante, particularmente na Ásia, é que as mudanças econômicas invariavelmente obrigavam os homens a se deslocarem para as cidades e centros de mineração, ao passo que muitas mulheres ficavam nas áreas rurais – um óbvio convite ao comércio sexual nas cidades, por causa das disparidades na proporção de homens e mulheres. Alguns historiadores chegaram a especular que a dominação e a retórica europeias estimularam alguns homens locais a buscar novos tipos de afirmação sexual diante das mulheres, para demonstrar de maneira direta a sua masculinidade. Quando as mulheres eram vistas como cada vez mais independentes, tema comum na África, isso também podia gerar novas tentativas de afirmação do controle sexual.

No início do século XX, havia também o fato de que os padrões europeus estavam mudando, à medida que o vitorianismo declinava e mais europeus começaram a admitir abertamente os prazeres da sexualidade. Homens africanos e indianos que passavam um período em escolas europeias podiam aprender que a experimentação sexual estava na moda. Um romance nigeriano, *No longer at ease* (*Não mais tranquilo*), ambientado na década de 1920, é protagonizado por um jovem de Lagos, capital da Nigéria, que recebera educação de estilo ocidental, incluindo um ano passado na Grã-Bretanha, e que apreciava tremendamente o aparato do mundo urbano e de consumo – incluindo frequentes conquistas sexuais entre as moças de seu grupo. A sua atração por esse tipo de vida é tão forte que ele passa a ignorar as costumeiras obrigações familiares, e não volta para seu vilarejo natal por ocasião da morte da mãe: o sexo, aqui como parte de um estilo de vida urbano de influência ocidental mais amplo, claramente falava mais alto. Em outras palavras, havia um sem-número de razões pelas quais a licenciosidade sexual parecia ter se espalhado. Às vezes as consequências podiam conduzir aos tribunais: um comerciante nigeriano, que providenciara o dote para a futura esposa, processou sua noiva alegando que ela era prostituta. A verdade é que ela simplesmente não era a virgem que ele supunha. Em resposta, a mulher argumentou o seguinte: "Quando concordei em me casar com você, meu pai não o avisou de que eu tinha tido uma ligação com outro homem?" – mas para o mercador mais tradicionalista, ela simplesmente parecia indômita, e não uma mulher adequada para ser uma boa esposa.

Muitas dessas mudanças ajudaram a engatilhar, no início do século XX, um surto adicional de medidas de controle. Na década de 1920, autoridades tribais em Gana começaram a prender mais mulheres solteiras suspeitas de prostituição, alegando, sobretudo, que se tratava de um meio de refrear as doenças sexualmente transmissíveis. Esses chefes falavam abertamente do caos moral que havia se instalado na atualidade, em contraste com um passado de pureza. Nos anos 1930, um líder ganês promulgou um édito exigindo que todas as mulheres solteiras adquirissem um marido, em resposta às preocupações com a prostituição e o alastramento das doenças. Nacionalistas e tradicionalistas, embora propusessem um conjunto bastante diferente de objetivos, invariavelmente tinham impulsos semelhantes quando o assunto era sexualidade. Muitos líderes indianos louvavam a pureza das mulheres hindus, em oposição às corrupções que vieram a reboque da interferência europeia e do exemplo de liberdades públicas dado pelas mulheres europeias. Histórias mais antigas sobre a virtude feminina voltaram à baila. Um dos primeiros nacionalistas investiu contra os argumentos britânicos de que as mulheres hindus eram dissolutas, em comparação com sua contraparte inglesa. "Permita-me dizer ao nosso amigo inglês que isso é uma total caricatura da verdade". Alguns nacionalistas chegavam a exaltar tradições particularmente criticadas pelos europeus, por causa do envolvimento com os costumes locais e o desejo de manter as mulheres sob controle em uma época perigosa. Assim, Jomo Kenyatta, que mais tarde seria o primeiro presidente do Quênia independente, abertamente justificou a circuncisão feminina, que considerava um costume precioso e que não devia submeter-se ao ataque estrangeiro. De maneira bastante compreensível, embora exageradamente simplista, muitos líderes alardeavam sua nostalgia pelos "bons e velhos tempos", quando os casamentos podiam ser arranjados sem reclamação e as relações entre homens e mulheres não eram problemáticas. Embora algumas medidas coloniais específicas de regulamentação fossem criticadas por muitos nacionalistas como interferências injustificadas, a partir do início do século XX o tema dominante passou a ser a associação entre a influência ocidental e o aumento da promiscuidade, e se seguiram planos de coibição, particularmente por parte das mulheres e de homens responsáveis por filhas e esposas – a reação óbvia.

Questões fundamentais no contexto imperialista permaneceram sem solução até a década de 1950, mesmo quando as colônias começaram a obter independência efetiva. Líderes nacionalistas inevitavelmente hesitavam antes de endossar ataques ao que, de acordo com os padrões ocidentais, envolvia abuso sexual, estivesse em pauta o casamento com crianças ou a aplicação de penalidades extremamente severas para casos de adultério. As mudanças sexuais efetivas não estavam tão relacionadas com tentativas de reforma, e sim com a urbanização e as rupturas econômicas, suplementadas, pelo menos em parte, pela exploração sexual das mulheres nativas levada a cabo pelos europeus e pelo desejo local de afirmação da masculinidade sexual. Aqui, líderes locais comungavam de preocupações sobre os efeitos danosos das doenças e sobre os perigos morais da prostituição mais escancarada. Às vezes, preocupavam-se também com os juízos estrangeiros hostis e atávicos com relação à sexualidade incivilizada.

O potencial impacto refluxo na Europa também merece consideração. A maior parte dos europeus não tinha contato direto com o mundo sexual imperial, e não existe a noção de que os soldados ou administradores de regresso ao Velho Mundo usavam diretamente suas experiências no império de modo a exigir o reexame do puritanismo ocidental. Ainda assim, os mundos imaginados da sensualidade asiática e africana eram expostos, ao menos na pornografia. E toda a discussão acerca dos padrões e problemas sexuais coloniais ficou bem mais explícita, com uma descrição bem mais detalhada dos padrões sexuais do que o permitido pela versão doméstica da cultura vitoriana. Aqui também havia uma abertura para mudanças na retórica e possivelmente também no comportamento, em que os prazeres estrangeiros contrastavam com a repressão europeia.

China e Oriente Médio

Importantes mudanças sexuais ocorridas em outras partes da Ásia e norte da África guardavam semelhanças com as condições imperiais, mesmo os grandes impérios, como o otomano, que continuava tecnicamente independente. O impacto dos pontos de vista europeus foi um pouco mais suave, porque não havia controle ou responsabilidade coloniais diretos, mas o crescente poderio militar e econômico do Ocidente criou oportunidades igualmente amplas para a profusão de comentários e opiniões de ordem sexual. Muitos observadores coloniais lamentavam com todas as letras a afeminação dos homens chineses, vistos como indulgentes demais em seus interesses sexuais, embora também grosseiros e cruéis com as mulheres. As mulheres chinesas eram alvo de menos críticas, em parte porque (exceto pelas prostitutas e concubinas, que os ocidentais mais abastados podiam sustentar) eram em sua maioria confinadas e mantidas longe da vista dos homens. As mulheres ocidentais comentavam a excessiva docilidade das nativas e atuaram para suprimir práticas como a da amarração dos pés. Como sempre, criticavam também qualquer relacionamento entre homens brancos e mulheres chinesas – uma missionária, a senhora Betterton, escreveu: "Não tenho paciência com essa ideia. As esposas são uma espécie de cachorrinho de colo". Ao mesmo tempo, as modificações e deteriorações das condições econômicas locais criaram suas próprias pressões por mudança.

Na China do século XIX, por exemplo, uma minoria cada vez maior de homens passou a não se casar, ao passo que a idade com que as meninas se casavam aumentou – sintoma dos novos problemas no que diz respeito à estabilização econômica. A idade propícia para o casamento continuava bem mais baixa do que no Ocidente, 21 para os homens e 17 para as mulheres na década de 1890, mas agora era maior do que antes o período entre a puberdade e o casamento. Com o crescimento urbano e a migração interna, mudanças desse tipo afetariam a sexualidade de maneira independente de qualquer influência ocidental mais direta.

Os esforços para manter a tradição eram visíveis de várias maneiras. De novo na China, os casamentos arranjados, particularmente entre as classes mais altas, continuavam sendo o padrão. O mesmo se pode dizer do objetivo, quando a riqueza permitia, de manter múltiplas esposas – ainda que, no século XX, novos padrões, em parte importados do Ocidente, tenham levantado objeções a essa prática, agora condenada por retrógrada, e que desapareceria de vez nos estertores da vitória comunista dos anos 1950. O infanticídio ainda era o principal recurso para o controle da natalidade, crucial em uma sociedade às voltas com novas incertezas econômicas e políticas. Os índices eram altos, e o número de casos de infanticídio de meninas era tão elevado que, em algumas regiões, começou a haver uma grave distorção na proporção entre homens e mulheres. Obviamente, o objetivo fundamental era a um só tempo limitar o número de crianças e dar preferência aos herdeiros do sexo masculino, padrão cujo único aspecto novo agora era a extensão cada vez maior.

Independentemente das pressões ocidentais, o governo chinês começou ainda no século XVIII a tentar limitar a sexualidade na cultura pública, desestimulando a literatura e as artes visuais a tratar de temas sexuais, incluindo homossexuais. No início do século XVIII, mais de 150 títulos foram banidos, e entraram em vigor medidas para a queima de livros e dos blocos de impressão com que eram manufaturados, com aplicação de severas penalidades para qualquer pessoa que fosse flagrada vendendo esse tipo de material. Mesmo assim, os temas eróticos continuaram aparecendo, quase sempre por autores anônimos. Vários romances e coletâneas detalhavam práticas homossexuais. O romance *O precioso espelho dos meninos-atrizes*, no final do século XIX, continha descrições explícitas de excitação e relações sexuais, mas também de operações em órgãos masculinos afetados por doenças sexualmente transmissíveis. Pela primeira vez o governo tentou banir as relações homossexuais com a lei de 1740, cujo cumprimento não foi fiscalizado, e mesmo na corte imperial as relações homossexuais eram comuns, prosperando século XIX adentro. Os espetáculos teatrais populares eram protagonizados por homens vestidos como mulheres, neles também havia homens e meninos simulando atividade sexual. As tentativas chinesas oficiais de definir e defender a respeitabilidade sexual provavelmente limitaram as críticas ocidentais – ao certo em comparação com a África ou Índia – embora, é óbvio, tenha havido alguns comentários hostis.

A ascensão do nacionalismo e do comunismo, particularmente nas primeiras décadas do século XX, deu novo vigor aos esforços de redefinição dos padrões sexuais – incluindo ataques cada vez mais pesados ao concubinato. As "novas mulheres" eram glorificadas, e a noção incluía maior liberdade em relação aos ditames dos pais na hora de selecionar um parceiro. Muitos revolucionários escreveram sobre as conexões entre a paixão romântica e o fervor necessário para a mudança política. No final da década de 1920, Yu Dafu escreveu:

> A emergência de uma carreira revolucionária só é possível com um pouco de paixão, o cultivo daquilo que é inseparável do puro e terno amor de uma mulher. Essa paixão, se estendida, é suficientemente ardente para incendiar e pôr abaixo os palácios dos déspotas.

Ainda não se sabe com clareza se essa retórica tinha muita relação com as realidades sexuais, em uma época em que tomar parte de protestos era uma atividade perigosa e obstinada.

A mudança e a pressão externa eram temas mais claros para o Império Otomano, onde, como vimos, surgiram de maneira mais elaborada comentários

Banho turco, óleo sobre tela. Jean-Auguste-Dominique Ingres, 1862.
A sexualidade oriental que fascinava os artistas europeus do século XIX era, na verdade, uma imagem idealizada. Ingres, por exemplo, retratou banhos turcos sem nunca ter saído da Europa.

ocidentais hostis. Árabes e turcos cultos tinham plena consciência das críticas ocidentais, incluindo a crença de que os muçulmanos eram excessivamente luxuriosos e os alardeados exageros acerca das práticas nos haréns. Alguns se mostravam profundamente ofendidos, em particular porque a seu ver as mulheres ocidentais pareciam livres demais em público, pouco preocupadas com sua honradez sexual. Na Argélia, sob o domínio francês, alguns autores muçulmanos devolveram as críticas à fonte europeia, argumentando que os ocidentais é que eram excessivamente lascivos, e que nada faziam para proteger as mulheres da exposição sexual. Esforços ainda mais intensos eram direcionados – sem grande sucesso – para a correção das equivocadas impressões ocidentais. Várias autoras, invariavelmente escrevendo em línguas europeias, tentavam dissipar os exageros sobre os haréns, ao mesmo tempo que indicavam as mudanças que estavam ocorrendo entre as mulheres. Tudo isso contribuiu para uma ampla discussão no âmbito das elites cultas do Oriente Médio sobre o *status* e o papel da mulher, bem como acerca da necessidade de reexame da estrutura do casamento. Em 1873, por exemplo, Nakim Kemal, em uma peça de teatro, zombou das práticas do casamento turco, insistindo no amor recíproco como base para os relacionamentos conjugais e a necessidade de discutir mais abertamente questões desse tipo – embora as autoridades não vissem com bons olhos suas iniciativas. Na década de 1890, o Egito foi sacudido por um importante debate sobre o uso do véu por parte das mulheres – para alguns, a mudança era essencial, uma vez que o Ocidente via o uso do véu como sinal de atraso; outros defendiam que a prática era fundamental tanto para a identidade do Oriente Médio como para a proteção da pureza feminina. Obviamente, o debate acerca de como deveriam ser as mulheres no mundo moderno foi tão intenso aqui quanto na China, na mesma época.

Parte considerável das discussões girava em torno da homossexualidade. Muitos observadores ocidentais, com grande dose de exagero, concentraram-se na tolerância islâmica com relação às práticas homossexuais. O orientalista Richard Burton escreveu: "Há um outro elemento nas *Mil e uma noites*, o da absoluta obscenidade, completamente repugnante para os leitores ingleses, mesmo os menos puritanos". Os temas homossexuais na literatura e os relacionamentos efetivos, particularmente entre homens mais velhos e adolescentes, sem dúvida continuaram em voga no Oriente Médio. A poesia amorosa, por exemplo, frequentemente glorificava os "meninos bonitos". Ironicamente, se essas práticas atraíam a atenção do Ocidente, no final do século XIX começaram a seduzir ocidentais proeminentes, interessados em atividades homossexuais e ávidos para descrevê-las ou delas participar – com uma permissividade impossível no Ocidente. Escritores como T. E. Lawrence e Oscar Wilde; pintores como Delacroix exploraram essas questões por meio de viagens à região (um exemplo antigo, já foi sugerido, de turismo sexual). Obviamente, a reputação erótica geral da região atraiu outros interessados em contatos heterossexuais, como na Índia ou África, mas o ingrediente homossexual era invulgar.

No Oriente Médio propriamente dito, contudo, os comentários sobre a homossexualidade foram se tornando cada vez mais desfavoráveis durante o período, sem dúvida em parte porque predominava a hostilidade ocidental em relação à prática. Em 1834, Al-Tahtawn criticou os franceses por serem fracos demais no controle das mulheres, mas acrescentou: "Uma das melhores coisas entre suas características... é a sua falta de predileção pelo amor de jovens rapazes ou por relatar episódios sobre eles". Em meados da década de 1880 um escritor libanês denunciou o homossexualismo, particularmente com meninos, como umas das "mais horrendas formas de libertinagem". Outro autor, em 1922, pediu reformas urgentes, "para fortalecer o que existe entre homens e mulheres de inclinações naturais", de modo que "não tenhamos de nos queixar de mulheres apaixonadas por mulheres e do amor de homens por meninos". Eis aqui uma versão importante e bastante específica do debate mais amplo sobre a aplicabilidade dos padrões ocidentais no campo sexual.

Juntamente com as novas discussões, que em larga medida se davam entre as elites, outras condições da sexualidade no Oriente Médio mantiveram grande continuidade com relação ao passado, pelo menos até depois de 1900. A lei islâmica continuava constante em termos das atitudes acerca do adultério, as regras do divórcio e assim por diante. A poligamia persistia, provavelmente em níveis mais baixos do que antes; os monarcas mais importantes mantinham vastos haréns – somente no harém imperial havia de 400 a 500 escravas, vindas principalmente das regiões mais remotas do império. O aborto e o controle de natalidade ainda eram práticas apoiadas, e que enfrentavam reprovação bem menor do que no Ocidente – a *Sharia* claramente sancionava o *coitus interruptus*, mas outros métodos podiam ser usados. A escravidão entrou em declínio na região, embora sem desaparecer de todo, mas muitas escravas tornaram-se servas e criadas, portanto ainda vulneráveis a receber tratamento de concubinas. Antes de chegar à corte real, as mulheres destinadas ao harém invariavelmente sofriam abusos dos traficantes de escravas; além disso, esses mercadores faziam as mulheres ingerirem drogas abortivas caso engravidassem, porque era melhor que ninguém soubesse abertamente que haviam perdido a virgindade, o que reduziria seu valor. Alguns proprietários de escravos chegavam a afirmar que era possível curar doenças venéreas mantendo relações sexuais com escravas virgens – sem a menor consideração pela saúde das moças ou sua possível fertilidade futura.

Cada vez mais, a combinação de tradições vigentes, críticas ocidentais e impulsos reformistas levou vários líderes a contemplar mudanças mais fundamentais. O treinamento médico, que no final do século XIX passou por melhorias em países como o Egito, propiciou melhores serviços ginecológicos e de parteiras. Em 1917, uma nova lei de família promulgada no Império

Otomano colocou as questões familiares ao encargo de autoridades mais seculares, com direitos mais amplos referentes ao divórcio e à monogamia. Apenas uma minoria de mulheres instruídas podia se beneficiar da lei, e a poligamia e o repúdio às "mulheres decaídas" continuaram, mas houve certo movimento de afastamento das normas religiosas.

O regime nacionalista de Kemal Attaturk, na Turquia, deu início a reformas mais sistemáticas na década de 1920. O véu e os trajes que ocultavam as mulheres foram banidos, porque, segundo argumentava Attaturk, faziam da nação "objeto de ridículo". A poligamia e o repúdio às esposas foram proibidos, substituídos pelo casamento civil e o processo legal de divórcio. Os vilarejos, é óbvio, continuaram aferrados aos velhos hábitos, mas em larga medida a poligamia desapareceu em todas as classes sociais, e a idade propícia para o casamento foi elevada. Attaturk tinha todo interesse em apoiar a família; seus atos não tinham o propósito de acentuar a liberdade sexual, e sim propiciar mais proteção para as mulheres em um contexto familiar. Contudo, reformas desse tipo deram continuidade a um debate já bem estabelecido sobre as mudanças nas relações de gênero e os ajustes à tradição islâmica, com significativas implicações para aspectos fundamentais da sexualidade. Embora Attaturk tenha fomentado uma ética familiar bastante conservadora, suas mudanças alteraram substancialmente diversas instituições-chave da vida turca, com potencial influência em outras partes do Oriente Médio. Assim como na China e em outras partes, o nacionalismo combinou reações às críticas ocidentais e reafirmações da decência sexual, cobrindo um século de acaloradas discussões.

América Latina

Os desdobramentos fundamentais verificados na América Latina nos dois séculos após 1750 foram em muitos sentidos menos decisivos do que os eventos da Ásia e da África, porque a interação crucial com a Europa já tinha ocorrido. De certo modo tendências moldadas no período colonial tiveram continuidade, mesmo em meio às conquistas formais de independência nacional. Mas aqui também uma nova reforma emergiu por volta de 1900, com algumas implicações adicionais para a mudança sexual.

Oficialmente, os padrões católicos visavam definir a atividade sexual com ênfase, é claro, no sexo conjugal e um forte destaque dado à reprodução. Na verdade, perduraram muitos dos padrões coloniais de relacionamentos informais além de grande dose de violência e exploração. Até a Abolição, as mulheres escravas continuaram sendo joguetes nas mãos de seus senhores: em 1814 uma escrava peruana de 17 anos, Manuelita, foi estuprada por seu senhor e abriu um processo na Justiça, mas a corte a condenou por ter mentido e obrigou-a a ser devolvida ao estuprador, que no fim das contas a engravidou. Embora os índices de estupro sejam impossíveis de determinar, envolviam mais do que a população escrava: em alguns casos, uma família se vingava de outra estuprando uma mulher desta família, em geral uma esposa. Como antes, as tensões entre as normas religiosas e o comportamento efetivo tendiam a criar um vasto abismo entre as mulheres decentes e supostamente virtuosas e as outras, incluindo não apenas prostitutas mas também qualquer mulher que fizesse sexo fora do casamento – abismo exacerbado por fatores "raciais", sendo que a origem branca e europeia quase sempre equivalia à primazia da honra e respeitabilidade sexual. As taxas de nascimento de filhos ilegítimos continuavam altas, em uma situação na qual muitas pessoas, mesmo em relacionamentos estáveis, simplesmente não se davam ao trabalho de casar – ainda que as campanhas da Igreja Católica contra o comportamento libertino gradualmente puxassem para cima os índices de casamentos. Das mulheres respeitáveis esperava-se que mantivessem a virtude durante a fase dos galanteios ou "namoro", pelo menos até que o noivado formal fosse anunciado. O grande número de ações judiciais aqui reflete que havia problemas; muitas noivas prometidas entregavam a virgindade e depois constatavam que não haveria casamento. No México, Rosa de Pedra processou Antonio de Zárate por quebra da promessa de casamento, mas Antonio providenciou diversas testemunhas para atestar que ela estivera com outros homens antes de ter tido relações com ele, e que era uma *mujer inquieta* – uma mulher de moral frouxa, libertina. Em função do efetivo duplo padrão, para as mulheres era difícil conduzir os relacionamentos. Por sua vez, os homens eram perdoados caso cometessem adultério, a despeito da desaprovação oficial da Igreja, ao passo que as mulheres eram punidas severamente pelas famílias envolvidas.

Mudanças ganharam maior fôlego a partir do final do século XIX, particularmente em torno das novas preocupações com relação a doenças venéreas e o crescimento da prostituição urbana, em meio ao esforço de responder às pressões internacionais contra a escravidão branca. O assédio da polícia às prostitutas aumentou em diversas cidades durante as décadas de 1870 e 1880, uma vez que as prostitutas eram bodes expiatórios para o problema mais geral das doenças. Feministas – incluindo médicas, já que mulheres começaram a frequentar as escolas de Medicina em meados de 1890 – e defensores da saúde pública exigiam um novo tipo de educação sexual, não apenas para restringir a exposição às doenças, mas também para reduzir o estigma da ilegitimidade. Em geral, o poder católico limitava a eficácia dessas medidas. Mas as reivindicações em nome da maior regulamentação da prostituição tornaram-se uma bandeira tanto das feministas como de outros grupos, particularmente em função das preocupações públicas com relação ao fato de que o recrudescimento das doenças sexualmente transmissíveis poderia pôr em risco o vigor das novas gerações. A Argentina tentou banir a prostituição em 1936. Dois anos depois, o Chile tornou obrigatória a realização de exames de sangue antes do casamento.

A maior parte das outras atividades regulatórias tinha como alvo a defesa do casamento e da reprodução. A contracepção artificial era ou ilegal ou desaprovada, embora as pessoas continuassem usando amplamente contraceptivos à base de ervas. Vários países punham atrás das grades mulheres que abortassem – no Chile isso continuou até a década de 1940. Em 1921, a Argentina legalizou as exceções para abortos em que a vida da mulher corria perigo e casos de gravidez resultante de estupro. Caso contrário, a prática do aborto seria punida com quatro anos de prisão. A bem da verdade, os abortos continuaram – um médico uruguaio alegou um aumento de 40% do número de procedimentos em hospitais públicos entre 1898 e 1924, uma vez que os hábitos sexuais confrontavam o problema do excesso de filhos ou de filhos nascidos fora do casamento. Mas as atitudes oficiais dominantes continuavam proibitivas. A maior parte dos sistemas legais dificultava sobremaneira o divórcio, às vezes em meio a argumentos acerca da importância do casamento no controle dos impulsos sexuais masculinos.

Às margens, principalmente entre as feministas, certas vozes frisavam outros tópicos. Um artigo publicado em uma revista em 1892 falava do casamento como algo que "traz a satisfação dos desejos sexuais, [o que tem um efeito favorável] na saúde das mulheres e contribui para prolongar sua vida" – um raro comentário sobre os interesses sexuais das mulheres além da proteção contra a violência ou gravidez indesejada. Na década de 1920 vieram à tona, com mais veemência, argumentos sobre a necessidade de mais informação e de mecanismos mais acessíveis de controle da natalidade. Outro artigo apontava que "Uma mulher jamais será dona do próprio nariz se não puder escolher o momento em que quer se tornar mãe". Mas opiniões como essa ainda eram minoritárias em meio ao ponto de vista majoritário, a saber, a insistência oficial na importância da virgindade antes do casamento, reprodução incluída. As próprias feministas, preocupadas com os duplos padrões e com o problema que a prostituição representava para as mulheres, o casamento e a saúde, tendiam a expressar maior interesse na regulamentação sexual – mesmo reivindicando a repressão a referências à sexualidade feminina nos meios de comunicação pública – do que em novas formas de expressão.

De maneira geral, a America Latina tomou parte de diversas tendências globais fundamentais do século XIX, incluindo os sinais de crescente promiscuidade, mas também alguns dos novos esforços reformistas. Era mais tênue a percepção de que havia inovações fundamentais, por causa dos encontros prévios com a compulsão colonial. Havia também pouca necessidade de depreciar ou afrontar os pontos de vista ocidentais, uma vez que os padrões públicos aplicados à sexualidade, derivados do catolicismo, também eram ocidentais. Contudo, as críticas ao comportamento das classes baixas, de fato, continham um elemento de apologia preocupada acerca de grupos que aparentemente não estavam à altura de mais normas vitorianas e de que isso, portanto, poderia parecer incivilizado; algumas das regras impostas – particularmente contra a prostituição – tinham como um dos alvos o cultivo da aprovação internacional.

Japão e Rússia: revisitando a industrialização e a sexualidade

O Japão e a Rússia, ao contrário da maior parte do resto do mundo fora do Ocidente propriamente dito, começaram a experimentar diretamente uma revolução industrial no final do século XIX, e com isso também sofreram rupturas dos padrões sexuais do mesmo tipo das que haviam começado a ocorrer anteriormente na sociedade ocidental durante a revolução sexual do século XVIII. De muitas maneiras o resultado simplesmente intensificou padrões em torno da crescente urbanização e das alterações na vida econômica das mulheres, incluindo a aparentemente inevitável expansão da prostituição. Porém, o desafio às tradições sexuais foi maior, em função da mudança mais substancial e incidiu mais diretamente sobre as regiões rurais do que, por exemplo, na Índia. A noção de uma revolução sexual nesses dois países não seria inteiramente descabida.

Ao mesmo tempo, essas sociedades compartilhavam com outras partes do mundo a necessidade de reagir aos complexos padrões e exemplos ocidentais. O Japão, em particular, novato nos contatos com tendências globais, passou por drásticos ajustes para, pelo menos oficialmente, ficar à altura dos padrões de respeitabilidade. Essas questões foram menos agudas na Rússia, pois no que dizia respeito a vários aspectos fundamentais já fazia parte da órbita cultural ocidental. De fato, as tradições sexuais russas não eram as mesmas que as do Ocidente, o que equivale a dizer que diversos desdobramentos fundamentais foram bastante distintivos; mas houve a inserção direta em algumas tendências ocidentais, especialmente no final do século XIX. Entretanto, a Revolução Russa de 1917 prenunciou um período verdadeiramente desafiador, em que as questões sexuais estiveram abertas a um novo debate, pelo menos por um dado período, depois do qual um novo conjunto de diferenças em relação ao Ocidente contemporâneo foi mantido como relíquia ao longo de várias décadas.

A primeira leva de mudanças importantes na sexualidade japonesa espelhou os padrões mais amplos da exposição ao imperialismo ocidental: o Japão continuava orgulhosamente independente, mas após 1853, e em particular com o advento da Era Meiji, em 1868, a nação deparou-se com a pressão cada vez maior da opinião do Ocidente. As tradicionais casas de gueixas eram alvo de considerável atenção, pois muitos ocidentais as viam como antros de iniquidade, essencialmente lascivos. A bem da verdade, as casas de gueixas envolviam uma variada gama de entretenimento, com fortes conotações sexuais, mas não necessariamente contato sexual efetivo. A tradição das gueixas de fato envolvia pressuposições positivas sobre a validade do prazer sexual masculino e uma apreciação da sexualidade feminina que iam inegavelmente na contramão das ideias vitorianas contemporâneas. As representações artísticas associadas ao tema das gueixas frequentemente retratavam as mulheres em poses sensuais, incluindo a obra de Utamaro Kitagawa, no início do século XIX, que mostrava mulheres seminuas e molhadas, descasando após um mergulho – e que a opinião ocidental rapidamente repudiou como pornografia ostensiva. Todo esse aspecto da tradição japonesa convidava àquela combinação de exagero de conteúdo sexual explícito e críticas severas que invariavelmente caracterizava o enfoque ocidental nesse período.

Outros comentários faziam pouco das tradições de tolerância com relação ao homossexualismo – o Japão continuara aceitando os atos homossexuais como comportamentos ocasionais, e não expressões de homossexualidade exclusiva – e do vigor da masculinidade japonesa (essa zombaria era particularmente doída e irritante para um país em que na verdade predominava uma ênfase altamente masculina).

A resposta japonesa oficial foi excepcionalmente direta e vigorosa: novas medidas deveriam ser tomadas para fazer frente a essas percepções ocidentais. A regulamentação e o controle das casas de gueixas ficaram mais rígidos. Os burocratas do governo reafirmaram a ênfase confuciana na importância da família, esforço combinado para a um só tempo apelar às tradições de estabilidade e contrapor-se às preocupações ocidentais. Em 1873, uma lei sem precedentes, claramente sancionada com o intuito de mostrar que o Japão era tão civilizado quanto exigiam os padrões ocidentais, declarava a ilegalidade das relações homossexuais – e embora essa lei tenha sido revogada apenas sete anos depois, as atitudes japonesas oficiais em relação à homossexualidade continuaram expressando novos níveis de hostilidade; o resultado foi o esforço cada vez maior de muitos indivíduos no sentido de ocultar – dos olhos públicos e também da família – qualquer tipo de comportamento homossexual.

A ênfase na moralidade familiar pesava de modo particularmente incisivo sobre os ombros das mulheres, que eram persuadidas a se manterem fiéis e canalizar seus interesses sexuais na educação dos filhos. Assim, evidentemente sem fazer referência direta à sexualidade, o ministro da Educação afirmou que o objetivo da educação das mulheres é "preparar as meninas para que se tornem boas esposas e boas mães". As revistas populares insistiam na ideia de que as mulheres deveriam sufocar as próprias necessidades de modo a escorar e preservar os interesses da família. As mensagens eram

Três gueixas, gravura em madeira. Utamaro Kitagawa. Aprox. 1793.
As casas de gueixas envolviam uma variada gama de entretenimento, com fortes conotações sexuais, mas não necessariamente contato sexual efetivo. Com o advento da Era Meiji, em 1868, foram alvo de considerável atenção ocidental, pois muitos as viam como antros de iniquidade, essencialmente lascivos. A tradição das gueixas envolvia pressuposições positivas sobre a validade do prazer sexual masculino e uma apreciação da sexualidade feminina que iam inegavelmente na contramão das ideias vitorianas contemporâneas.

um pouco confusas: havia também algumas discussões novas sobre o desejo sexual como parte das mulheres ideais e uma nova exaltação dos padrões ocidentais de beleza feminina. Entre 1910 e 1930, os meios de comunicação debatiam a sexualidade daquela que foi rotulada como a "nova mulher", que mesclava novos padrões ocidentais de uma sexualidade mais aberta e os interesses da juventude japonesa em um comportamento menos restritivo. Um ensaio que discorria sobre a cultura jovem tinha por título simplesmente "Para frente! Dancem! Pernas! Pernas! Pernas!". Algumas das novas líderes feministas falavam também de uma maior liberação sexual para as mulheres, em oposição às tradições japonesas que as mantinham como "passarinhos engaiolados" ou "flores frágeis". Mas, novamente, a substancial reação recolocou em cena o tema da família, instigando as mulheres a manter o refreamento sexual mesmo em casa, em nome dos interesses do decoro e da concentração na concepção e na educação dos filhos.

Um resultado disso, à parte dos sinais nitidamente confusos que estavam sendo enviados às mulheres, foi uma variação japonesa de um tema que tinha surgido também no Ocidente vitoriano: a noção de que a família, embora fosse de fundamental importância, não era o lugar onde se deveria buscar satisfação sexual. Dadas as tradições japonesas, isso pode ter estimulado o continuado interesse masculino (quando a riqueza permitia) em frequentar casas de gueixas ou manter amantes. Outro resultado, bastante diferente do Ocidente no auge do vitorianismo, foi uma substancial discussão pública e aberta sobre questões sexuais e a grande dose de atenção, pelo menos no início do século XX, dedicada a escândalos sexuais envolvendo pessoas de altos cargos e posições sociais. A literatura e a arte se debruçaram com considerável afinco sobre temas sexuais.

Mais importante ainda eram os indícios, por parte da crescente população das cidades, de um interesse cada vez maior no prazer sexual – o prazer masculino, pelo menos, mas às vezes também o das mulheres. Os altíssimos índices de divórcios invariavelmente refletiam a insatisfação dos homens com as respectivas esposas, com a ruptura e dissolução das famílias, resultantes da rápida urbanização. Contingentes cada vez mais numerosos de mulheres agora iam trabalhar nas fábricas de têxteis e fabriquetas ilegais e escravizantes, onde eram privadas da tradicional proteção comunitária e quase sempre estavam sujeitas ao assédio sexual – como antes havia ocorrido na experiência fabril ocidental. Maneiras de vestir mais sexualmente sugestivas – algumas dessas modas derivadas do Ocidente – popularizaram-se entre as trabalhadoras, em particular em ocupações como garçonetes, em que as mulheres eram estimuladas a flertar com os fregueses, oferecer beijos em troca de gorjetas, e em geral projetar uma imagem erótica. Nas cidades surgiram extensas "zonas do prazer", incluindo salões de baile e teatros, além das ocupadas pelo comércio sexual – à semelhança de casas de gueixas, mas com nuances e mais sexualidade ostensiva. Muitos observadores se preocupavam com esse tipo de sexualidade mais aberta, que ao que tudo indicava não se restringia apenas às prostitutas ou mesmo às classes mais baixas; inevitavelmente, muitos puseram a culpa nas deletérias influências ocidentais, em particular na década de 1920, quando a moda ocidental começou a projetar uma imagem menos vitoriana: daí o lamento com relação à decadência moral, em que, por causa da "frívola influência ocidental, moços e moças tornam-se fanfarrões, comportando-se de maneira afetada e desenfreada".

A nova busca do prazer, combinada a drásticas alterações na economia rural, em especial no caso das mulheres, resultou no rápido crescimento da prostituição. Muitas mulheres pobres eram basicamente sequestradas (o que hoje chamamos de vítimas do tráfico de mulheres), sob a promessa de obter empregos em fábricas, mas depois obrigadas a se prostituir, na China e em outras partes da Ásia. A expansão da ocupação nas próprias cidades japonesas também foi considerável: na década de 1920, estimava-se que havia mais de 50 mil prostitutas em atuação, prestando serviços para uma média de dois a três homens por noite. Como em outras sociedades, embora com algum custo para a moral familiar mais estrita, a prostituição era tolerada como uma válvula de escape para o desejo masculino, o que, assim, protegia as mulheres decentes. A antiga tolerância japonesa a uma longa tradição de serviços sexuais femininos contribuiu para essas atitudes. Uma lei de 1872 emancipou as prostitutas, medida de salvaguarda contra as alegações ocidentais de que os japoneses tratavam as mulheres como escravas sexuais, mas que, na prática, teve pequeno impacto. Por vezes, os padrões japoneses tinham características singularmente extremadas. Em 1866, a revogação de uma lei que proibia prostitutas de viajar ao exterior levou a um tremendo aumento da exportação de jovens para o trabalho sexual. No final da década de 1870, estava em operação uma rede sistemática de tráfico de mulheres, um setor da economia calcado no recrutamento e envio de prostitutas em navios. Em 1901, uma mulher relatou ter ouvido de um recrutador: "Se você for trabalhar no estrangeiro, lá todo dia é como uma festa, você pode usar um belo quimono, e todo dia pode comer quanto arroz você quiser. Não quer vir comigo?". Essas recrutas acabavam em Cingapura, colônia britânica, em bordéis gerenciados por japoneses, que desfrutavam de relativo prestígio se comparados a seus equivalentes chineses ou coreanos. No início do século XX, alguns desses padrões começaram a ser revertidos, à medida que os próprios japoneses começaram a expandir a importação de mulheres estrangeiras. Em particular, o exército japonês, depois da ocupação da Coreia, começou a trazer para o país as "mulheres de conforto" ou "mulheres de alívio", mais de 85% delas coreanas. Eram em sua maioria adolescentes, sequestradas ou iludidas com a promessa de emprego em fábricas, mesmo método utilizado no próprio Japão. Invariavelmente essas mulheres sofriam abusos brutais e depois, quando regressavam à Coreia, não conseguiam se casar, por causa do estigma de sua experiência. No final da Segunda Guerra Mundial, as mulheres de conforto serviam também os soldados aliados em "centros de diversão e recreação", e quando esses centros foram banidos pelas forças aliadas como violações dos direitos das mulheres em seu lugar o exército de ocupação instalou bordéis privativos. Era uma tradição difícil de ser interrompida, e que sobreviveria na Era Contemporânea, em versão ligeiramente alterada.

A experiência sexual japonesa durante os primeiros estágios da industrialização foi claramente contraditória. Alguns precedentes japoneses particulares alimentaram o crescente abismo entre os padrões tradicionais aceitos e os comportamentos novos e amplamente difundidos, incluindo a franca recomendação anterior de busca do prazer sexual. E a necessidade de reagir às avaliações ocidentais era um fator complicador, compartilhado, nesse caso, com a maior parte das outras regiões do mundo. Posto isso, os paralelos entre a experiência japonesa e os padrões ocidentais eram impressionantes: os primeiros estágios da industrialização obviamente criaram novas necessidades e oportunidades para a busca do prazer sexual, incluindo novas limitações a antigos controles comunitários. Mas aparentemente geraram também a necessidade de insistir oficialmente em níveis de coibição sexual mais intensos do que nunca, como parte da reação mais ampla à mudança social. Que os resultados foram profundamente confusos é inegável, mas não se trata de uma exclusividade japonesa.

A Rússia geraria sua própria versão de padrões sexuais e novos interesses na expressão sexual – isto é, outra versão de um padrão industrial anterior – em que as consequências da grande Revolução de 1917 desempenhariam um papel inesperado.

Em primeiro lugar, as mudanças fundamentais no comportamento sexual, a essa altura suficientemente previsíveis a partir das experiências de outras das primeiras sociedades industriais. Os camponeses russos, a vasta maioria da população antes da década de 1860, por muito tempo tinham se debatido contra os controles da sexualidade necessários para manter o crescimento populacional em níveis baixos, em função das limitações da quantidade de terras disponíveis – sob a orientação, obviamente, do cristianismo ortodoxo. Como sempre, o foco essencial girava em torno da regulamentação da atividade sexual pré-marital. A forte ênfase dada à virgindade, particularmente à virgindade feminina antes do casamento, rivalizava com certo grau de tolerância em relação ao sexo pré-marital existente em algumas regiões camponesas; as baixas idades com que as pessoas se casavam ajudavam a apaziguar esse dilema. Com a emancipação dos servos em 1861 e a crescente mobilidade populacional, incluindo a rápida urbanização, os hábitos camponeses mudaram. O sexo pré-marital se intensificou e com ele – assim como acontecera na Europa Ocidental – aumentaram as taxas de nascimento de filhos ilegítimos. Um escritor da província de Vologda fez o seguinte comentário sobre o campesinato local: "Antes de se casar, um solteiro tem dois ou três filhos com mães diferentes... na maior parte da província, ninguém dá muita atenção à castidade de uma donzela". A prática do sexo fora do casamento, embora moralmente reprovada, também aumentou. O mesmo se pode dizer da prostituição. No século XVIII, Catarina, a Grande, havia colocado a prostituição sob supervisão policial, aplicando-se severas penalidades a quem exercesse a atividade sem regulamentação. Entretanto, na década de 1840, a polícia começou a expedir permissões oficiais para o funcionamento das "casas de conforto", incluindo inspeções médicas, e as outras restrições legais deixaram de ser fiscalizadas. Na década de 1890, estimava-se que havia 2.500 bordéis espalhados pelo império, e em cidades como São Petersburgo os números referentes à prostituição equiparavam-se aos de outras capitais europeias. Era comum que irmãos e amigos levassem garotos a essas casas como ritual de iniciação sexual. E, é claro, os índices de doenças sexualmente transmissíveis também começaram a aumentar. As taxas de abortos eram outro sinal de mudança, uma vez que as pessoas buscavam conter as gravidezes indesejadas que resultavam da agora intensificada atividade sexual: entre 1897 e 1912 o número de abortos em São Petersburgo aumentou dez vezes, embora tecnicamente essas operações fossem consideradas crime. O homossexualismo pode ter ganhado terreno, em especial nas faculdades e universidades. Uma lei de 1903 abrandava as punições oficiais para relações homossexuais, que em todo caso raramente eram aplicadas, sem, no entanto, torná-las legais. Na virada do século, entre os estudantes era popular uma canção que brincava com a noção de que fazer sexo com um amigo era melhor e mais divertido do que fazer sexo com mulheres.

Nesse cenário de mudança comportamental, as reações culturais variavam. Um grupo conservador lamentava o declínio da família, que, concordavam muitos observadores, estava agora em crise. Os nacionalistas invariavelmente culpavam os romances ocidentais, como *Madame Bovary*, de excesso de erotismo, e clamavam por censura. Os judeus eram outro alvo, o mais das vezes criticados como sendo os responsáveis pela propagação dos prostíbulos. Escritores como Tolstoi bradavam contra as preocupações com sexo, insultando-as como animalescas, capazes de arruinar os homens – a ênfase no sexo "é um objetivo indigno dos seres humanos". Alguns médicos engrossaram o coro, alertando para os perigos que o sexo representava à saúde dos jovens. Como no Ocidente, muita gente resistia à contracepção: um deles comentou em 1893 que os dispositivos contraceptivos estavam se popularizando, eram abertamente anunciados e disponíveis em farmácias; mas, uma vez que facilitavam o incremento da atividade sexual, eram vistos como danosos à saúde. A masturbação também foi alvo de comentários e era vista como sinal de decadência.

Mesmo com tudo isso, o país não foi dominado por um clima vitoriano pleno, mesmo porque as questões sexuais eram discutidas abertamente. Nos jornais apareciam anúncios com temas como "como matar sua sede sexual" e "qualquer mulher pode ter o busto ideal", às vezes acompanhados de fotografias de mulheres nuas. A pornografia se alastrou e intelectuais como Chukovsky endossaram a tendência:

> As pessoas deveriam desfrutar do amor sem medo e proibição [...] e esta palavra, *deveriam*, é vestígio de antigos hábitos intelectuais, é vestígio de um antigo código moral que está desaparecendo diante dos nossos olhos.

Os reformadores pediam também a descriminalização do aborto, por causa dos perigosos métodos usados em procedimentos clandestinos. No início do século XX, poetas e pintores se voltaram para temas mais eróticos. Em 1904, Bryusov escreveu que

> a paixão é aquela cor viçosa pela qual nosso corpo existe [...]. Nossa época, que iluminou a paixão, pela primeira vez permitiu que nossos artistas a retratassem sem se envergonharem de sua obra [...] quem peca é aquele que tem atitude simplória em relação ao sentimento apaixonado.

O fascínio pela violência sexual e pelo homossexualismo – incluindo poetas declaradamente gays e lésbicas – fazia parte dessa corrente cultural.

Em meio a esse clima de diversidade cultural e mudança comportamental, o impacto da Revolução Russa parecia confirmar a liberalidade sexual da sociedade. Os ataques comunistas à religião obviamente estimularam muitas pessoas a repensar suas atitudes com relação a instituições como o casamento – de acordo com o comentário de Clara Zetkin: "Na área do casamento e das relações sexuais, a revolução está quase no mesmo patamar da revolução proletária". Procedimentos civis substituíram os casamentos realizados na igreja, e o divórcio foi liberado. O homossexualismo foi totalmente descriminalizado em 1917, medida que os bolcheviques elogiavam em demasia como sinal de suas atitudes modernas e científicas. As tendências comportamentais se intensificaram nesse ambiente, com acentuado aumento da prostituição e dos casos de doenças venéreas. A taxa de divórcios explodiu, chegando a aumentar 700% nos anos 1920. Uma lei de 1920 legalizou o aborto, medida para reduzir a mortalidade resultante de infecções em operações clandestinas – essa foi a primeira legalização da prática em toda a Europa. O sexo pré-marital ganhou ímpeto, em especial nas cidades, e a média de idade da primeira experiência sexual dos homens caiu para 16 anos. Instalou-se um amplo debate em torno do prazer puramente físico do sexo e a necessidade de experimentar, na contramão do que ocorria antes, tornou obsoletas ideias sobre moralidade ou até mesmo o amor. É quase certo que a prática do adultério ganhou mais adeptos, que alegavam como justificativa racional sua insatisfação no âmbito do casamento.

O clima mais livre da década de 1920 pós-revolucionária não durou muito. Obviamente, alguns dos problemas do novo enfoque em relação à sexualidade exigiam resposta – por exemplo, acerca das doenças venéreas.

O próprio comunismo podia com facilidade levar a críticas aos interesses sexuais, tidos como instâncias puramente individualistas e que distraíam as pessoas dos verdadeiros interesses coletivos na construção de uma economia industrial e uma sociedade socialista. Ainda em meados da década de 1920, autoridades do governo escreviam que "a vida sexual é permissível apenas à medida que estimula o crescimento dos sentimentos coletivos, a organização de classe". Era cada vez maior a preocupação com o que era considerado uma crise moral. E, diante das tremendas perdas humanas sofridas na Primeira Guerra Mundial, havia razões práticas para estimular o maior foco dado à família e à reprodução. Por fim, as atitudes populares efetivas não tinham mudado tanto quanto podiam sugerir os radicais: muitas pessoas continuavam profundamente angustiadas acerca de temas como a masturbação, o homossexualismo e até mesmo a atividade heterossexual fora do casamento.

O resultado, na década de 1930, e com a ascensão de Stalin, foi uma quase completa reversão de tom e diretrizes políticas, e uma maneira de encarar as questões sexuais calcada na associação cada vez mais intensa entre o comunismo, pelo menos em sua versão russa, e uma ética vitoriana. Os ataques à "depravação sexual" ganharam ímpeto. Acusações contra a sexualidade e o erotismo passaram a fazer parte de praticamente todas as campanhas ideológicas contra inimigos do Estado, reais ou imaginários. Novas leis atacaram a pornografia e baniram oficialmente a prostituição – o comunismo, argumentava-se agora, tornaria desnecessários esses tipos de atividade sexual desviante. As escolas introduziram cursos de educação sexual, enfatizando o comportamento moral. As autoridades atacaram o homossexualismo – um alto funcionário escreveu, em 1934: "Aniquilem a homossexualidade e o fascismo desaparecerá.". Em 1936, o homossexualismo foi mais uma vez banido, vinculado à decadência e à contrarrevolução. As leis do divórcio tornaram-se mais complexas, como parte da estratégia de defesa da sexualidade conjugal e da reprodução. Cada vez mais as discussões abertas acerca de temas sexuais passaram a ser tabus, muito embora Stalin tenha sido mitologizado (à maneira tradicional dos grandes líderes) como homem altamente sexual, com muitas esposas e um impressionante aparato físico. Os especialistas elogiavam em demasia a sublimação e o controle sexual como chave da produtividade, criatividade e solidariedade socialista – a versão comunista das mesmas virtudes que os vitorianos haviam enfatizado durante as décadas de industrialização no Ocidente.

Ainda não há consenso sobre até que ponto isso afetou o comportamento. Precisamente pelo fato de que os comunistas apostaram alto na afirmação da relação entre o avanço revolucionário e pureza sexual, os dados sobre atividades como prostituição desapareceram – a alegação oficial era a de que não existiam problemas. Os líderes se comprazaim em contrastar a sobriedade comunista com a decadência cada vez maior que viam no Ocidente capitalista. Os índices de abortos definitivamente continuaram altos, apesar do estímulo oficial ao crescimento populacional – o aborto tornou-se o mecanismo padrão de controle da natalidade na Rússia, um claro sinal de ininterrupta mudança, da nova separação entre sexo e procriação, sob a superfície da retórica pública. Mas era inquestionável o tom assexuado da sociedade soviética, e um dos sintomas era o estilo de roupas contido, até mesmo desleixado. Na década de 1950, as questões sexuais teriam algum papel na Guerra Fria; os ocidentais gabavam-se de suas atitudes cada vez mais abertas e roupas cada vez mais sedutoras, em comparação com o que viam como uniformidade insípida do Estado comunista, ao passo que os comunistas continuavam batendo na tecla da acusação de decadência sexual. Durante certo tempo, pelo menos, a cultura pública russa parecia ter burilado uma resposta distintiva para a mistura de sexo e industrialização.

Temas globais: novas e velhas restrições

Atravessando regiões e diversidades, três fatores fundamentais moldaram a história mundial nas décadas entre 1870 e 1950. Nenhum era inteiramente novo, mas todos incorporaram alguns elementos de novidade.

Fora do mundo ocidental, os métodos de controle da natalidade não mudaram muito – como vimos, mesmo no Ocidente seu impacto pleno se deu apenas lentamente. A maioria das pessoas continuava fiando-se no *coitus interruptus*, além de abortos e contraceptivos à base de ervas. As misturas botânicas variavam de uma região para outra, mas a confiança nelas era amplamente difundida. Na África, algumas mulheres usavam grama picada ou retalhos para bloquear o colo do útero, uma inovação singular. Em lugar algum, porém, havia métodos particularmente confiáveis. Somente com a expansão da industrialização, como na Rússia ou, de maneira mais hesitante, na América Latina, surgiram maiores oportunidades de acesso a contraceptivos manufaturados ou abortos cirúrgicos. Em outros lugares, a falta de inovações nos contraceptivos era um fato corrente da vida sexual.

É claro, tudo isso não passava de notícia velha. O que havia mudado agora era a crescente promiscuidade sexual nas cidades e, em muitas regiões, um significativo aumento populacional. Especialmente mais para o final do século XIX, a melhoria nas condições de saúde pública começou a reduzir os tradicionais índices de mortalidade, e graças a isso mais pessoas conseguiam viver até a idade de ter filhos. O resultado foi uma significativa pressão na disponibilidade de terras – por sua vez, razão fundamental para o aumento das taxas de migração e deslocamento para as cidades. Tudo isso suscitou novas questões sobre sexo e coibição. Assim como na Europa, não há dúvida de que muitos casais dependiam cada vez mais de prolongados períodos de abstinência quando o risco de ter filhos em excesso era simplesmente grande demais. Mas para aqueles que não tinham condições de criar esse tipo de restrição, e para as muitas criadas e prostitutas que quase sempre engravidavam contra a vontade, outros métodos eram essenciais. Vimos que em alguns lugares, caso da China, a consequência foi o recrudescimento do infanticídio. E também o aumento dos índices de aborto. A tentativa de conciliação da atividade sexual e o fardo dos filhos foi um problema clássico das sociedades agrícolas, problema que nesse período tendeu a se intensificar.

As doenças venéreas eram uma segunda questão, não fundamentalmente nova, mas que agora atingia novas dimensões. Sempre houve remédios parciais para o tratamento de doenças sexualmente transmissíveis. Até meados do século XIX na Europa, normalmente aplicava-se um composto de mercúrio – na forma de unguento – nas lesões de pele causadas pela sífilis, daí o ditado: "Uma noite nos braços de Venus e a vida inteira com Mercúrio.". O tratamento, é óbvio, dependia da consciência de que era preciso cuidar da doença, e os resultados eram paliativos. Não havia cura, e mais tarde, ao longo da vida do infectado, podiam se manifestar outros males, como problemas cardíacos e demência. O aumento do número de casos da doença tornou-se alvo das atenções, tanto com relação a medidas de ordem política como no campo da pesquisa médica. Na França, em 1838, Philippe Ricard foi o primeiro a mostrar que a gonorreia e a sífilis eram doenças separadas. Seu trabalho levou a novos tratamentos com compostos de arsênicos, ingeridos na forma de comprimidos – o medicamento de fato reduzia os sintomas, mas era tóxico e causava efeitos colaterais, entre eles o esgotamento das energias do paciente. O contágio também era matéria de preocupação, pois as autoridades percebiam cada vez mais que era importante tentar evitar a transmissão. Na Grã-Bretanha, a promulgação de uma Lei de Doenças Contagiosas, em 1860, veementemente criticada por interferir em questões privadas, levou à obrigatoriedade de inspeções de saúde para as prostitutas. As autoridades militares também começaram a monitorar as mulheres que prestavam serviços sexuais aos soldados, e a alertar os soldados para que usassem de cautela e empregassem medidas profiláticas — o que resultou numa queda da incidência de sífilis nas fileiras militares entre 1860 e 1910.

A maior parte desses desdobramentos, obviamente, concentrava-se na Europa e na América do Norte. Os europeus se diziam perplexos diante da tendência dos asiáticos de ignorar as doenças, negligenciando as possibilidades de tratamento. Mas, mesmo, na Europa, a ignorância, a eficácia limitada e os efeitos colaterais dos medicamentos impunham restrições aos tratamentos. No Velho Mundo e em outras partes, as arraigadas convicções de que a doença era resultado de comportamento irresponsável também limitava a atenção e a empatia para com os afetados. Na Europa, na África e em outras regiões, as mulheres estavam menos propensas que os homens a receber algum tipo de tratamento, mais uma vez em parte como resultado da vergonha social. Na África, os colonizadores brancos tinham acesso muito maior a tratamento do que os africanos negros, que as autoridades relegavam basicamente à quarentena e ao confinamento. No final do século XIX os médicos latino-americanos começaram a ficar bastante preocupados com a propagação das doenças venéreas, mas os tratamentos eram escassos e incompletos. O uso do arsênico teve início em 1920, mas não era muito eficaz. Em situações como essa os governos tendiam a criminalizar a transmissão da doença, insistindo na responsabilidade do autocontrole. A pesquisa continuou cada vez mais em nível internacional. Em 1883, o governo alemão fundou um instituto de pesquisa em última instância devotado à cura da sífilis. Em 1906, surgiu o primeiro teste de diagnóstico efetivo para a doença. Os experimentos com a gonorreia baseavam-se no uso do pus infectado como possível vacina, juntamente com sangramentos e lavagem constante e pesada. Na década de 1920, foi desenvolvido um teste de sangue para a detecção da doença, e logo depois cientistas japoneses anunciaram um teste cutâneo.

Mas a verdadeira inovação ocorreria somente na década de 1930, mais uma vez no Ocidente, com a introdução dos antibióticos, entre os quais logo se incluiria a penicilina. Os antibióticos na verdade derivavam dos primeiros usos do chumbo, mas, ao contrário dos compostos anteriores, que eram venenosos, essas drogas curavam as principais formas de doenças venéreas, pressagiando um novo (ainda que bastante breve) período da história da sexualidade e das doenças contagiosas.

Ao longo da maior parte do período 1750-1950, contudo, as doenças sexualmente transmissíveis foram um aspecto muito negativo na mudança do clima sexual, suscitando uma preocupação cada vez maior, mas uma resposta relativamente inócua na maioria das sociedades, com enormes diferenças com relação aos tratamentos disponíveis, que variavam de acordo com gênero, classe social e região. Os altos índices de doenças eram um importante indicador de mudança na prática sexual, sob a superfície das pregações morais. Obviamente, a consciência da doença também era uma importante coibição do comportamento efetivo, pois não apenas as autoridades civis e militares, mas também os pais e educadores sexuais, nas escolas, recomendavam cautela aos jovens em nome da saúde básica, quaisquer que fossem as implicações morais.

Uma última restrição à sexualidade, e esta bastante nova em termos globais, envolveu o homossexualismo. Ao longo da história mundial, a atividade homossexual vinha sendo tratada de maneiras diversas em cada região particular do mundo – até o século XIX. Nesse ponto, contudo, a pressão ocidental, mais alguns fatores adicionais — como as decisões imperiais na China do século XVIII – começaram a criar uma hostilidade muito mais uniforme do que existia antes em relação às práticas homossexuais. Os observadores ocidentais alegavam encontrar demonstrações desenfreadas de homossexualidade em praticamente todos os cantos do mundo – o argumento já fazia parte do arsenal de ataques à frouxidão moral e às masculinidades inferiores. Já no Ocidente, como vimos, novas teorias acadêmicas e científicas sobre a homossexualidade resultaram em definições mais restritivas e atitudes mais ásperas no final do século XIX. Em muitas outras regiões, a regulamentação ocidental direta tornou-se parte da onda imperialista. O artigo 337 do código penal indiano, sob a chancela britânica, baniu o intercurso homossexual, medida que se estendeu a todas as colônias britânicas – em largas porções da África, Sudeste Asiático e Caribe, bem como Nova Zelândia, Canadá e Austrália; o homossexualismo foi proibido no Iraque, dominado pelos britânicos após a Primeira Guerra Mundial – a lista era longa. Ao mesmo tempo, era reveladora a maneira como governos independentes também chegavam à conclusão de que os novos níveis de hostilidade ao homossexualismo eram parte crucial da resposta às pressões dos padrões ocidentais – daí a inaudita lei japonesa sobre o tópico. A Rússia soviética decretou a ilegalidade das relações homossexuais em 1936, estendendo a provisão às repúblicas das regiões islâmicas do império, medida que fazia parte do projeto stalinista de sanções severas contra a licenciosidade sexual. Muitos regimes claramente consideravam as medidas sobre a homossexualidade culturalmente mais palatáveis do que ações acerca de outros tipos de questões sexuais – a maior parte das sociedades havia menosprezado os aspectos do homossexualismo, de modo que o recrudescimento das restrições talvez parecesse um passo particularmente factível. Além disso, em um clima no qual haviam se tornado bastante conhecidas as críticas ocidentais às masculinidades afeminadas na Ásia, África e América Latina, muitos líderes locais – no Oriente Médio, por exemplo – podiam facilmente decidir que lançar um novo olhar à tolerância ao homossexualismo era uma resposta crucial. Eis aí não apenas uma provável razão para as novas mudanças – de grande projeção e amplas consequências – de orientação e diretrizes políticas, mas para a paixão com que novas leis anti-homossexuais seriam defendidas em épocas recentes, mesmo em sociedades tradicionalmente mais tolerantes. O resultado, mais uma vez, foi uma verdadeira mudança na história global, uma uniformidade sem precedentes de preocupação acerca de um aspecto-chave da sexualidade humana.

Obviamente, as atividades homossexuais não desapareceram, mesmo porque as leis e regras não se faziam cumprir de maneira estrita. Porém, as práticas homossexuais tinham de ser conduzidas sob doses cada vez maiores de sigilo – o que havia muito ocorria no Ocidente. E ficou mais difícil manter uma postura bissexual, em oposição ao padrão de optar pela orientação heterossexual ou homossexual – outro resultado pouco tradicional para a maior parte das regiões do mundo.

★ ★ ★

A mudança – mas também a continuidade – configurou o tema dominante na história da sexualidade no mundo nos dois séculos após 1750 – uma constatação nada surpreendente. As reações aos padrões ocidentais, além das mudanças mais gerais, começaram a extinguir algumas opções sexuais, particularmente na ponta de cima da escala social. A crescente desaprovação estrangeira, mais o colapso dos grandes impérios como o Mogol e o Otomano, começaram a dar fim a longevas tradições, tais como os haréns ou o recrutamento de eunucos (a castração agora é vista como uma mutilação bárbara, exceto talvez quando serve para refrear os impulsos de criminosos sexuais). Os homens das classes mais altas podiam buscar alternativas parciais às concubinas, valendo-se de amantes ou dos serviços de amplo alcance da prostituição ou simplesmente por meio de casamentos em série, mas algumas instituições sexuais específicas estavam saindo de cena. Até mesmo a poligamia começou a declinar em algumas sociedades.

Obviamente, para a maioria das pessoas, distantes do mundo dos haréns, as mudanças mais importantes envolveram o maior número de oportunidades de sexo antes ou fora do casamento, particularmente via prostituição, mas também por meio de relações sexuais mais casuais, em alguns contextos urbanos. Ao mesmo tempo, padrões mais antigos, tais como a hostilidade em relação ao adultério ou medidas sintomáticas do esforço de preservação da virgindade feminina antes do casamento, eram ferozmente defendidos em alguns ambientes. E a ausência de mudanças drásticas na contracepção continuou a refrear as relações sexuais conjugais, por causa da ameaça de filhos indesejados.

Reformas sexuais explícitas, apoiadas por alguns administradores coloniais e missionários, mas também por líderes locais, incluindo as pioneiras do feminismo, tinham como principal objetivo proteger as mulheres contra algumas formas de sexualidade agora tidas em larga medida como abusivas – por exemplo, tentando limitar o acesso sexual a noivas crianças, elevando a idade adequada para o casamento, e também por meio de um movimento mais geral de abolição da escravidão. Mas era claro que, em muitas sociedades e de muitas maneiras, estavam surgindo preocupações sem precedentes com relação à sexualidade de duplo padrão. Contudo, a prostituição ascendente, em parte baseada na deterioração da posição econômica da mulher em muitas sociedades, e a explosão da violência sexual para salientar o poder masculino claramente impeliam a coisa em outra direção. Aqui é difícil traçar um balanço. Embora não seja um período que testemunhou liberdades globais em termos de cultura sexual – dadas não apenas às tentativas vitorianas, mas também chinesas, entre outras, de refrear a sexualidade ostensiva –, o avanço da pornografia cada vez mais disponível, invariavelmente com temas globais, mais uma vez sugeria novos métodos na sexualização das mulheres. E os esforços essencialmente globais de definir e atacar a homossexualidade constituíram outro tipo novo de repressão em muitas sociedades.

Também em termos globais, os dois séculos após 1750, e particularmente as décadas por volta de 1900, estabeleceram uma divisão crescente entre claros sinais de práticas sexuais cada vez mais promíscuas, entre grupos-chave, e ardorosos esforços para a definição de padrões de coibição, quase sempre com muito mais rigor do que se verificava anteriormente. Hiatos entre as recomendações morais e as reações efetivas não eram nenhuma novidade no período, mas o abismo estava se alargando. Essa era uma tensão vinculada às tendências ocidentais, pelo menos até depois de 1900, com as disparidades entre a revolução sexual e o vitorianismo. As pressões ocidentais e as reações e respostas a elas criaram impulsos semelhantes também em outras plagas, à medida que os governos e autoridades buscavam novas maneiras de definir uma moralidade familiar que estivesse à altura dos padrões ocidentais e de talvez preservar também algumas tradições – como as tentativas latino-americanas de encontrar novas maneiras de escorar a moralidade familiar ou o esforço de glorificar a sexualidade voltada à reprodução como parte da tradição do confucionismo japonês. A redução da tolerância, pelo menos na retórica pública, em relação a padrões anteriores de uma sexualidade mais expressiva era parte dessa tendência de enfatizar maior rigor. Na contramão disso, eram inquestionáveis os sinais de um comportamento popular mais livre e relaxado. Já no século XX, uma questão-chave em muitas sociedades era saber se a distância entre as normas e a prática era sustentável, ou se seria essencial uma nova articulação entre padrões e comportamento.

Tendências sexuais fundamentais nas décadas entre 1750 e 1950 certamente prepararam o cenário para as mudanças adicionais que viriam. Amparados no apoio internacional, os esforços reformistas continuariam, mesmo à medida que a era do imperialismo definhava. O interesse mais declarado no prazer sexual, parte da cultura urbana e de consumo, também ganharia terreno, impulsionado pelas gigantescas mudanças nos meios de comunicação e com o declínio do vitorianismo no Ocidente. Como resultado, vieram à tona as oportunidades para a redefinição da relação entre padrões e comportamentos, pelo menos em algumas regiões. Contudo, nada do que existia por volta de 1950 prenunciava plenamente a substancial redefinição das questões sexuais que ocorreria durante os sessenta anos seguintes. Os filmes populares, produzidos em Hollywood mas também em centros regionais como o Egito, permaneceram sedados em termos sexuais na década de 1950 – Hollywood resistia até mesmo a mostrar um casal casado na mesma cama, e era impensável exibir lençóis com o menor sinal de desalinho. As novas declarações dos direitos humanos, emitidas pelas Nações Unidas na década de 1940, mal mencionavam o tema da sexualidade, sequer implicitamente. As questões globais dominantes eram a Guerra Fria, a recuperação econômica do pós-guerra, a descolonização – não o sexo. Entretanto, as mudanças e os questionamentos sexuais que emergiram de maneira mais proeminente, certamente por ocasião da chamada revolução sexual dos anos 1960, haviam sido erigidos a partir de tendências de séculos anteriores – nos objetivos reformistas, na sexualidade urbana, mas calcados também em algumas novas tentativas de retomar alguns temas recentes – por exemplo, os aspectos relativos à homossexualidade. O palco estava pronto para uma nova eclosão de mudanças, e para as diversas reações às mudanças.

PARA SABER MAIS

Sobre a China, ver J. Fitzgerald, *Awakening China: Politics, Culture, and Class in the Nationalist Revolution* (Stanford, CT: Stanford University Press, 1996); C. Mackerras, *Western Images of China* (New York: Oxford University Press, 1999); K. McMahon, *The Fall of the God of Money: Opium Smoking in Nineteenth Century China* (New York: Rowman and Littlefield, 2002); G. Rozman (ed.), *The Modernizaton of China* (New York: Free Press, 1981); e S. S. Thurin, *Victorian Travelers and the Opening of China, 1842–1907* (Athens: Ohio University Press, 1999).

Para informações sobre o Japão, ver E. Ben-Ari, B. Moeran, e J. Valentine (eds.), *Unwrapping Japan: Society and Culture in Anthropological Perspective* (Honolulu: University of Hawaii Press, 1990); R. Benedict, *The Chrysantemum and the Sword: Patterns of Japanese Culture* (Boston, MA: Houghton Mifflin, 1946); A. Gordon, *A Modern History of Japan* (New York: Oxford, 2003); H. Harootunian, *Overcome by Modernity: History, Culture, and Community in Interwar Japan* (Princeton, NJ: Princeton University Press, 2000); e Y. Tomoko, *Sandakan Brothel nr 8: An Episode in the History of Lower-Class Japanese Women*, trad. K. Taylor (Armonk, NY: M. E. Sharpe, 1999).

Acerca do Oriente Médio, ver W. G. e M. Kalpakli, *The Age of Beloved: Love and the Beloved in the Early-Modern Ottoman and European Culture and Society* (Durham, NC: Duke University Press, 2005); B. Lewis, *The Emergence of Modern Turkey*, 3rd ed., (New York: Oxford University Press, 2002); J. A. Massad, *Desiring Arabs* (Chicago: University Press, 2007); e E. R., Toledano, *Slavery and Abolition in the Ottoman Middle East* (Seattle: University of Washington Press, 1998).

Fontes de pesquisa sobre a África incluem: W. B. Cohen, *The French Encounter with Africans: White Response to Blacks, 1530-1880* (Bloomington: Indiana University Press, 1980); D. L. Hodgson e S. A. McCurdy (eds.), *"Wicked" Women and the Reconfiguration of Gender in Africa* (Portsmouth, NH: Heinemann, 2001); e V. Kiernan, *The Lords of Humankind: European Attitudes to other Cultures in the Imperial Age* (London: Serif, 1995).

Sobre a Rússia, ver L. Engelstein, *The Keys to Happiness: Sex and the Search for Modernity in fin-de-siècle Russia* (Ithaca, NY: Cornell University Press, 1992) e I. Kon, *The Sexual Revolution in Russia from the Age of Czars to Today*, trad. J. Riordan (New York: Free Press, 1995).

Bons estudos sobre a Índia incluem: P. Banerjee, *Burning Women: Widows, Witches, and Early Modern European Travelers in India* (New York: Palgrave Macmillan, 2003); I. Chowdhury, *The Frail Hero and Virile History: Gender and the Politics of Culture in Colonial Bengal* (Delhi: Oxford University Press, 1998); E. M. Collingham, *Imperial Bodies: the Physical Experience of the Raj, c. 1800-1947* (Malden, MA: Blackwell, Oxford University Press, 2006); M. Feldman e B. Gordon (eds.), *The Courtesan's Arts: Cross-cultural Perspectives* (New York: Oxford University Press, 2006); L. James, *Raj: The Making and Unmaking of British India* (New York: St. Martin's Griffin, 1997); e A. McClintock, *Imperial Leather: Race, Gender, and Sexuality in the Colonial Context* (New York: Routledge, 1995).

PARTE III
A sexualidade na era da globalização

Em 1959, em visita a Los Angeles, o premiê soviético Nikita Khrushchev foi levado ao *set* de filmagens do filme *Can-Can* e viu várias atrizes vestidas em trajes de coristas, supostamente à semelhança das dançarinas de Paris em meados de 1900. O chefe de governo expressou sua grande perplexidade diante de uma quantidade tão grande de pele feminina exposta na tela (ele já estava aborrecido de ter sido arrastado para um estúdio de cinema e não uma instalação aeroespacial). O episódio é apenas uma pequena parte das tensões da Guerra Fria e não teve grandes consequências, exceto confirmar aos líderes soviéticos que a sociedade norte-americana era sexualmente decadente, e ao público norte-americano que o sistema soviético era lúgubre, repressivo e nada sensual.

Em 2003, um tribunal islâmico no norte da Nigéria condenou à morte a muçulmana Amin Lawal por crime de adultério. Ela deveria ser enterrada até a cintura e então apedrejada pelos aldeões até morrer. Indignada, a opinião pública imediatamente se mobilizou, e organizações de direitos humanos como a Anistia Internacional usaram a internet para entrar em contato com pessoas da Europa, Estados Unidos, Japão e muitos outros lugares, para que pressionassem o governo nigeriano (que não aprovou a sentença) a intervir. Milhares de indivíduos e grupos encaminharam solicitações e abaixo-assinados à Nigéria, argumentando que a punição era, em todo caso, um ato de barbárie, além de particularmente inapropriada para um crime sexual, real ou suposto. A campanha deu certo: a mulher foi poupada.

Em 2008, dois meninos atores no Afeganistão, que haviam participado de uma cena que simulava um estupro no filme *O caçador de pipas*, tiveram de ser retirados do país, por causa do receio de que aquele tipo de representação sexual pudesse colocar suas vidas em perigo.

O sexo estava se globalizando. Produtoras internacionais de filmes, como a que havia financiado *O caçador de pipas*, podiam suscitar protestos locais. Uma remota corte religiosa podia desencadear uma reação mundial por causa de sua tentativa de reforçar uma antiga e continuada aversão ao adultério. De diversas maneiras, os padrões internacionais e as reações locais desenvolveram interações complexas e sem precedentes. A inovação óbvia foi a criação de uma opinião mundial tolerante do ponto de vista sexual e que podia ser mobilizada contra ações locais. Mas, quase tão óbvia, dada a efetiva história da sexualidade, foram as exageradas reações locais que as condições contemporâneas aparentemente encetaram: afinal de contas, se a hostilidade islâmica em relação ao adultério era bastante tradicional, a ideia de matar uma mulher, com crueldade exemplar, nada tinha de tipicamente tradicional. A punição prevista no Alcorão era a aplicação de cem chibatadas e depois, com sorte, uma reconciliação familiar. Em outras palavras, a mudança foi bastante real, mas extremamente complexa. Envolveu padrões e atividades globais, mas também o enrijecimento das normas sexuais associadas à ascensão praticamente global de vários tipos de fundamentalismo religioso. No processo, a sexualidade tornou-se um novo campo de batalha.

★ ★ ★

Em anos recentes, historiadores e cientistas sociais têm escrito infindáveis páginas sobre a globalização, com o argumento de que os novos níveis de contato estão reformulando aspectos fundamentais da história humana. Os resultados são evidentes na geração de novos padrões globais em diversas áreas, mas também novas variedades de reações e respostas regionais, algumas saudando de braços abertos o novo cosmopolitismo, outras veementemente contrárias. O lugar histórico da globalização ainda deve ser debatido: alguns argumentam que as interações são apenas a fase mais recente de uma longa história de aceleração do contato humano. Outros sustentam que foi em meados do século XIX, e não do século XX, que foi introduzida uma nova era global.

Do ponto de vista da história da sexualidade, contudo, um argumento acerca da globalização contemporânea é útil para demarcar uma fase distintiva da cultura sexual e (em menor grau) do comportamento sexual, em termos mundiais.

Três fatores estão envolvidos: primeiro, na Europa, nos Estados Unidos, no Japão e logo em outras partes do mundo, começou a ganhar corpo uma nova cultura, mais aberta em relação à sexualidade, nas décadas de 1950 e 1960. Essa cultura envolveu mudanças legais, o que permitiu, por exemplo, que cineastas norte-americanos ficassem cada vez mais explícitos em suas representações sexuais, sem temer a censura. Envolveu novos tipos de controle da natalidade e um empenho cada vez maior acerca da busca do prazer sexual. De várias maneiras, particularmente nas expressões dos meios de comunicação, a abertura sexual passou, cada vez mais, a ser associada ao consumismo global. Houve inevitáveis aspectos negativos, quase sempre terríveis: turismo sexual e um novo nível de exploração sexual internacional de mulheres, bem como um novo nível de doenças sexualmente transmissíveis. Em geral, porém, padrões e valores associados ao conservadorismo sexual foram convertidos em alvos de ataque sob aquela que é invariavelmente saudada como uma revolução sexual.

Isso está relacionado ao segundo fator, o movimento da globalização. Uma cultura pública menos reticente nos Estados Unidos e os novos interesses europeus no banho de sol de *topless* não foram apenas mudanças regionais – tiveram implicações mundiais graças a novas empresas transnacionais de meios de comunicação, uma onda sem precedentes de turismo internacional, e as pressões gerais do consumismo. Concursos de beleza altamente sexualizados, para citar um exemplo óbvio, ganharam terreno quase no mundo todo, embora as origens desse tipo de evento fossem puramente ocidentais. Mas o sexo para consumo não foi o único movimento global: novas preocupações referentes aos direitos humanos e um movimento feminista semiglobal também influenciaram os padrões sexuais, às vezes simpáticos à defesa do prazer sexual, às vezes de maneira mais hesitante. Novos esforços na tentativa de definir e estigmatizar o estupro como crime de guerra fizeram parte da globalização no campo sexual, tanto quanto os ubíquos concursos de Miss Mundo.

O terceiro fator abrange simplesmente as diversas reações regionais e inovações que os defensores de padrões mais tradicionais julgavam essenciais como proteção contra uma cultura mais aberta e as novas pressões globais. Algumas inovações foram violentas: punições ineditamente severas para crimes sexuais em certas sociedades ou os novos usos do estupro como arma nas guerras civis. Outras reações inovadoras talvez tenham sido também veementes, mas mais puramente políticas, como os esforços no sentido de impor restrições constitucionais aos casais homossexuais, em muitos estados norte-americanos. O sexo na era global estava longe de ser um fenômeno uniforme: a mudança era um tema consistente.

Temas anteriores persistiam, é claro. Algumas culturas tradicionalmente abertas a ideias de prazer sexual, caso da Índia, adaptaram-se de maneira peculiar a algumas das mudanças – porque a tradição ajudou a preparar esse ajuste. Novos medicamentos para aumentar a potência sexual de homens mais velhos causaram e também refletiram mudanças, mas é importante lembrar que muitas sociedades já tinham lidado antes com a questão da melhoria do desempenho sexual – a mudança não tinha tanto a ver com os objetivos, mas estava mais relacionada a uma nova disponibilidade de substâncias químicas e uma nova permissividade na publicidade.

Esta última parte do livro trata de uma gama de questões, do recrudescimento do aborto, passando pela aids até inéditas discussões e polêmicas em torno da homossexualidade, oferecendo um novo conjunto de comparações, não apenas em casos em que reações violentas podem ser contrastadas com ajustes relativamente plácidos, mas também com as estranhas e um tanto inesperadas diferenças entre os Estados Unidos e outras sociedades industriais no que tange às maneiras de encarar questões como a nudez pública e o sexo pré-marital. Contudo, em meio à diversidade de reações e à diversidade de questões, a conjuntura básica deve ficar bem clara: de modo crescente, em termos mundiais, a sexualidade foi substancialmente remodelada por novas pressões por prazer sexual recreativo e uma cultura pública expressiva, pelos inauditos contatos descritos como globalização e os vários tipos de reações regionais que responderam a essas pressões por mudança, reações por sua vez quase sempre bastante novas.

O que estava acontecendo, é possível afirmar, agora mundialmente, era a dolorosa intensificação de um movimento de afastamento do arcabouço agrícola na direção da criação de um contexto industrial. A promoção das taxas de natalidade perdeu importância, à medida que região após região e família após família perceberam que os índices tradicionais de procriação tinham de ser submetidos a um novo controle – além disso, para tanto havia então novos mecanismos que não a abstinência. Com isso, e com as mudanças no trabalho e nos padrões educacionais da mulher, as tentativas tradicionais de monitorar a sexualidade feminina encontraram dificuldades de ser colocadas em prática ou tornaram-se mais difíceis de se justificar – embora isso pudesse gerar ardorosa resistência, em nome de valores mais antigos. A nova leva de mudanças também obrigou muitas sociedades a confrontar o hiato entre rigorosos padrões oficiais e os comportamentos efetivos, que viera à tona nas décadas anteriores a 1950, nas primeiras reações às contestações às normas agrícolas – embora aqui também as reações variassem. Inevitavelmente, se o contexto agrícola, escorado pelos padrões religiosos, agora estava perdendo terreno, a transição era confusa e duvidosa. Não estava claro qual seria o resultado final.

A sexualidade na história do mundo contemporâneo

O tema dominante da sexualidade nos últimos sessenta anos da história mundial envolve um comprometimento e um empenho cada vez maiores com a concepção do sexo como recreação e fonte de prazer; embora nem de longe tenha desaparecido, o sexo com fins procriativos ficou em segundo plano. Essa foi a maior mudança com relação aos padrões característicos, e muitos dos códigos predominantes, do período agrícola. Foi uma mudança que também resolveu parcialmente – mas não integralmente – algumas das tensões que haviam surgido nos dois séculos anteriores a 1950, quando definições cada vez mais rigorosas de respeitabilidade sexual enfrentaram mudanças comportamentais efetivas. A cultura pública tornou-se cada vez mais sexualizada. Tanto as novas práticas como as novas culturas claramente alimentaram uma nova definição da sexualidade da era industrial, que em muitos sentidos era ímpar. E tudo isso aconteceu em meio a oportunidades globais de disseminação cultural e imitação comportamental, em que a sexualidade inovadora tornou-se uma característica central da própria globalização. No processo de redefinição, mereceu nova atenção o reexame do papel sexual da mulher, embora nesse ponto as mudanças tenham sido vigorosamente debatidas e contestadas.

Obviamente, o interesse no e a conquista do prazer sexual não eram novidade na história mundial. Mas o que estava acontecendo agora era uma intensificação de foco e uma redução da força de outras definições de sexualidade e controle sexual. A cultura vitoriana e, pouco depois, a cultura comunista saíram de cena, pelo menos no que dizia respeito à sexualidade, deixando para trás apenas resquícios parciais para complicar a configuração da mudança.

O impulso global era inequívoco, mas obviamente abrangeu importantes diferenças regionais baseadas na cultura e graus de urbanização anteriores. Algumas sociedades adotaram os novos códigos morais de maneira mais sincera do que outras. Também é verdade que os novos padrões tiveram diversos revezes, incluindo o óbvio recrudescimento de problemas de doenças – aqui também surgiram complexidades que podiam desviar-se das tendências dominantes e ao mesmo tempo criar outro conjunto de distinções regionais. A sexualidade estava mudando, mas nem de longe perdia suas complexidades e a capacidade de suscitar calorosas disputas.

Contracepção e doença: um novo conjunto de circunstâncias

A mudança mais dramática com respeito à sexualidade na história mundial contemporânea foi a literal explosão de uma cultura pública mais sexualizada, afetando praticamente todas as sociedades – um triunfo (se é que essa é a palavra apropriada) de uma combinação das novas mídias, do novo consumismo e da globalização. Isso foi um importante estímulo para a difusão da busca do prazer no sexo recreativo. Mas uma contribuição mais básica à mesma mudança envolveu diversas inovações concernentes ao controle da natalidade e à esterilização cirúrgica, o que também teve implicações globais, mesmo que em meio a uma grande variedade regional. Um importante – ainda que breve – intervalo sem as formas mais comuns e tradicionais de doenças sexualmente transmissíveis contribuiu para as implicações de um controle da natalidade mais difundido. A mudança-chave, contudo, foi a capacidade cada vez maior de separar o sexo da procriação e o aumento do interesse em fazer isso.

A mudança mais impressionante ocorreu primeiramente nas regiões industrializadas, em particular no Ocidente. O início da década de 1960 testemunhou a introdução de novos e surpreendentes métodos de controle da natalidade, especialmente uma pílula que podia ser ingerida pelas mulheres e que evitaria a contracepção; também chamou a atenção um novo dispositivo intrauterino (DIU), cujos efeitos colaterais, contudo, rapidamente limitaram sua utilização. Já a pílula foi considerada por muita gente uma espécie de "balinha mágica" – seu uso, entretanto, não estava isento de complicações: a preocupação com potenciais riscos à saúde, a necessidade de se lembrar da dosagem regular e certamente a necessidade de se obter uma receita médica.

A sexualidade na história do mundo contemporâneo **233**

Cartaz do dia internacional da mulher. Berlim, 1960 (Deutsches Bundesarchiv, Berlim). O *baby boom*, explosão nas taxas de natalidade que se estendeu do final dos 1940 até meados da década de 1960, mostrou que o sexo com finalidade de procriação ainda era importante. Da década de 1960 em diante, com o advento de novos métodos contraceptivos, foi, entretanto, possível praticar sexo sem fins reprodutivos com mais tranquilidade e segurança.

Mesmo assim, o medicamento passou a ser utilizado de maneira cada vez mais ampla. Seguiram-se inovações posteriores na área dos contraceptivos, e perto da virada do século chegou ao mercado a "pílula do dia seguinte" (contracepção de emergência), inventada na França e capaz de evitar a concepção ainda que tomada pouco depois da relação sexual, e não antes. Essas grandes inovações alicerçavam-se na familiaridade cada vez maior até com dispositivos mais antigos, como o diafragma e a camisinha, incluindo o crescente engajamento de grupos outrora relutantes (os católicos norte-americanos começaram a praticar amplamente o controle da natalidade, a despeito da desaprovação oficial da Igreja). Nas ultimas décadas do século XX, de maneira mais plena na Europa do que nos Estados Unidos, a disponibilidade de vários métodos se estendeu até mesmo aos adolescentes, facilitando a prática do sexo pré-marital sem risco significativo de gravidez. Por fim, principalmente para os adultos, os procedimentos cirúrgicos, incluindo a vasectomia para os homens e a laqueadura ou amarração (ou ligadura) de trompas de Falópio para as mulheres, promoveram esterilizações que evitavam a concepção com um grau de confiabilidade sem precedentes.

O fato é que, da década de 1960 em diante, a maior parte dos ocidentais já podia praticar sexo independentemente da procriação, apenas interrompendo os métodos usados quando houvesse o desejo de ter filhos e às vezes aceitando a esterilização quando o interesse na reprodução tinha acabado. O número de filhos indesejados ou não planejados caiu drasticamente, e a taxa básica de natalidade ficou bem menor do que se verificava na era agrícola. Mas o resultado mais extraordinário foi a separação entre a maior parte da atividade sexual e qualquer ideia de concepção: pelo menos em princípio, em nenhum outro momento da história da humanidade havia à disposição tanta possibilidade de sexo por e para o prazer. Provavelmente, a mudança foi mais significativa para as mulheres do que para os homens, por causa do inescapável envolvimento das mulheres com a gravidez, mas houve implicações para ambos.

Obviamente, entraram em cena algumas complicações, mesmo no mundo ocidental. O *baby boom*, explosão nas taxas de natalidade que se estendeu do final dos 1940 até meados da década 1960, mostrou que o sexo com finalidade de procriação ainda era importante – embora nesse período as famílias do *baby boom* tivessem em média de três a quatro filhos, nem de longe um número que se aproximasse da tradição. O fim do *baby boom*, quando as taxas de natalidade caíram para dois filhos por casal ou menos, revelou de modo acachapante o declínio do sexo procriativo. Em 2000, várias sociedades, caso de Grécia e Itália (e também Japão) estavam abaixo dos níveis de manutenção – situação amenizada apenas por causa do fenômeno da imigração. A dramática onda de controle da natalidade inevitavelmente suscitou questões. Muitas autoridades religiosas ficaram particularmente hesitantes, preocupadas com a perda de almas em virtude da diminuição da população e a nova ênfase no prazer sexual sem restrições. As preocupações dos norte-americanos sobrepujavam a dos europeus, especialmente em função do fato de que os EUA experimentaram um renascimento dos interesses religiosos a partir da década de 1970 – o que resultou na imposição de limites mais claros com relação ao empenho oficial em políticas de controle da natalidade, particularmente para adolescentes norte-americanos e para o esforço de controle populacional no exterior. As verbas destinadas pelo governo dos EUA ao financiamento de programas internacionais de planejamento familiar foram reduzidas vertiginosamente na década de 1980 e de novo após 2000, uma vez que as autoridades insistiam que as pessoas deveriam ser capazes de refrear seus impulsos sexuais sem assistência artificial. Isso tinha paralelos com uma peculiar confiança em campanhas do tipo "simplesmente diga não", em defesa abstinência sexual entre os adolescentes – essas campanhas obtiveram algum apoio popular, inclusive com juramentos públicos de alguns jovens, mas também geraram índices de gravidez na adolescência mais altos que os verificados na maioria das outras sociedades industriais.

Ainda assim, para a maior parte dos adultos norte-americanos, e certamente para o mundo ocidental em termos mais gerais, a combinação do acesso a novos mecanismos de controle da natalidade e novos níveis de aceitabilidade do sexo criou um novo e dramático contexto para a sexualidade.

Desdobramentos semelhantes tomaram forma em outros lugares, embora com diferentes especificidades. As variações sobre o tema foram impressionantes, uma vez que as condições materiais e atitudes culturais moldavam opções (e escolhas do tempo mais adequado) bastante diferentes com relação ao controle da natalidade – quase sempre, também, em meio a debates e ressentimentos. Mas o envolvimento global também era admirável, à medida que os esforços para limitar as taxas de natalidade e, pelo menos em alguns casos, aumentar as oportunidades de sexo recreativo, ganhavam proporções internacionais.

O envolvimento japonês com os métodos ocidentais de controle da natalidade foi surpreendentemente complicado por hostilidades com relação a muitos dos dispositivos específicos, em especial a ingestão de pílulas, bem como pela preocupação das autoridades com a ideia de que, reduzindo a importância da função reprodutiva do sexo, estariam fomentando a promiscuidade. O Ministério da Saúde só aprovou a pílula em 1999, depois de três décadas de campanha promovidas por organizações de defesa dos direitos das mulheres. Porém, antes disso já estava amplamente disseminado o uso do método do ritmo e de camisinhas, e o Japão também alcançou um dos mais altos índices de aborto *per capita* do mundo (o que tem como fundamento a antiga tradição nacional de confiança nesse procedimento). A taxa de natalidade caiu vertiginosamente, chegando ao baixíssimo nível da 1,34 filho por mulher em 1999, e, como veremos, o envolvimento com o sexo recreativo, mesmo entre os adolescentes, cresceu dramaticamente, mesmo que, pelo menos até o início do século XXI, os métodos contraceptivos continuassem a diferir dos padrões ocidentais.

Várias outras sociedades mantinham-se na dependência de altos índices de aborto por questões de custo: os dispositivos artificiais pareciam mais caros do que recorrer a procedimentos baratos quando era preciso lidar de fato com uma gravidez indesejada. Em alguns casos isso acabava na realidade sendo estimulado por políticas oficiais, que limitavam as informações sobre outros dispositivos, por causa do interesse no crescimento populacional. Mesmo antes dessa época o aborto era prática arraigada na União Soviética, e na segunda metade do século XX floresceu ainda mais: na década de 1990 uma mulher fazia em média três abortos ao longo de sua vida reprodutiva. Embora houvesse acesso a preservativos, vendidos em alguns mercados de áreas urbanas (mas quase sempre em estoques insuficientes), o aborto sob encomenda, realizado em qualquer hospital local, era um recurso mais imediato (quando falhavam os métodos do ritmo) – além disso, muitas mulheres viam com bons olhos o fato de poder ignorar as objeções masculinas quando adotavam essa opção. Nas décadas de 1960 e 1970 vieram à tona debates sobre a contracepção, contrabalançados pela opinião contrária aos contraceptivos orais por medo de que causassem câncer. Em 1991, contudo, com uma maior abertura para o Ocidente e a crescente prosperidade da classe média, foi formada uma Associação Russa de Planejamento Familiar, lançando abrangentes campanhas educacionais; os preservativos passaram a ser mais acessíveis, embora ainda fossem estigmatizados como pouco masculinos. Ao mesmo tempo, os custos do aborto se elevaram, o que resultou em mais procedimentos de fundo de quintal.

A Coreia do Sul foi outro caso em que, com a maior prosperidade econômica, a dependência do aborto gradualmente perdeu terreno, cedendo espaço para uma maior utilização de dispositivos artificiais. Contudo, as camisinhas continuaram sendo em sua grande maioria produtos importados; a pílula, disponível desde a década de 1960, era frequentemente usada sem eficácia. Os DIUs eram limitados, pois apenas os médicos estavam autorizados a inseri-los, e o acesso a eles era difícil. Os altos índices de aborto mitigaram, mas apenas de maneira gradual.

O caso da China é outro. Nos primeiros anos do regime comunista, ao longo da década de 1950, deu-se grande ênfase ao crescimento populacional, tido como ativo crucial para o Estado; assim, o controle da natalidade avançou muito pouco, pelo menos em público. O Estado engendrou intensas campanhas pró-natalidade. Com a mudança das diretrizes políticas no final da década de 1970 houve dramática reversão, e o Estado começou a impor rígidos limites ao número de filhos permitidos por família – um nas cidades, dois no campo. Isso, por sua vez, forçou as pessoas comuns a adotarem diversos comportamentos. Alguns eram bastante tradicionais, incluindo o ressurgimento do infanticídio e o abandono de crianças, principalmente com o intuito de livrar-se de meninas indesejadas – se só era permitido ter um único filho, muitos pais ainda queriam certificar-se de que seria menino. Remédios à base de ervas e métodos do ritmo eram abundantemente empregados. Aos poucos, porém, embora particularmente nas cidades, os dispositivos artificiais fizeram progresso. Na década de 1990 os casais casados usavam fartamente DIUs e pílulas, e a esterilização também era comum; o uso de pílulas foi refreado pelas ansiedades e a exagerada ênfase (para os padrões ocidentais) das mulheres nos efeitos colaterais. Casais não casados ficavam na dependência do aborto e dos preservativos, e o uso de camisinha avançou por volta do ano 2000, em meio a novos temores de doenças. A China representa um caso em que o movimento de afastamento da reprodução foi bastante acentuado, mas em que as medidas que permitiriam o sexo recreativo mais irrestrito se desenvolveram de modo mais tênue e hesitante do que no Ocidente, na Coreia ou no Japão, pelo menos até bem recentemente, quando a sobreposição ficou bem mais evidente. Em Hong Kong, contudo, 65% de todas as famílias estavam usando métodos de contracepção na década de 1990, principalmente preservativos, seguidos da esterilização (depois de um ou dois filhos) ou aborto – apesar das vigorosas campanhas por famílias mais numerosas.

Na Tailândia, outro caso asiático, a história foi mais direta, variando um pouco o clima político. As parteiras tinham permissão para inserir o DIU e distribuir a pílula, o que significava um acesso cada vez maior das mulheres das zonas rurais a dispositivos contraceptivos. No geral, a pílula era o recurso mais usado, seguido da esterilização feminina; a utilização da camisinha era pequena. A religião – de um lado, o catolicismo; de outro, o islamismo – impedia novos método de controle da natalidade nas Filipinas e na Indonésia. Mas as pessoas das cidades maiores das Filipinas desafiaram a Igreja e passaram a se valer de novos métodos, ao passo que na Indonésia os contraceptivos injetáveis e a pílula ganharam popularidade nos dez últimos anos. Na Índia, os gigantescos esforços de controle da natalidade, alicerçados em amplo financiamento estrangeiro, promoveram a esterilização (particularmente vasectomias), mas com efeitos limitados. Todavia, as classes abastadas urbanas cada vez mais se voltaram para uma gama familiar de medicamentos e dispositivos artificiais, ao passo que os indivíduos mais pobres das zonas rurais continuavam imunes à mudança.

Tanto a America Latina quanto o Oriente Médio apresentam casos fascinantes de discreta adaptação em meio à grande diversidade. O controle da natalidade avançou rapidamente nas regiões mais seculares do Oriente Médio. Os egípcios confiavam sobremaneira no DIU e na pílula, mas as classes mais baixas ainda estavam por aderir a uma mudança substantiva. Os contraceptivos orais e o DIU ganharam terreno na Tunísia, ao passo que na Turquia, cerca de 71% de todas as mulheres casadas ou morando com o companheiro recorriam à contracepção – particularmente o DIU ou o preservativo, a pílula era menos popular. Os turcos recorriam ao aborto em mais de 10% de todas as gravidezes. O uso da pílula era bastante difundido entre os iranianos urbanos na década de 1970, mas com a revolução e a guerra houve uma nova promoção do crescimento populacional e uma reação contra métodos modernos (ainda que, durante parte da década de 1990, o Ministério da Saúde oferecesse gratuitamente a todos os casais casados contraceptivos e serviços de planejamento familiar). O *coitus interruptus* tornou-se o método mais popular, consistente com o incremento nos índices de natalidade na década de 1990. Em muitas outras áreas islâmicas rígidas, a oposição ao aborto e ao controle da natalidade na verdade subiu acima dos níveis tradicionais; muitos fundamentalistas argumentavam que o aborto era na verdade assassinato de crianças e que o planejamento familiar era uma conspiração para subjugar as populações muçulmanas. Contudo, alguns países, como o Bahrein, ofereceram acesso livre ao controle da natalidade, e, em geral, o avanço da educação para as mulheres (bastante impressionante no Oriente Médio como um todo, a despeito das tradicionais barreiras) coincidiu com uma consciência cada vez maior acerca das opções relacionadas ao controle da natalidade. Muitos latino-americanos enfrentaram enormes barreiras dificultando a mudança, por meio de combinação de leis, diretrizes e campanhas católicas e o machismo, que podia ser particularmente hostil ao uso de camisinha, mas também se comprazia em engravidar mulheres frequentemente. Exceção precoce foi a Colômbia, onde na década de 1970 o governo iniciou um programa de planejamento familiar e difundiu o uso de contraceptivos e da esterilização feminina. No Chile e na Guatemala, ao contrário, o acesso a informações sobre os novos métodos era limitado e o aborto era estritamente proibido – o que na prática significava que o aborto ilegal era o principal recurso: uma estimativa chilena no início da década de 1990 dava conta de que quase 40% de todas as gravidezes terminavam em aborto. Cuba, bem ao estilo comunista, também insistia no sexo com finalidade reprodutiva, ao passo que na Nicarágua o revolucionário Daniel Ortega decretou que o aborto era reacionário e antipatriótico. O uso de preservativo era desdenhado, a despeito de alguns esforços feministas para promover a camisinha. O Brasil criou muitas clínicas de planejamento, mas era difícil persuadir as mulheres a procurá-las. Ainda assim, apesar de todas as hesitações e variações, a mudança de fato ocorreu, especialmente da década de 1970 em diante. Uma mulher da zona rural mexicana descreve como o padre e o marido dela tentaram limitar seu conhecimento acerca das opções de controle da natalidade, mas programas de rádio, médicos locais e clínicas de planejamento familiar ofereceram novas informações: "Eles dizem coisas terríveis sobre as mulheres que querem praticar controle da natalidade. Alguns dizem que o único motivo é poder sair com outros homens". Quando um programa radiofônico insistiu na ideia de que as famílias menores vivem melhor, o marido da mulher simplesmente deu gargalhadas. Mas a mulher perseverou e começou a tomar a pílula assim que o segundo de seus "únicos" dois filhos completou oito meses (provavelmente assim que ela parou de amamentar); o marido não sabia, e ainda acreditava que ela estava tentando ter filhos. "A única coisa que eu não faço é ir me confessar, porque eu teria de confessar que tomei a pílula, e o padre diria, 'Saia da igreja'". De fato, somados centenas de milhares de casos como esse, as taxas de natalidade na América Latina despencaram.

A África Subsaariana – em média mais pobre que as outras regiões, com níveis educacionais mais baixos – aderiu à mudança de modo lento. Muitos moradores das áreas rurais ainda fiavam-se inteiramente em ervas contraceptivas. A resistência masculina ao uso de preservativos era muito alta, e outras medidas continuavam sendo pouco familiares ou caras demais, ou ambas as coisas. Nas cidades havia maior acesso a contraceptivos orais e DIUs – embora uma estimativa de 2008 tenha mostrado que apenas 19% dos africanos estavam usando alguma forma moderna de contracepção.

A diversidade regional, os enormes abismos entre as classes sociais e entre as populações urbanas e rurais, as grandes variações de preferência por métodos, os resquícios da tradição – as complexidades nos padrões de controle da natalidade eram imensas – ocorriam relativamente independentes do fato de que os interesses no controle da natalidade em algum nível estavam longe de ser novidade no final do século XX. Em alguns casos – por exemplo, quando novas técnicas passaram a ser usadas para determinar o sexo do feto –, os métodos modernos simplesmente facilitaram preferências mais antigas, já que chineses, coreanos ou indianos abortavam desproporcionalmente fetos de meninas. Contra a mudança, muitos homens ativeram-se aos padrões sexuais habituais porque consideravam os novos métodos incompatíveis com sua definição de prazer e porque na verdade valorizavam demonstrações de proeza reprodutiva; ademais, engravidar frequentemente as mulheres era uma maneira de exercer controle mais fácil sobre elas. Muitas mulheres eram ou ignorantes com relação às opções, ou intimidadas ou ludibriadas pelo alto apreço com que numerosas culturas ainda tratavam a maternidade. Mesmo quando ocorreu mudança, como no caso mexicano já citado, ela estava com frequência mais relacionada à prevenção do número costumeiro de filhos do que a qualquer tipo de novo apetite para o prazer sexual. A profunda dependência que muitas culturas tinham do aborto podia ter pouco a ver com o pendor para o sexo recreativo, e as complicações advindas do aborto podiam restringir diretamente a manifestação da sexualidade.

Ainda assim, certos padrões básicos da mudança continuavam se expandindo. Recorrendo a vários métodos, um número cada vez maior de pessoas passou a ter condições de reduzir as taxas de natalidade sem depender da abstinência e usando métodos mais confiáveis do que os disponíveis no passado. Conferências internacionais – como a Conferência sobre População e Desenvolvimento em 1994, no Egito –, embora sofressem resistência de alguns Estados islâmicos e da Igreja Católica (e às vezes também do governo dos EUA) –, também ajudaram a criar uma consciência mais global acerca das opções de controle da natalidade. Em alguns casos, como no México, as novas opções também ajudaram a dar voz mais ativa às mulheres quanto às consequências da sexualidade – mesmo que fosse preciso ocultar isso dos maridos. Em 2008 estimava-se que 61% da população mundial estava envolvida com alguma forma moderna de controle da natalidade (incluindo abortos cirúrgicos e esterilização) – um violento contraste com apenas um século antes.

Esse, por sua vez, era um contexto crucial para novos comportamentos sexuais que poderiam aumentar a frequência de relações sexuais, afrouxar os elos entre sexo e casamento e promover uma nova maneira de pensar sobre quais eram os propósitos da sexualidade. Essas mudanças foram contestadas e irregulares, mas no início do século XX ficou claro que não se tratava mais de experiências ou tentativas. Elementos-chave da conjuntura agrícola para a sexualidade estavam sendo refeitos.

Em termos sucintos, o contexto do controle da natalidade foi ainda mais estimulado pela disseminação de modernos métodos de combate a doenças sexualmente transmissíveis tradicionais. As pesquisas sobre doenças como a sífilis, realizadas em décadas anteriores, mais a introdução de novos medicamentos antibacterianos em meados do século permitiram tratamentos mais eficazes para várias das doenças venéreas mais importantes e tradicionais, quase sempre a baixo custo. Embora fossem mais acessíveis nos países industrializados (incluindo a União Soviética), onde os programas governamentais eram particularmente eficientes no estímulo ao tratamento, em meados da década de 1960 alguns outros centros urbanos estavam se beneficiando das novas opções. Nos lugares em que o uso de preservativo se difundiu (padrão bastante irregular, como vimos), vieram à tona outros tipos de proteção contra a infecção. Em suma, na década de 1960 tudo indicava que algumas das tradicionais restrições biológicas ao sexo, na forma de doenças de tratamento difícil e doloroso, estavam se atenuando, com a diminuição dos casos de gravidez indesejada. Esse foi apenas um momento na história mundial, visto que infecções virais, do herpes genital a uma nova moléstia, a aids, rapidamente se configuraram em um novo conjunto de ameaças.

Uma cultura de sexualidade

O segundo elemento mais importante no que tange a contribuir para o novo contexto de comportamento sexual, e por si só uma mudança significativa, envolveu o impressionante surgimento de uma cultura pública mais erótica, o que afetou em certa medida todas as áreas do mundo e literalmente tomou conta de certas regiões. A perspectiva histórica continua sendo importante em meio à mudança, mais ainda que com relação ao ocorrido com o controle da natalidade. Culturas já haviam dado destaque a temas eróticos em épocas anteriores, especialmente antes da ascensão das grandes religiões mundiais. O erotismo literário e os manuais sexuais haviam sobrevivido até mesmo à onda religiosa. Na verdade, a pornografia ganhou terreno em diversas regiões no início do período moderno e novamente no século XIX e início do século XX. A sexualização da cultura pública, portanto, não era algo inteiramente novo, mas se fundamentava em alguns importantes precedentes.

Não obstante, é verdade que com as mudanças ocorridas após 1950 temas e insinuações sexuais explícitos receberam uma atenção pública mais ampla, de maneira mais detalhada e provocativa. Como nunca antes na história humana, as pessoas tinham à disposição uma profusão de oportunidades de ver poses sexuais, de assistir outras pessoas praticando sexo ou simulando relações sexuais e de ler sobre métodos sexuais. Tudo isso se deu em meio a um claro sistema de valores que defendia a validade do prazer sexual, a importância da satisfação sexual como parte de uma vida feliz – incluindo, mas não se limitando, ao casamento. A maré sexual praticamente varreu do mapa o vitorianismo e seus análogos comunistas, à exceção de alguns poucos fragmentos que sobreviveram, bem como rechaçou algumas antigas restrições religiosas.

Três mudanças foram particularmente proeminentes na preparação da nova cultura. Em primeiro lugar, houve uma série de inovações na mídia. Os filmes não eram novidade na década de 1960. Porém, os filmes adquiriam onipresença cada vez maior, graças às locadoras de vídeo e serviços oferecidos por hotéis (em ambos o cardápio de opções sexualmente explícitas era farto). A exploração sexual de estrelas do cinema, bastante divulgada e alardeada pelos tabloides (em especial, mas não exclusivamente, no Ocidente), contribuiu para as implicações que os filmes mais picantes tiveram na busca do prazer, uma vez que a vida imitava a arte e vice-versa. A televisão, e depois a internet, criaram possibilidades adicionais para a visualização e ampla disseminação de conteúdo sexual. A tecnologia de impressão, que

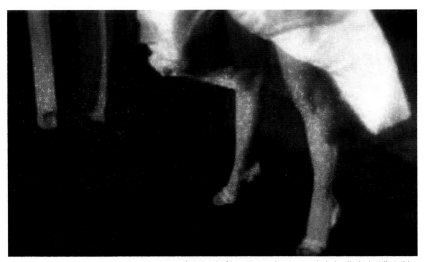

Cena famosa do filme *O pecado mora ao lado* (trailler), de Billy Wilder, 1955, em que a saia de Marylin Monroe se levanta. Esta cena – uma das mais conhecidas da história do cinema norte-americano – sofreu diversos cortes em razão da censura da época. No entanto, os padrões hollywoodianos começariam a mudar, permitindo a representação muito mais direta de cenas sexuais, incluindo nudez (em geral, apenas feminina). Hollywood aceitaria um sistema de classificação etária, cujo intuito era evitar que menores tivessem acesso a filmes mais picantes.

passara por inovações, também teve papel importante, facilitando a chegada de uma nova série de revistas de conteúdo sexual. Em segundo lugar, foram fundamentais as profundas alterações nos mecanismos de regulamentação. As objeções religiosas ao material sexual continuavam fortes, mas em muitas regiões as organizações religiosas já não tinham a mesma capacidade de outrora de fazer valer seus valores. Muitos governos simplesmente se retiraram do campo regulatório, exceto, talvez, pelo fato de fixar certas proteções contra a exposição de crianças a conteúdos sexuais. Aqui, as mudanças nas leis ocidentais foram cruciais, mas em escala internacional o colapso comunista (ou a transformação de comunismo a consumismo) foi igualmente importante. Por fim, havia o próprio elemento global: as inovações culturais de uma região – quase sempre, mas não sempre o Ocidente – imediatamente se espalhavam para outras regiões, ávidas para acompanhar o ritmo da modernidade e cônscias de que temáticas sexualmente relevantes transpunham facilmente fronteiras. A propagação de concursos de beleza, de início (na década de 1920) uma inovação norte-americana, mas que depois viria a contar com a entusiástica participação popular na Índia, África e no mundo todo, com destaque para poses de mulheres em traje de banho, foi um dos muitos sinais de que o surgimento de novos padrões globais de estimulação pública concentrava-se, obviamente e acima de tudo, nas formas femininas. Revistas de sexo explícito invadiram a maior a parte das bancas de jornal do mundo; edições ocidentais e japonesas passaram a ser muito copiadas em versões locais, mais baratas e por vezes ligeiramente adaptadas. Na década de 1990, a internet, ainda que sujeita a certa censura e algum controle, já era por definição um bem de consumo global.

Todas essas mudanças, é claro, tiveram por base um impulso básico: a cultura sexual vendia, e ajudava a vender outras mercadorias. Aqui, o surgimento de uma cultura sexualmente explícita interagiu de modo íntimo com mudanças, ou pelo menos novas articulações, em valores populares, e era impossível discernir quem surgiu primeiro, a cultura ou o apetite. Uma ampla gama de produtos – por exemplo, automóveis – podia agora ser apresentada como pertinente ao apelo sexual; o pacote se completava com belas modelos em poses insinuantes prontas para ilustrar o quanto aquele bem de consumo era capaz de excitá-las. Cada vez mais as revistas femininas passaram a se concentrar em conselhos sexuais e no culto ao corpo. As revistas esportivas podiam publicar fotografias de atraentes e "saudáveis" animadoras de torcida ou edições especiais sobre trajes de banho, para deixar claro que aqui também a sexualidade era relevante. As inter-relações entre sexualidade pública e consumismo, novamente em escala global, tornaram-se cada vez mais intrincadas.

Sublevações nas disposições judiciais norte-americanas ajudam a explicar por que a década de 1950 criou uma espécie de linha divisória na cultura pública. As decisões da Suprema Corte permitiram a circulação de material que outrora havia sido censurado, essencialmente com base na alegação de que os esforços de censura interferiam na liberdade de expressão e impunham padrões arbitrários de mérito artístico ou literário. Como resultado, livros anteriormente proibidos, como *O amante de Lady Chatterley*, de D. H. Lawrence, agora podiam ser vendidos livremente nos Estados Unidos. Isso abriu as portas para outras inovações, tais como a criação, em 1953, da revista *Playboy*, escancaradamente devotada ao prazer sexual e que apresentava como destaque especial o que viria a ser conhecido como "*soft core*", pornografia leve ou não explícita.* Em larga medida caíram por terra as restrições à circulação de material via correio nos Estados Unidos. Os padrões hollywoodianos começaram a mudar, permitindo a representação muito mais direta de cenas sexuais, incluindo nudez (em geral, apenas feminina). Restrições residuais ainda persistiam: certos tipos de material, por exemplo envolvendo pornografia infantil, ainda poderiam ser banidos sob o argumento de serem contrários ao interesse público. Hollywood aceitou um sistema de classificação etária, cujo intuito era evitar que menores de idade tivessem acesso a filmes mais picantes. No geral, entretanto, ruíram as barreiras tradicionais, e as plateias norte-americanas (e outras, por causa da exportação), passaram a ter acesso cada vez maior a expressões mais e mais ardentes de sexualidade e excitação sexual.

Assim, a *Playboy* foi seguida de revistas ainda mais explícitas, tais como a *Penthouse*. *Sex shops* (lojas especializadas na venda de artigos eróticos) e cinemas proliferaram, oferecendo uma variada gama de produtos destinados a estimular o prazer (e servir aos mais diferentes interesses sexuais). Os filmes pornográficos ficaram cada vez mais acessíveis, graças às videolocadoras e suas cuidadosamente segregadas mas extremamente populares seções "Para adultos". O advento da televisão a cabo permitiu o acesso a canais pornográficos em casa, bem como em quartos de hotel – novamente alcançando tremenda popularidade. Na década de 1990, as fitas pornôs representavam uma porção substancial do total de aluguéis de filmes em videolocadoras. Os programas televisivos eram um pouco mais comedidos, já que a regulamentação federal continuava proibindo certos tipos de palavras sexualmente provocativas e nudez explícita, mas as referências sexuais e o retrato positivo de relacionamentos sexuais casuais tornaram-se parte de algumas das séries televisivas (tanto as dramáticas como as comédias de costumes, ou *sitcoms*) mais famosas. A popularíssima *Sex and the City*, exibida nos canais a cabo, mostrou claramente de que maneira a televisão podia mover-se nesse campo, dramatizando envolvimentos sexuais frequentes e variados e indicando que sexo e amor romântico muitas vezes eram instâncias separadas e assim deveriam ser tratadas. Nunca antes as fantasias sexuais foram disponibilizadas de modo tão farto para atender ao gosto público.

---

* N.T.: O que caracteriza o gênero *soft core* ou *softcore* é conter apenas nudez, sexo e cenas sexualmente sugestivas, sem mostrar imagens ou cenas de ereção, penetração e ejaculação.

As inovações norte-americanas foram equiparadas e sobrepujadas na Europa Ocidental. Cada vez mais as revistas voltadas ao público jovem, caso da alemã *Bravo*, admitiam que a sexualidade era parte normal dos relacionamentos adolescentes. Anúncios televisivos e campanhas publicitárias começaram a exibir nudez explícita, que na Europa não se limitou aos filmes. No início do século XXI, até mesmo os jornais diários, do tipo tabloide, podiam exibir fotografias de mulheres com os seios de fora. Em países como Holanda e Suécia, os *sex shops* eram mais difundidos do que nos Estados Unidos. Na Austrália, a revista feminina *Cleo* inovou com uma página central masculina, e ao mesmo tempo dava dicas às mulheres sobre "como ser uma dona de casa *sexy*". Em todo o mundo ocidental e além, o advento da internet propiciou outra oportunidade, nova, variada, individual e sem precedentes, de acesso a diversas formas de pornografia, propostas e serviços sexuais – os sites eróticos são um dos principais usos da nova mídia.

A música também fez parte da tendência. O *rock*, particularmente, introduziu letras mais explícitas e provocativas. Certos estilos de música pop descambaram também para a exaltação da violência sexual.

As mídias não foram o único meio de vazão das expressões públicas de estímulos sexuais. As roupas continuaram mudando, ampliando um tema introduzido em um momento anterior do século XX, ainda que em meio a frequentes oscilações. A década de 1960 popularizou a minissaia. No início do século XXI, a "barriguinha de fora" e (pouco depois) os decotes do tipo fenda tornaram-se parte do vestuário comum nas ruas, e não restrito apenas a festas de celebridades. Na Europa Ocidental (mas não nos Estados Unidos), as praias de *topless* tornaram-se cada vez mais difundidas. Se as mudanças mais importantes no vestuário envolveram as mulheres, os homens europeus passaram a usar trajes de banho cada vez mais exíguos e apertados. Em outras palavras, particularmente mas não apenas na moda casual, os corpos ficaram expostos como nunca; se acaso os corpos não parecessem adequados à exibição, partes relevantes deles agora podiam ser reconstruídas ou remodeladas: o implante de silicone nos seios tornou-se uma das formas mais populares de cirurgia plástica no mundo ocidental, apesar de algumas preocupações relacionadas à saúde; já os homens contavam com o acesso a novos tipos de cirurgia de aumento peniano.

Não é de surpreender que os manuais sexuais também tenham mudado, ainda que aqui temas importantes – incluindo uma nova ênfase no prazer feminino – tivessem sido lançados há tempos. Cada vez mais os novos livros diminuíam ou reduziam a velha ênfase na importância do amor e do casamento na sexualidade, em favor de um endosso maior do prazer e do divertimento. Assim, um novo livro norte-americano, publicado em 1958 sob o título *Sexo sem culpa*, defendia abertamente a masturbação e o sexo pré-marital, insistindo na tese de que cada indivíduo devia ser livre para trilhar qualquer caminho disponível que levasse ao prazer:

> Todo ser humano, pelo simples fato de existir, deve ter o direito a todo o prazer sexual de sua preferência, seja muito (ou pouco), variado (ou monótono), intenso (ou moderado), duradouro (ou breve) — desde que, no processo de satisfação dessas suas preferências, não interfira necessária, forçosa ou injustamente nos direitos sexuais (ou não sexuais) e satisfações de outros seres humanos.

Este era, então, o novo mantra: vale tudo, desde que a participação seja voluntária; as pessoas eram estimuladas a discutir suas necessidades sexuais com potenciais parceiros, o mais abertamente possível. *Os prazeres do sexo*, de Alex Comfort,* vendido aos borbotões dos dois lados do Atlântico, incitava o ataque à velha ideia de que as mulheres deviam ser passivas e os homens, ativos, salientando, ao contrário, o papel da mulher em "excitar o homem primeiro, ou controlá-lo, e exibir todas as suas habilidades", "o prato principal é o ato amoroso, demorado, frequente, variado, terminando com ambos os parceiros satisfeitos, mas não tanto a ponto de não poder encarar outro lanche leve e outra refeição dali a algumas horas". Ao contrário de alguns autores de manuais que enfatizavam a necessidade de se evitar padrões de desempenho, Comfort insistia na importância da frequência e a desejabilidade do orgasmo simultâneo. Uma dupla de autores, Masters e Johnson, campeões absolutos de vendas, deixou bem claro que fazia questão de evitar a condenação de qualquer prática sexual, desde que causasse prazer e não envolvesse compulsão. "É preciso aceitar que sempre existiram regras quanto ao amor sexual... Ao examinar essas regras, constatamos que algumas são inteiramente arbitrárias e irracionais".

Tipos semelhantes de conselhos sexuais escaparam do meio impresso, à medida que programas de rádio e televisão começaram a ser protagonizados

---

* N.T.: O *best-seller* internacional já foi atualizado cinco vezes desde 1972. No Brasil, foi publicado pela Editora Martins Fontes e há diversas edições, entre elas: 1979, 1980, 1987 e 1998.

por gurus sexuais, como a dra. Ruth, que falavam abertamente no ar sobre o prazer recíproco, a validade da masturbação e outros temas contemporâneos. Temas sexuais, revelações e conselhos também se espalharam para outras mídias, como as revistas femininas. A *Cosmopolitan*, o caso mais famoso, converteu-se à ênfase na sexualidade na década de 1960, dialogando particularmente com mulheres solteiras e instigando-as a buscar prazer sexual e a aprender uma gama cada vez maior de truques para agradar e satisfazer o homem ou os homens de sua vida. A *Mademoiselle*, também na década de 1960, recomendava que as mulheres se soltassem mais, apontando, de maneira aprobatória, que os homens cada vez mais as julgavam por sua "capacidade e habilidade para o prazer". Nesse tipo de literatura feminina popular persistiam tensões importantes: se por um lado não havia problema na busca do prazer, por outro as mulheres eram alertadas a não cair na armadilha de presumir que tinham de aceitar qualquer proposta de qualquer homem; essas publicações também asseguravam que períodos de celibato podiam ser perfeitamente válidos e que o esforço de vincular sexo e envolvimento emocional era absolutamente apropriado. Algo comentários reconheciam o fato de que, pelo menos para as mulheres, o sexo nem sempre era tão bom quanto se dizia ser.

Outro importante meio de expressão pública envolveu a publicação de relatórios sobre hábitos sexuais, iniciada com os relatórios Kinsey na década de 1950. A partir daí, os norte-americanos e outros povos foram regalados com recorrentes discussões sobre o que as pessoas efetivamente faziam na e em torno da cama. Os resultados propiciaram outro esteio para uma compreensão da variada gama de preferências individuais, e, ao mesmo tempo, em termos mais gerais, deixavam bem claro que a reticência com relação à sexualidade era antiquada e repressiva. Eis aí outro componente de uma nova cultura pública que salientava tanto a conveniência como a profunda importância do sexo como assunto.

Esses vários desdobramentos culturais obviamente suscitaram polêmicas, especialmente nos Estados Unidos, onde o engajamento religioso era mais profundo do que na Europa Ocidental. Os recorrentes esforços no sentido da reimposição da censura combinaram-se aos esforços de refrear a cultura pública, particularmente no que dizia respeito às crianças. Assim, enquanto alguns projetos norte-americanos de educação sexual – por exemplo, um em Nova Jersey, na década de 1970 – falavam abertamente de prazer – "E você também pode proporcionar prazer a si mesmo, é normal e não tem problema. Quando você toca os próprios genitais, isso se chama masturbação" –, a maior parte continuou circundando o sexo de alertas e doses de desaprovação pura e simples. Assim, em Atlanta, na década de 1980, o programa de ensino de uma escola secundária declarava seu principal objetivo: "ajudar meninos e meninas a resistir às pressões para fazer sexo". As diretrizes federais, inspiradas por políticos conservadores, insistiam em temas mais antigos: "um relacionamento monogâmico e mutuamente fiel no contexto do casamento é o padrão esperado da atividade sexual humana", e, mais agourentamente, "a atividade sexual fora do casamento está propensa a ter nocivos efeitos físicos e psicológicos". Os esforços para conter o escancarado hedonismo de grande parte da cultura pública não conseguiram fazer a cultura recuar no tempo – a cada década foram surgindo novas formas de acesso a material sexualmente explícito e novas influências instigando o prazer –, mas expressaram algumas preocupações morais profundas e semearam uma grande quantidade de confusão. Mesmo assim, a nova cultura propriamente dita continuou sendo o desdobramento dominante nesse aspecto da história ocidental contemporânea.

A transformação da cultura pública ocidental, embora tenha sido preparada por algumas tendências anteriores, foi dramática e profundamente chocante para alguns, e em função do poder do Ocidente e da expansão e alcance do capitalismo-consumismo, particularmente influente em escala global.

As mudanças na cultura ocidental afetaram de maneira notória os padrões globais, mas amalgamaram-se a transformações regionais igualmente importantes. Na China, por exemplo, a partir de 1978, a nova abertura para a influência estrangeira, a adoção oficial de uma economia mais voltada ao mercado e o consumismo mais intensificado tiveram implicações quase que imediatas para a cultura sexual. Na década de 1980 houve o surgimento de uma grande quantidade de novos romances pornográficos, manuais sexuais, discussões médicas de sexologia e a ampla tradução de material sobre sexo, tanto de viés acadêmico como pornográfico. As cenas de sexo explícito em filmes tornaram-se cada vez mais comuns na década de 1990, período também em que os concursos de beleza chegaram ao continente (embora o concurso de Miss Pequim de 1992 tenha enfatizado um foco "chinês" na inteligência e no talento). O uso de sugestão sexual em anúncios de publicidade passou a ser prática cada vez mais difundida, recorrendo-se livremente a imagens de modelos ocidentais e chinesas. Os filmes indianos, que em todo caso contavam com imagens eróticas tradicionais facilmente disponíveis, moveram-se em direção a um caráter mais explicitamente sugestivo na década de 1980. Mulheres nuas eram destacadas como a atração especial em anúncios publicitários – contra os veementes protestos de feministas –, ao passo que Bollywood, a capital do cinema, frequentemente realçava temas sexuais – com importações diretas de filmes, revistas e programas televisivos ocidentais. Materiais pornográficos, quase sempre de origem ocidental ou copiados de protótipos ocidentais ou japoneses, passaram a ser cada vez mais acessíveis nas cidades africanas.

Na América Latina, a influência ocidental foi particularmente poderosa, mas combinou-se a importantes inovações regionais. Cópias e imitações de revistas femininas norte-americanas tornaram-se onipresentes, embora na média fossem ligeiramente menos picantes do que publicações como a *Cosmopolitan* e se concentrassem mais não apenas em como agradar os homens, mas também como conquistar seu amor. As novelas de televisão deram forte destaque a temas amorosos, protagonizadas por mulheres que buscavam o amor a qualquer custo, chegando a aceitar, no processo, certa dose de violência sexual. Os concursos de beleza eram tremendamente populares, e se converteram na esperança de muitas meninas e moças pobres, mesmo nas zonas rurais, de escapar da mediocridade da vida comum. As mudanças no vestuário, impressionantes particularmente em países como o Brasil, em que moda praia ficou cada vez mais sugestiva e até mesmo as roupas de trabalho passaram a exibir cada vez mais o corpo. A América Latina também desenvolveu um singular interesse por amplamente divulgados serviços de terapia sexual e incremento do prazer, às vezes vinculados a antigas definições do machismo.

Na Rússia, não é de surpreender que a derrocada da União Soviética e a nova abertura para o Ocidente tenham levado a uma explosão de erotismo mais direto. A partir de 1989, o país testemunhou um grande aumento da pornografia com a venda de material explícito nas ruas, uma vez que o policiamento minguou, e a abertura de casas de vídeo que disponibilizavam filmes com pornografia leve. O filme *A pequena Vera*, de 1998, mostrou a primeira cena de sexo na história do cinema russo e foi seguido por um surto de erotismo e pornografia, voltada principalmente ao público jovem; os concursos de beleza proliferaram no Leste Europeu e na Ásia Central.

O Japão tornou-se líder na produção de cultura sexualizada. Como em outros países, a pornografia se expandiu, e até mesmo revistas mais importantes e tradicionais adotaram material sexual e recorreram ao sensacionalismo. Na década de 1990, esses veículos de comunicação chegaram a publicar fotografias em que se viam pelos pubianos. Na mesma década, a Interpol divulgou a informação de que o Japão era a maior fonte de pornografia infantil na internet, embora em 1999 o governo tenha se mobilizado para banir esse tipo de produção.

No limiar do século XXI, apenas o Oriente Médio e alguns outros poucos bolsões como Cuba ou Coreia do Norte permaneciam em larga medida isentos do surto de sexualização da cultura pública. Mesmo nesses países, é óbvio, havia a disponibilidade de produtos mais convencionais, vendidos com sigilo por fornecedores mais discretos, e os indivíduos mais ricos podiam (o que de fato invariavelmente faziam) procurar material mais atualizado em suas viagens pelo mundo. De maneira firme e constante, a adesão à sexualidade no contexto do consumismo de massa foi ganhando cada vez mais terreno, ainda que evidentemente com alguns ajustes e adaptações regionais e significativas diferenças baseadas no padrão de vida. Ao fim e ao cabo, em 2008 apenas 1/3 da população mundial tinha acesso regular à internet, o que obviamente deixava claro que essa fonte potencial de materiais sexuais, incluindo a pornografia, estava sujeita a contínuas restrições. Ainda assim, o alcance dos novos padrões de sexualidade pública era impressionante. Muitos dos produtos culturais de exportação tinham fortes nuances sexuais – a certa altura, no início da década de 1990, por exemplo, a série *Baywatch* (*S.O.S. Malibu*), carro-chefe da televisão norte-americana, e cuja fama se explicava pela exibição de beldades das praias californianas usando maiôs exíguos, era o programa mais assistido no mundo.

Por si só, a nova disponibilidade e diversidade de temas sexuais constituiu uma mudança significativa. A cultura sexual tornou-se uma parte importante do lazer para muitas pessoas em muitos lugares. Em uma prestigiosa universidade norte-americana, por exemplo, o único protesto estudantil relevante ocorreu em meados da década de 1990 e envolveu reações às tentativas da direção da universidade de bloquear o acesso a alguns sites pornográficos – muitos estudantes (em sua maioria homens) argumentaram que isso os privava de sua principal alternativa ao estudo. De maneira geral, as altas vendas de revistas de conteúdo sexualizado e o numeroso público consumidor do cardápio erótico midiático corroboram o mesmo argumento. O mesmo vale, obviamente, para a perplexa reação de muitos líderes conservadores e religiosos, bastante conscientes de que a popularidade da cultura sexual minava aspectos fundamentais de sua mensagem. Muitas feministas, preocupadas com a desmedida exploração da imagem feminina e por vezes interessadas em proteger determinados valores familiares, também se juntaram ao coro da reação. Na maior parte dos casos, exceto no que tange aos esforços dos governos e das agências internacionais de combater a pornografia infantil, a postura de espanto pouco pôde fazer para mudar o tom cultural. Na Era Contemporânea, muita gente, em muitos lugares, realmente gosta de assistir sexo e provocação sexual, e agora tem à disposição oportunidades sem precedentes de fazê-lo.

Comportamentos

Mesmo reconhecendo a relevância da cultura sexual como uma nova e importantíssima instância recreativa, incluindo a genuína preocupação que isso causou em muitos lugares, a questão-chave era saber qual foi seu impacto nos comportamentos. Embora tendendo ao exagero, os adversários da cultura sexual partiam da premissa de que era direta a relação entre o que as pessoas agora podiam assistir e o que elas estavam propensas a fazer. Era fácil confundir a mídia sexualizada com tremendas alterações na vida privada. As mudanças no controle da natalidade suscitaram o mesmo dilema analítico: ficou cada vez mais tranquilo separar o sexo do constrangimento de uma gravidez indesejada, mas quantas pessoas efetivamente buscaram tirar proveito dessa oportunidade por meio de inovações radicais de comportamento?

Três pontos dominam esse aspecto da história mundial contemporânea: primeiro, é mais difícil saber sobre comportamentos do que sobre culturas públicas ou tecnologias contraceptivas, de modo que algumas perguntas não podem ser integralmente respondidas. Segundo, os comportamentos de fato mudaram, em direções pouco ou nada surpreendentes, particularmente na área do sexo antes do casamento. Mas, em terceiro, os comportamentos médios mudaram de maneira menos dramática que a cultura – e menos dramática do que muita gente supunha. Persistiram elementos mais tradicionais, incluindo importantes variações regionais e alguns duradouros diferenciais de gênero, o que não foi tanto o caso no que dizia respeito à cultura pública ou mesmo ao controle da natalidade. A combinação era fascinante e verdadeiramente significativa em termos do modo como os contemporâneos experienciaram esse aspecto fundamental da vida.

Na Europa Ocidental e nos Estados Unidos, a década de 1960 anunciou uma revolução sexual, bastante propalada na mídia – o epíteto de revolução coincidiu, obviamente, com uma crescente (embora temporária) presença da juventude na cultura ocidental (resultado do *baby boom*) e também com as novas descobertas no controle da natalidade e o impacto de novos veículos culturais como a revista *Playboy*. Na verdade, pesquisas meticulosas sugerem que as efetivas mudanças no comportamento sexual começaram um pouco antes, e que seu alcance – embora significativo – foi menos generalizado do que às vezes a hipérbole da mídia ou mesmo os temores conservadores projetaram.

Ainda assim, alterações de grandes proporções vieram à tona. Primeiro, a idade média da primeira relação sexual diminuiu, e agora, normalmente (mas não invariavelmente) precedia o casamento. Nos Estados Unidos, na década de 1950, cerca de 35% de todas as universitárias faziam sexo antes do casamento (e quase sempre escondiam o fato); na década de 1970, 29% de todas as mulheres tinham uma primeira experiência sexual entre os 15 e 19 anos de idade, e por volta de 1980, 42% das mulheres encaixavam-se nessa categoria; em 1988 o número chegava a 52%. Uma vez que a idade média com que as pessoas se casavam estava simultaneamente subindo, os índices de sexo pré-marital eram ainda mais altos. Da mesma maneira, na década de 1970 uma minoria crescente de casais já coabitava antes do casamento. Por fim, em larga medida (mas não inteiramente) por causa das novas experiências pré-maritais, o número médio de parceiros sexuais ao longo de uma vida sexualmente ativa subiu: na década de 1980 a maioria das mulheres norte-americanas tinha mais de um, mas menos de quatro. Apenas uma minoria admitia cometer adultério, embora aqui também as cifras possam ter subido. Porém, a combinação de sexo pré-marital, frequentes divórcios, invariavelmente seguidos de atividade sexual e às vezes casamentos em segundas núpcias, e a prática da infidelidade contribuíram para uma perceptível alteração de padrões. Durante a década de 1970, um pequeno grupo chegou a defender o que foi chamado de casamento aberto, a diversão com múltiplos parceiros, com o conhecimento e, a princípio, a aprovação do cônjuge. Em termos mais amplos, os esforços para reduzir o ciúme sexual sugeriam um acompanhamento emocional dos novos padrões de comportamento: passou a ser considerado algo bastante infantil expressar preocupação acerca de antigos parceiros sexuais. A masturbação, ou pelo menos a disposição de admitir a masturbação, também ganhou ímpeto. As mudanças eram mais notáveis quanto mais alto o nível educacional, intensificando o diferencial de classe social que tinha começado a surgir em um momento anterior do século XX.

Os métodos sexuais também se expandiram. Particularmente impressionante foi a ascensão do sexo oral – em meados da década de 1980, a maioria dos homens alegava já ter tido alguma experiência com sexo oral, o que pode ter sido parte do esforço masculino de incrementar a satisfação das mulheres, mas que também passou a ser um teste da disposição feminina de inovar, embora apenas 17% das mulheres (número bastante inferior à percentagem de mulheres efetivamente praticantes da felação) admitissem gostar de praticar sexo oral em um homem.

Mais uma vez, as mudanças na Europa Ocidental caminhavam em ritmo mais veloz do que nos Estados Unidos. O sexo pré-marital passou a ser uma prática cada vez mais difundida, agora menos associada à gravidez na adolescência (pelo menos após a década de 1960, quando os índices subiram dos dois lados do Atlântico), em função do acesso mais amplo ao controle da natalidade para os adolescentes. Em vários países europeus os índices de casamento sofreram drástica diminuição – no início do século XXI a maioria dos casais da Suécia e França, por exemplo, muitos deles perfeitamente estáveis, prefeririam continuar não casados oficialmente.

Em muitas partes do mundo a mudança comportamental tomou rumos semelhantes, embora na maioria dos casos de maneira mais hesitante, e com algumas interessantes variantes locais. Os índices de sexo pré-marital aumentaram também no Japão, mas diante de expressões mais claras de desaprovação moral. Como em outros países, os estudantes universitários eram particularmente abertos e francos acerca de temas como sexo antes do casamento e coabitação pré-marital. Contudo, a discussão de temas sexuais no âmbito familiar era bem mais restrita do que no Ocidente. Entre os japoneses era bem maior o número de jovens que alegava aprender sobre sexo principalmente com os colegas ou com a cultura *pop*. Apenas uma pequena percentagem de jovens japoneses fazia sexo antes dos 15 anos (6% dos meninos, 4% das meninas), número mais baixo que do Ocidente; mas era cada vez maior o constrangimento dos adolescentes mais velhos que ainda não tinham perdido a virgindade.

Na década de 1990, a idade média para a primeira experiência sexual na Rússia era de 17 anos, constituindo outra queda, mas menos dramática que a do Ocidente, juntamente com continuidade de um duplo padrão que desaprovava mais o envolvimento das mulheres que dos homens. Há relatórios que sugerem também o aumento da prática de adultérios e casos extraconjugais, mesmo da parte das mulheres, embora a princípio fossem veementemente condenados.

Na década de 1970, houve uma rápida expansão do sexo pré-marital na América Latina, encabeçada pelo Brasil. Artigo publicado em 1985 na revista *IstoÉ* observava: "O sexo já não é pecado. A perda da virgindade não é mais um tabu, agora é uma opção. Os adolescentes estão mais livres para escolher sua iniciação sexual". Segundo pesquisas, os meninos estavam começando aos 14 anos e as meninas geralmente entre 15 e 17 – embora com ampla desaprovação pública das mudanças ocorridas entre as mulheres.

Em comparação a muitas regiões, a China manteve índices mais baixos de sexo e masturbação entre os jovens, de acordo com um estudo de 1992. No Oriente Médio, o sexo pré-marital provavelmente aumentou um pouco, apesar das gigantescas preocupações. E arranjos mais antigos, como provisões temporárias para adolescentes de modo a permitir que lidassem com suas necessidades mesmo quando ainda não estavam prontos para o casamento formal, podem ter ressurgido em lugares como Irã e Egito. As cidades africanas experimentaram um grande aumento da prática de sexo pré e extramarital, bem como de casos de gravidez fora do casamento.

Também em muitas regiões – embora o fenômeno fosse especialmente notável em áreas católicas, a popularidade de profissões em que era exigida a castidade declinou rapidamente. A falta de padres e a rápida queda no número de monges e freiras, ainda que sem dúvida fossem sintomas de vários fatores, sugeria o quanto haviam se tornado muito mais importantes as oportunidades de atividade sexual explícita.

Outra mudança significativa refletiu o envolvimento cada vez maior com a expressão sexual na prática, bem como na cultura: a crescente percepção de que as pessoas mais velhas poderiam e deveriam continuar participando de atividades sexuais. Ainda que os comportamentos da juventude fossem o eixo básico na definição das revoluções sexuais contemporâneas, as pessoas mais velhas também estavam envolvidas – aspecto crucial, dada a rápida expansão do segmento de idade mais avançada das populações contemporâneas: como em outros casos, aqui a continuidade caminhava lado a lado com a mudança: muitas sociedades já tinham visto homens mais velhos tentando realizar proezas sexuais e buscando meios de manter essa capacidade. Agora, contudo, sem dúvida o interesse havia se ampliado. Particularmente importante foi a noção, de início em lugares como o Ocidente e o Japão, de que a atividade sexual feminina não tinha de acabar após a menopausa. A tendência geral de afrouxar as vinculações entre sexo e reprodução teve implicações cruciais aqui, uma vez que mais e mais mulheres prefeririam continuar tentando parecer mais jovens (e agir como se fossem mais jovens) a renunciar à sexualidade a partir do momento em que não pudessem mais conceber. Para aos homens, no início do século XXI, novos e popularíssimos produtos como o Viagra, destinado a curar uma desordem recém-descoberta e amplamente alardeada, a disfunção erétil, deixaram bem claro que muita gente esperava ser capaz de manter uma atividade sexual até uma idade avançada. (O Viagra pode também tocar a tecla sensível da autoafirmação e das inseguranças de homens de outros grupos etários – há relatos de que no Brasil o usuário típico do medicamento tem 22 anos de idade.) Obviamente, os padrões individuais continuaram variando – algumas mulheres mais velhas, por exemplo, podiam saudar de braços abertos uma justificativa ou desculpa para se retirar da arena sexual; e sem dúvida as oportunidades eram bem maiores nas regiões e classes sociais mais prósperas. O fato de que o número de mulheres mais velhas sobrepujava em muito o de homens mais velhos introduziu também uma variável de gênero nas oportunidades. Como apontaram muitas feministas, as campanhas por novos medicamentos concentraram-se desproporcionalmente nas necessidades masculinas, sem dar a devida e correspondente atenção ao lado feminino das coisas. Mas a tendência de discussões mais amplas acerca da sexualidade como parte da terceira idade era reveladora, e dava todos os sinais de que estava ganhando terreno. A tendência, por si só, era importante, e refletia o aumento na expectativa de que o acesso ao prazer sexual era um aspecto crucial da vida adulta.

É questão sujeita a debate saber até que ponto tudo isso foi revolucionário. A maior parte das sociedades, por exemplo, já havia tolerado uma boa dose de sexo pré-marital anteriormente; parte da tendência contemporânea foi apenas um maior reconhecimento de comportamentos anteriores, que outrora haviam sido mantidos em segredo, "debaixo do pano". Uma tendência geral, a da elevação da idade propícia para o casamento, em função dos agora mais longos períodos de educação, também incentivou o sexo pré-marital, mas não necessariamente mais sexo por pessoa. Muitas regiões e muitos indivíduos, mesmo nas regiões mais "liberais", evitaram as tendências gerais, à medida que a mudança sexual tornou-se uma questão mais de escolha individual, e também mais suscetível a discussões e controvérsias. Não resta dúvida de que, exceção feita a alguns *swingers* (adeptos do *swing* ou troca de casais), o comportamento sexual efetivo era bem mais moderado e domesticado do que sugerem as representações da mídia. Para o bem ou para o mal, muitas pessoas estavam lendo/assistindo a expressões sexuais que não descreviam sua vida de fato. Ainda assim, como era de se esperar em função da combinação de controle da natalidade e tendências culturais, as restrições sexuais de algum modo sofreram alterações, de maneira mais óbvia para os jovens, mas também para outros grupos etários, e diversas convenções anteriores foram afrontadas em benefício do prazer sexual (real ou desejado).

As mudanças na cultura, comportamentos e expectativas também contribuíram para outros desdobramentos, que, de maneira similar, fundiram importantes inovações a amplos resquícios de padrões prévios. Os apetites sexuais continuaram estimulando a prostituição, campo em que surgiram novos elementos. Novos padrões de doenças refletiram tendências sexuais. O choque da mudança somado a preocupações específicas sobre novos problemas contemporâneos levaram a novos esforços para a introdução de controles comportamentais. Sexo, violência e homossexualidade representaram outras áreas em que a mudança envolvia manifestações complexas. Essas arenas eram perpassadas por diversos fios: um perceptível aumento na busca do prazer sexual, mas também o desconforto com esse aumento e algumas das questões por ele suscitadas, e certo grau de confusão concreta sobre quais os padrões contemporâneos envolvidos.

Sexo à venda

Um sinal fundamental da aceleração dos apetites sexuais envolveu a expansão da prostituição. A profissão não era novidade, de modo que as manifestações contemporâneas tinham amplos precedentes – de fato, em momentos anteriores da história mundial a prostituição já havia refletido mudanças em contextos sexuais, portanto, não era surpresa alguma que as novas conexões resultassem das transições contemporâneas. Além disso, vimos que os deslocamentos urbanos e o incremento nos interesses recreativos já tinham alargado o campo, do final do século XIX em diante. De modo considerável, os desdobramentos mais recentes eram a ampliação de tendências anteriores.

Havia também contracorrentes: no mundo ocidental e no Japão, novos padrões de prática de sexo pré-marital entre os jovens e particularmente a crescente, ainda que contestada, aceitabilidade do sexo para mulheres mais jovens enfraqueceram o padrão anterior em que os rapazes eram incentivados a frequentar bordéis em busca de sua iniciação sexual. Nessas regiões, a ininterrupta validade da prostituição estava mais relacionada a homens de meia-idade em busca de estímulo adicional fora do casamento – mais uma vez um fenômeno não inteiramente novo, mas que se expandiu à medida que mudaram as expectativas de prazer sexual. Por fim, e de maneira bastante óbvia, muitos dos índices de prostituição contemporânea resultavam em implicações bastante problemáticas, especialmente para as mulheres envolvidas – um dos aspectos negativos da sexualidade contemporânea em contexto global.

Persistiam muitos temas e controvérsias antigos. Na América Latina, diversos rapazes ainda recorriam às prostitutas para sua iniciação sexual. As convicções acerca da importância da prostituição para refrear a luxúria masculina continuavam: um inspetor de polícia de Mumbai, em 1995, argumentou nos seguintes termos: "A meu ver, as prostitutas são trabalhadoras sociais – se não fosse por elas, as mulheres de boa família não poderiam andar nas ruas... os homens as atacariam para se aliviar de seus impulsos luxuriosos". As zonas se espalharam em muitas cidades, incluindo na Índia, com base em tendências anteriores. O deslocamento urbano gerou centenas de milhares de prostitutas na China, algumas das quais costumavam fazer propostas por telefone para clientes, nos hotéis mais movimentados. Na África, algumas mulheres basicamente serviam como concubinas de homens ricos, incluindo alguns estrangeiros, mantendo um antigo padrão que em certas áreas havia minguado. Diferentes regiões oscilavam quanto à regulamentação e legislação: além de condenada pelo islamismo, a prostituição foi oficialmente proibida no Paquistão, mas existia um sistema de gradação bastante evidente, ainda que informal, baseado na aparência, juventude e marcas de classe, e havia um grande prostíbulo em pleno funcionamento logo abaixo da principal mesquita de Lahore. O Japão aprovou leis antiprostituição em 1958, o que foi contrabalançado pela popularização das casas de banho com quartos privativos. A Rússia debateu o tema após a queda do comunismo, mas de maneira inconclusiva, em meio ao apadrinhamento da atividade por parte do crime organizado. Vários países da Europa Ocidental, encabeçados pela Holanda, legitimaram abertamente a prostituição – em alguns casos as mulheres chegaram até mesmo a se sindicalizar e receber permissão para divulgar seus serviços com anúncios publicitários –, em sinal de uma cuidadosa política em nome dos interesses da ordem pública, controle de doenças e proteção para as próprias prostitutas. A Hungria também legalizou a prostituição – mas, em contraste, no Sudão a prática era punida com a pena de morte. Os debates sobre esse tipo de questão atingiram níveis globais, pelo menos na retórica: em 1986, o Segundo Congresso Mundial de Prostitutas, realizado em Bruxelas, reivindicava o reconhecimento da profissão como uma ocupação legítima, ao passo que em 1998 a Declaração de Taipei pediu a descriminalização da atividade, em nome da melhoria na regulamentação da saúde pública. Em 2005, a informal Declaração dos Direitos das Profissionais do Sexo na Europa manifestou repúdio contra as novas leis que restringiam o trabalho sexual, argumentando que isso meramente relegava a indústria do sexo à clandestinidade e obstruía as medidas de saúde pública.

Diversos fatores, combinados, acabaram gerando novos tipos de expansão da prostituição, invariavelmente a despeito das políticas oficiais. Um dos componentes foi o aumento dos apetites sexuais, juntamente com a prosperidade de muitos homens em países industrializados – nesse sentido, os novos tipos de prostituição refletiam as maiores mudanças nas expectativas. O segundo fator foi a pobreza cada vez maior e os consequentes deslocamentos de muitas mulheres; não era um evento novo, mas que simplesmente adquiriu uma maior escala na década de 1990. A pobreza rural cada vez mais acentuada levou, por exemplo, muitas imigrantes nepalesas para a Índia, onde acabaram na prostituição (dando alento a uma tendência indiana bastante imprecisa de atribuir exclusivamente aos imigrantes a culpa por todo tipo de problema); estimava-se que no início do século XXI havia na Índia 200 mil prostitutas nepalesas, valorizadas, entre outras coisas, por sua pele clara. A pobreza teve papel proeminente na expansão da prostituição na África Subsaariana e no sudeste asiático (esta última tendo como destino principal o Japão).

A desordem social após a queda do comunismo, uma reduzida estrutura de bem-estar social e o crescente desemprego entre as mulheres geraram novas fontes de prostituição na Rússia e na porção centro-oriental da Europa. Durante muitos anos, prostitutas perfilavam-se nas rodovias que ligavam a Alemanha à República Tcheca, por exemplo. Em 1986, um jornal de Moscou revelou a vida glamorosa de prostitutas urbanas de luxo, que atendiam estrangeiros em troca de dólares ou moedas europeias. Contudo, um grande contingente de mulheres paupérrimas também foi arrastado para a prostituição, em níveis nada luxuosos. Calcula-se que entre 1991 e 2008, 500 mil ucranianas tenham sido traficadas – ou seja, exportadas para a prostituição – além das 400 mil originárias de países pequenos e empobrecidos como a Moldávia. Um último fator, em algumas regiões, envolveu as guerras, que não apenas geraram novas formas de deslocamento, mas também inflamaram as expectativas sexuais dos soldados. A Tailândia começou a emergir como centro de prostituição na esteira dos militares norte-americanos que para lá eram enviados durante folgas e licenças da Guerra do Vietnã; muitos soldados falavam abertamente sobre o uso que faziam das tailandesas como suas "esposas de aluguel". Nos Bálcãs, a prostituição floresceu a serviço das forças de paz das Nações Unidas. Após a invasão do Iraque em 2003, muitas refugiadas iraquianas foram atuar (ou foram coagidas a trabalhar) como prostitutas no Oriente Médio e norte da África – estima-se que somente na Síria havia 50 mil mulheres e crianças atuando. Os diversos conflitos em décadas recentes impulsionaram a escalada dessa modalidade de serviço sexual.

Além do abrupto crescimento da prostituição em muitas cidades, em várias partes do mundo, três inovações, ou pelo menos extensões inovadoras de práticas anteriores, foram particularmente impressionantes. Em primeiro lugar: o recrutamento internacional de trabalhadoras sexuais cresceu rapidamente – bem mais que os fabulosos (e exagerados) números da escravidão branca de um século antes. Na década de 1980, mulheres russas começaram a ser vendidas para o exterior, quase sempre sob a égide do crime organizado; muitas passavam por vários países diferentes, ardil empregado para ocultar seu verdadeiro destino e propósito. Esse tipo de tráfico envolvia também muitas mulheres do Leste Europeu e da Ásia Central – estima-se que em 2008 havia cerca de 500 mil mulheres dessas regiões (incluindo a Rússia) trabalhando como prostitutas na União Europeia. O prestígio de ter à disposição os serviços sexuais de mulheres brancas (consideradas exóticas e extremamente sensuais) em lugares como a Coreia do Sul ajuda a explicar o amplo uso de trabalhadoras do sexo originárias do Leste Europeu em partes da Ásia e do Oriente Médio. No geral, calcula-se que 2/3 de todas as mulheres negociadas pelo tráfico sexual contemporâneo tenham vindo daquela parte do mundo. Contudo, um enorme contingente de africanas também estava envolvido. Muitas mulheres da África Oriental, iludidas por promessas de conseguir empregos como babás e empregadas domésticas, eram estupradas e recrutadas para a prostituição, inclusive em outros países. As autoridades da Nigéria, na África Ocidental, tentaram desmantelar as operações dos traficantes, mas sofreram resistência não apenas dos criminosos, mas das próprias mulheres, temerosas ou de retaliações ou de perder a oportunidade de ir para terras estrangeiras e escapar da pobreza. Um Ato Administrativo de Fiscalização do Tráfico de Pessoas foi aprovado em 2003, mas ainda não se sabe claramente quais seus resultados efetivos.

No geral, um relatório de 2005 sugeria que entre 600 a 800 mil pessoas eram vítimas do tráfico todo ano, e é público e notório que mais de 80% delas eram mulheres destinadas aos serviços sexuais. No início de 2000, o negócio do tráfico internacional para a prostituição estava gerando mais de 7 bilhões de dólares anuais, e os números associados a essa atividade ilícita não param de crescer, uma vez que se trata do ramo de atividade criminosa que mais prospera no mundo. Órgãos internacionais – tanto agências das Nações Unidas como organizações não governamentais –, motivados por preocupações com a proteção dos direitos humanos e questões de saúde, combateram o comércio de mulheres, mas com limitado sucesso.

É evidente que muitas mulheres envolvidas foram simplesmente coagidas ou ludibriadas, ou ambos. Outras, em função da pobreza em que viviam, podem ter sido voluntárias ou se mostrado mais dispostas, embora nem sempre tivessem consciência do que estavam fazendo ou do que as aguardava. Algumas regiões providenciaram novos termos para designar as prostitutas, como "*matan zamani*" ou "mulher moderna", em dialeto nigeriano, o que sugeria até que ponto algumas mulheres consideravam a prostituição um gesto rumo à independência em relação às tradicionais restrições e uma oportunidade de obter liberdade financeira sem os fardos do casamento.

Os destinos do tráfico sexual eram, em parte, previsíveis: Europa Ocidental, América do Norte (incluindo os Estados Unidos) e Japão. O Canadá e o Reino Unido tinham fama de agir de maneira particularmente negligente no que tange ao cumprimento das restrições legais. No Japão, onde há um grande contingente de mulheres do sudeste asiático trabalhando nas casas de banho (chamadas de "*soaplands*")* e casas de massagem, a indústria sexual (pornografia, venda de artefatos sexuais e prostituição) respondia por

---

* N.T.: *Soapland* (terra do sabonete, em tradução literal) é o eufemismo que descreve o estabelecimento em que o cliente paga por banhos dados por mulheres nuas, com direito a uma lavagem genital, seguida por uma massagem corporal. A sessão pode ou não acabar em relação sexual. Há vários tipos diferentes de *soaplands*, alguns até mesmo voltados exclusivamente para clientes do sexo feminino.

mais de 1% do PIB. Mas os países industrializados não eram os únicos receptores do tráfico, uma vez que as mulheres negociadas também eram enviadas para trabalhar em novas regiões de turismo sexual – o segundo e ainda mais terminantemente novo elemento da versão contemporânea da assim chamada "mais antiga profissão do mundo".

As viagens com propósitos de atividade sexual promíscua não eram novidade na história humana, mas seu emprego em grande escala e a designação de regiões particulares como destinos próprios tiveram de aguardar condições contemporâneas. No início do século XXI, o turismo sexual era facilmente identificável: seus adeptos eram sobretudo homens dos países industrializados, com destinos que variavam da Tailândia e República Dominicana ao Brasil e Costa Rica. Determinadas cidades podiam também atrair turistas sexuais oferecendo prostituição organizada, caso de Amsterdã e Las Vegas. O turismo sexual também podia ser esquematizado com certos hotéis em lugares como a Ucrânia (quase sempre com a intermediação de agentes norte-americanos, que contratavam as mulheres e descreviam detalhadamente os tipos de atos sexuais que elas fariam ou não fariam). Mais uma vez, o resultado era uma atividade multibilionária (em termos de dólar), que em regiões específicas, como a Tailândia, beneficiada tão substancialmente que dificultava a existência de uma oposição local. O turismo sexual que tinha como destino a Tailândia era vendido sob o anúncio "Vale tudo neste exótico país", acompanhado de mitos dando conta de que das prostitutas tailandesas era impossível contrair doenças. Estima-se que entre 50 a 200 mil meninas tivessem a virgindade posta à venda anualmente no país, para clientes especialmente ávidos de outras partes da Ásia e Oriente Médio, onde essa característica era bastante valorizada. Partes da África também estavam envolvidas no turismo sexual – por exemplo, Madagascar, que fornecia divertimento para turistas europeus; até mesmo a Síria tornou-se rota desse tipo de viagem, em vista do baixo preço das refugiadas iraquianas. Por outro lado, só os canadenses gastavam mais de 4 mil dólares por ano com turismo sexual, e os números referentes aos gastos dos estadunidenses e japoneses eram ainda mais altos.

O turismo sexual seduzia jovens mulheres que sonhavam em ser concubinas de estrangeiros abastados. Atraía imigrantes, e assim se mesclava ao tráfico sexual em termos mais gerais. Às vezes, as mulheres eram coagidas a tomar parte da prostituição depois de terem sido encaminhadas para empregos legítimos, em hotéis ou na indústria do entretenimento. De maneira perversa, o turismo sexual servia como exemplo revelador da busca do prazer sexual e ao mesmo tempo refletia as enormes diferenças entre regiões pobres e ricas e entre homens e mulheres.

A terceira inovação no quesito "sexo à venda" abrange o uso cada vez mais disseminado da internet para atrair ou seduzir parceiros sexuais e anunciar oportunidades de turismo sexual e de acesso a mulheres traficadas. As formas de persuasão via internet promoveram o considerável aumento de todos os tipos de comércio sexual. Facilitaram também o acesso a serviços sexuais de meninas, mesmo no âmbito de um único país. Nos Estados Unidos houve muitos exemplos de adolescentes que, ávidas para exibir sua sexualidade na internet, acabavam caindo em armadilhas cujo resultado era a relação sexual involuntária com desconhecidos, quase sempre homens de meia-idade. O Japão, na década de 1990, testemunhou o surgimento das *enjo kosai* – colegiais pagas para dormir com homens mais velhos. Também no Japão houve uma proliferação de clubes oferecendo estímulo sexual por telefone – às vezes as interlocutoras eram menores de idade, interessadas na excitação e em dinheiro extra. Em outras palavras, as comunicações contemporâneas ajudaram a disseminar as oportunidades sexuais, mesmo além da pornografia, e em alguns casos fomentaram também as armadilhas sexuais.

Fica evidente que em meados do ano 2000 as condições globais haviam transformado consideravelmente a antiga prática de compra e venda de sexo, com sua inevitável e concomitante dose de coerção e abuso. Novas práticas, novos números, um novo internacionalismo e novos (ou pelos menos mais escancarados e disponíveis) apetites sexuais em uma era que incentivava a legitimidade da busca do prazer propiciaram estímulos sem precedentes.

Doenças

Quase que de maneira inevitável, o aumento da promiscuidade sexual produziu novos problemas com relação às doenças sexualmente transmissíveis, mais uma vez trazendo à tona e expandindo tendências visíveis em períodos históricos anteriores, incluindo o final do século XIX, propiciando evidências para e reflexão sobre novos comportamentos. Mesmo antes do advento da aids, uma incidência cada vez maior de casos de herpes genital em lugares como os Estados Unidos, no início da década de 1980, demonstrava que os novos níveis de contato sexual estavam gerando novas oportunidades de transmissão viral, com resultados que podiam ser controlados por medicação (quase sempre bastante cara), mas que não eram nem totalmente evitáveis, a não ser pela abstinência, nem totalmente curáveis.

Porém a notícia mais importante no quesito doenças foi o surgimento da aids – Síndrome da Imunodeficiência Adquirida, causada pelo Vírus da Imunodeficiência Humana, o HIV, epidemia internacional e fonte de novos temores acerca das práticas sexuais contemporâneas e de certos grupos sociais. A doença foi identificada pela primeira vez no início dos anos 1980, mas antes já havia começado a se espalhar pela África e outros lugares, como o Haiti; o primeiro relatório norte-americano a respeito foi divulgado em Los Angeles em 1981. Quando a doença surgiu, de início o panorama era intimidador, uma vez que não existia nenhum tratamento e em geral o paciente morria após um período de devastadora debilitação e dolorosos sintomas.

Em todas as regiões atingidas, a doença seguia o rastro de muitas características das mudanças de comportamento sexual: era transmitida pela troca de fluidos humanos, notadamente fluidos sexuais, e era altamente contagiosa. Assim, era extremamente sensível à promiscuidade: um parceiro sexual trazia a doença, anteriormente contraída de outra pessoa; podia perfeitamente ser uma resposta à prostituição ou ao turismo sexual. Em geral, a aids foi associada ao homossexualismo (novamente, quando havia promiscuidade envolvida), bem como ao uso de drogas, em função da reutilização de agulhas e seringas.

As notícias sobre a aids causaram verdadeiro pânico na década de 1980 – desproporcional, como no fim ficou claro, ao que realmente aconteceu. A doença suscitou três reações ou respostas características, quase sempre em alguma combinação. Em primeiro lugar, obviamente, diversos líderes e autoridades vieram a público com apelos urgentes para que, em nome da saúde, as pessoas repensassem certas práticas sexuais, reexaminando aspectos da revolução sexual, bem como o homossexualismo. Para certos grupos, a aids aparentemente era uma punição divina pelo abandono da moralidade tradicional; contudo, mesmo para segmentos mais liberais, a doença parecia exigir novos tipos de restrições. No mínimo, nessa primeira reação, foram veementemente recomendadas medidas de proteção como o uso da camisinha (que restringia a troca de fluidos, mas sem garantia absoluta de imunidade). Em segundo lugar, as ávidas solicitações incitando a pesquisa científica sobre a doença sinalizaram a crença na possibilidade de prevenção e cura médica e o desejo de impactar o mínimo possível as práticas sexuais efetivas. Os governos passaram a destinar pesados investimentos à pesquisa da aids. Em terceiro, certos grupos começaram a ser estigmatizados como sendo particularmente perigosos: estrangeiros podiam ser acusados de promiscuidade, homossexuais eram alvos comuns, e os pobres e minorias raciais também podiam levar a culpa. Nesse sentido, a aids exacerbou tensões sociais, com base em diferenças sexuais reais ou imaginárias. Muitos norte-americanos criticaram os afro-americanos, ao passo que os indianos atacaram os nepaleses.

No mundo industrial, a pesquisa médica começou a dar resultados em 1995, com a introdução de novas drogas antiviróticas. Esses medicamentos não curavam nem preveniam a doença, mas agiam no ciclo do vírus, inibindo sua multiplicação e o aparecimento dos sintomas da aids. Para a maioria das pessoas das nações desenvolvidas – o coquetel de drogas era caro e dependia também da disposição de seguir instruções e tomar regularmente a medicação –, cada vez mais o HIV passou a ser uma condição vitalícia, mas não mais uma sentença de morte. Isso não significa que os medos desapareceram, e assim continuaram as recomendações no sentido de se evitar a promiscuidade e/ou usar preservativos. Porém, após o alvoroçado surto de preocupação – que tinha refletido perigos reais mas também, talvez, certo grau de culpa sobre a indulgência sexual contemporânea –, o impacto efetivo nos comportamentos sexuais diminuiu consideravelmente, tanto entre heterossexuais como homossexuais.

Em regiões mais pobres do mundo, onde os tratamentos mais eficazes eram exorbitantemente caros ou complicados, ou ambos, pelo menos em termos de uso mais amplo, a epidemia teve maiores ramificações. Na Tailândia, a propagação da aids levou a novos esforços para refrear a prostituição e até mesmo para incentivar o casamento como opção preferível, embora isso tenha tido efeitos limitados. Já as campanhas recomendando que as prostitutas insistissem no uso camisinha obtiveram maior sucesso. Outros países demonstraram uma maior tendência a negar o problema, quase sempre recorrendo ao expediente de culpar quase exclusivamente os estrangeiros – caso da Rússia, por exemplo. A China e a Índia demoraram a reconhecer a questão; em ambos os países a tomada de medidas tinha como empecilhos os altos níveis de prostituição e o acesso limitado a instâncias de educação sexual. Contudo, uma temida escalada da epidemia na Ásia e América Latina (exceto o Brasil) ainda não se materializou.

A África Subsaariana foi um caso especial. Ali, os altos níveis de prostituição urbana – em meados da década de 1980, metade das prostitutas no Quênia estavam infectadas – e as substanciais taxas de sexo extramarital somavam-se à inexistência de políticas e programas de ação eficazes e à incapacidade de custear tratamentos médicos. Muitos governos dispunham de poucos recursos para se dedicar a uma nova inquietação relativa à saúde pública, e era comum que as pessoas simplesmente se fizessem de surdas para a recomendação mais efetiva – o uso de preservativo –, uma vez que os homens se ressentiam de um artefato que interferia em seu prazer e as mulheres acreditavam que tinham a obrigação de satisfazer seus homens (em pesquisa realizada na África do Sul, 3/4 dos homens afirmaram que se recusavam a usar preservativo, hábito que ridicularizavam como "vestir-se com elegância" ou "embelezar-se", e que viam como costume ocidental, não africano). A consequência foi a rápida disseminação da doença, especialmente no sul e no leste do continente, com efeitos catastróficos não apenas para a saúde pública, mas também na saúde de muitas crianças, que nasciam infectadas por causa da transmissão materna. No início do século XXI, campanhas governamentais conseguiram algum sucesso em termos de conscientização sobre a importância de comportamentos mais cuidadosos e do uso de camisinha – Uganda era o caso em questão. Mas a doença não deu sinais de arrefecimento, e nos primeiro anos do século XXI havia bem mais de 20 milhões de africanos infectados.

A aids era um problema novo: não se tratava de uma doença inicialmente causada por mudanças nos hábitos sexuais, mas certamente surgiu na esteira dessas mudanças, e até certo ponto se globalizou devido aos comportamentos alterados. Preocupação nova e de grandes proporções, a doença não afetou fundamentalmente a atividade sexual, exceto talvez por um breve período de ansiedade no Ocidente. O sucesso ocidental no desenvolvimento de uma resposta médica (mesmo atacando os sintomas e não a causa-raiz), somado à ampliação de algumas medidas de incentivo ao uso de preservativo (o que contou com um aspecto anterior, o pronto acesso a novos dispositivos de controle da natalidade), trouxe alívio para a maior parte dos grupos preocupados com a possibilidade de alteração efetiva de suas atividades sexuais. A resposta africana, embora bastante diferente, sugeriu também uma relutância quanto a mudar os padrões sexuais correntes. Talvez a aids e outras doenças ainda possam suscitar outros ajustes no futuro, mas até agora os novos problemas têm demonstrado a profundidade do comprometimento e do empenho para com a expressão sexual, mesmo diante de obstáculos inesperados.

Resistência: tradição e inovação nas restrições

As novas formas de comportamento sexual e uma cultura sexual mais franca e aberta inevitavelmente produziram um variado coro de descontentes, desde gente que acreditava que os antigos padrões continuavam sendo válidos e essenciais até pessoas que, sem ser tradicionalistas, preocupavam-se com a noção de que a sexualidade contemporânea prejudicava e deteriorava outras metas, estas sim fundamentais. O resultado foi uma enxurrada de reações, algumas com implicações globais e não apenas regionais. Os óbvios senões e aspectos negativos da sexualidade contemporânea, na forma de abuso de profissionais do sexo e surtos de disseminação de doenças, criaram incentivos adicionais no sentido de medidas mais efetivas de regulamentação ou autocontrole, ou ambos.

Os tradicionalistas estavam por toda parte – homens para quem as novas liberdades sexuais (reais ou imaginárias) das mulheres eram ameaçadoras e inapropriadas; conservadores que acreditavam que o controle da natalidade para os adolescentes acabaria incentivando a licenciosidade sexual e que por isso insistiam em campanhas de abstinência, sob o *slogan* "Simplesmente diga não"; um segmento de clérigos islâmicos que condenavam os trajes de ginástica das mulheres como invenções de Satã, por causa da quantidade de corpo que deixavam à mostra e das consequentes tentações que provocariam. O colapso do comunismo russo levou a um ressurgimento religioso que, por sua vez, gerou uma minoria ávida para restaurar velhos padrões sexuais. Os conservadores chineses atacaram a masturbação como prática doentia, ecoando antigas preocupações vitorianas. Na América Latina e outros lugares, líderes católicos posicionaram-se contra aspectos-chave da sexualidade contemporânea. Entre os pontos fulcrais do debate estavam, obviamente, as controvérsias acerca não apenas do controle da natalidade, mas também do aborto, que mobilizava os adversários da sexualidade inadequada, mas também pessoas que buscavam manter um maior vínculo entre a relação sexual e a reprodução, contrariamente a uma variedade de interesses mais liberais. Muitos países da Europa Ocidental tentaram mitigar as tensões legalizando e permitindo o aborto, ainda que sob limites bastante estritos; e em outros países, por exemplo da Ásia, a importância do aborto ofuscava qualquer debate relevante. Mas, nos Estados Unidos e na América Latina, foram travadas acirradas batalhas políticas, com difícil resolução, em torno desses aspectos da sexualidade. Os usos conservadores das tradições sexuais tinham diversos objetivos, nem sempre diretamente relacionados à sexualidade. No Paquistão, por exemplo, acusações de adultério às vezes eram usadas para disciplinar esposas ou filhas, cujos gestos de independência nada tinham a ver com comportamento sexual. As acusações quase sempre caíam no descrédito, mas somente após consideráveis esforços e gastos no tribunal; no fim das contas a vergonha daí resultante manchava permanentemente a reputação da mulher. Essa era uma das muitas instâncias, e não apenas em regiões islâmicas, em que os debates sexuais giravam em torno de preocupações gerais sobre gênero e mudança.

Preocupações especiais com as crianças ajudaram a aproximar conservadores de outros grupos. Muitas sociedades e instituições internacionais tentavam proteger as crianças da exploração sexual. As leis contra o uso de crianças na pornografia ficaram mais rígidas, embora se mostrasse difícil controlar o novo acesso à mídia. Nos Estados Unidos os receios acerca de abuso sexual aumentaram, provavelmente além da incidência normal de problemas; isso sinalizava a tensão entre os valores aplicados às crianças e a nova cultura sexual. As leis contra "predadores sexuais" – alguns deles criminosos perigosos, outros meramente adolescentes que tinham feito sexo com um parceiro menor de idade – ficaram mais rigorosas. A reintegração dos criminosos sexuais, após cumprir pena na prisão, era cercada de tensão. Da mesma maneira, muitos terapeutas passaram a estimular os adultos a revisitarem ou evocarem lembranças de abusos sofridos na infância, processo que muitas vezes trazia à tona falsas memórias. No âmbito da família, o comportamento de parentes mais velhos que mostravam particular interesse no contato físico com crianças, outrora tido como excentricidade, agora chamava a atenção e, pelo menos tecnicamente, podia ser considerado crime. As tradicionais esperanças depositadas na inocência das crianças, agora ameaçada pela cultura moderna, combinaram-se a novos níveis de preocupação com relação a práticas bem antigas.

Extensões das regras também se aplicavam aos adultos, primeiramente nos Estados Unidos, mas com ecos ressoando cada vez mais alto em outros lugares. As feministas, em particular depois do primeiro arroubo de entusiasmo com a revolução sexual de década de 1960, invariavelmente vinham a público reivindicar o estabelecimento de novos limites. A maioria aceitava em princípio a importância da expressão sexual para as mulheres, e com base nisso podia apoiar as linhas principais da mudança comportamental. Porém, a exploração cada vez maior das mulheres – por exemplo, na mídia e nos anúncios publicitários, em que os corpos femininos eram exibidos com muito mais generosidade que os dos homens – e a preocupação com o caráter coercitivo de muitos relacionamentos privados, fizeram com que muitas feministas parassem para pensar e revissem suas ideias. Novas áreas de regulação legal incluíram definições mais precisas do que viria a ser conhecido como "estupro de ocasião social",* incluindo situações em que as mulheres podiam ter participado das primeiras etapas de um encontro sexual, mas depois mudavam de ideia, e até mesmo a área mais ampla do assédio sexual. Uma definição inicial de assédio sexual apareceu em artigo publicado na revista norte-americana *Ladies Home Journal* em 1976, tratando da situação de trabalho em que o superior – em geral, mas nem sempre, homem – tentava tirar vantagem de seu poder e posição para obrigar uma subordinada a intimidades, sem que ela tivesse interesse. Como sugere a primeira observação do artigo,

> A mulher vitimizada [...] pode sofrer grande angústia pessoal, depressão e sintomas de estresse físico como náusea, dores de cabeça e intensas dores no corpo. Se ela for vista como uma ferramenta para o prazer sexual, sabe que seu trabalho não será levado a sério.

Muitas mulheres reagiram positivamente a esse novo conceito, que em princípio impunha aos homens novos níveis de restrições, a despeito das interações cada vez mais próximas com as colegas de trabalho, em uma cultura altamente sexualizada, o que às vezes incluía o uso de roupas provocativas.

Leis e regras sobre o assédio sexual e casos levados ao tribunal com o intuito de implementar o novo equilíbrio proliferaram não apenas nos Estados Unidos, mas também na Europa Ocidental e outras plagas. A questão foi discutida também no Japão. A essa altura, o problema estava longe de ser um movimento global, mas essencialmente concentrado em ambientes de trabalho de "colarinho branco" (burocratas e funcionários de escritório em geral) em sociedades industriais, em que a cultura pública era particularmen-

---

* N. T.: *Date rape*, no original: tipo de estupro ou atentado violento ao pudor cometido por alguém conhecido da vítima e que a estava acompanhando em ocasião social (um jantar, uma festa ou casa noturna, por exemplo), às vezes com uso de droga misturada à bebida para entorpecer a vítima.

te avançada. Não obstante, o esforço de definir novos limites sexuais somado às tentativas conservadoras de reafirmar a tradição e às medidas de saúde pública para refrear práticas que resultavam em doenças constituíram uma significativa complexidade em meio às tendências mais amplas na história mundial contemporânea.

Sexo e violência

Sexo e violência eram velhos conhecidos. Em muitas sociedades contemporâneas, antigas atitudes continuavam escorando a noção de que os homens podiam e deviam usar a violência como parte de sua abordagem sexual, tanto com a esposa como com outras parceiras. Embora seja impossível comparar os índices de violência atuais aos números de antes – sabemos muito pouco sobre as realidades presentes, e muitíssimo pouco sobre as passadas –, é provável que, além do puro tradicionalismo, os níveis de violência tenham crescido. Em contraste, outro movimento novo, de aspiração global, clamava por novas regras contra a violência relacionada à sexualidade.

Vários fatores fizeram pressão pelo recrudescimento do abuso, em várias regiões diferentes do mundo e em diferentes situações. Uma vez que a nova cultura da sexualidade fomentou uma postura de "vale tudo", parecia autorizar a afirmação da força masculina. Em 2008, por exemplo, surgiram relatos de que as mulheres do Cairo (Egito) que se vestiam à moda tradicional estavam sendo submetidas a novos níveis de assédio por homens que queriam saber "o que elas tinham debaixo da roupa" ou "o que elas estavam tentando esconder". Em larga medida, o propósito dos trajes era proteger as mulheres dos olhares masculinos, então essas novas intromissões eram inesperadas e sem precedentes – um possível sinal da permissividade que alguns homens alegavam enxergar no contexto contemporâneo.

A completa confusão entre tradição e modernidade era outra fonte. Em algumas sociedades, as mulheres, locais ou estrangeiras, que não se adequavam aos códigos de vestimenta pareciam estar convidando os homens a praticar uma abordagem sexual agressiva, que podia redundar em violência. Muitos homens acreditavam piamente que as mulheres modernas estavam se tornando muito desafiadoras, e que um novo nível de intimidação era essencial para colocá-las ou mantê-las em seu devido lugar. Impulso semelhante pode ter levado a um aumento no grau de violência aplicado às punições para a má conduta sexual: na Jordânia, por exemplo, não eram raros os casos de maridos que matavam a esposa flagrada em adultério, crime pelo qual recebiam punições leves – a percepção básica do crime não era nova, pois o adultério era prática havia muito reprovada, mas a tentação de reagir com violência pode ter se intensificado por causa dos novos níveis de incerteza acerca da fidelidade da mulher e de desconfiança mais geral em relação à mulher moderna.

Os crescentes níveis de prostituição e desequilíbrio de poder aí envolvidos também ocasionavam violência. Ataques a prostitutas eram fatos comuns em muitas sociedades.

O estupro voltou à carga em diversas situações, não necessariamente novas, mas com nova visibilidade, em meio à crescente preocupação internacional. Em algumas regiões, voltaram a ganhar espaço as crenças de que estuprar virgens curava a aids. Os índices de estupro aumentaram na Rússia na década de 1990, embora ainda não se saiba ao certo se esses números refletiam um maior número de casos ou uma melhor coleta e divulgação de dados. Na sociedade russa não havia consenso sobre o que de fato constituía o estupro – por exemplo, alguns acreditavam que se a mulher estivesse bêbada e um homem a atacasse, a culpa era dela, e não havia crime. O estupro no âmbito do casamento era outra categoria sujeita a debates. Em alguns países latino-americanos, o estuprador não era indiciado ou processado se convencia a vítima a se casar com ele. Na Índia o estupro era prática amplamente difundida, mas, novamente, havia controvérsias quanto à definição precisa do crime: em 1987, foi publicado em Mumbai um livro intitulado *Como estuprar*, com uma profusão de detalhes explícitos, incluindo maneiras de escapar da acusação. O estupro no âmbito do casamento não era considerado crime, em meio à crença de que uma boa esposa devia ser submissa, acontecesse o que acontecesse. O estupro era também um meio de coagir as mulheres – incluindo estrangeiras, caso do contingente de nepalesas na Índia –, forçando-as à prostituição. Em Nova Deli, onde o problema era particularmente grave, mais de 750 estupros foram relatados em 2007 – e muitos outros ficaram sem registro; bastante ilustrativo a esse respeito é o fato de que o estupro era usado como instrumento de protesto contra os benefícios educacionais e de oportunidades de trabalho obtidos pelas mulheres. Dependendo da região, estimativas dão conta de que, no início do século XXI, entre 6% e 59% de todas as mulheres tinham sofrido violência sexual do marido ou parceiro íntimo. A incidência era variada e amplamente difundida.

As instâncias mais comuns da prática do estupro envolveram a ação de homens durante combates militares e civis. Os conflitos no Haiti invariavelmente incluíam estupros, e o mesmo vale para a atuação do movimento rebelde Sendero Luminoso no Peru. Campanhas de estupro em massa certamente foram incentivadas em Ruanda em 2001, como parte do genocídio: a frequente tolerância com relação aos estupros perpetrados por homens armados era exacerbada pela crença de que impingir o sexo a uma etnia diferente enfraqueceria e desonraria o inimigo, humilhando as mulheres e maculando sua pureza étnica. Eventos semelhantes ocorreram no Sudão, poucos anos depois. Em outras palavras, as crenças sobre categorias étnicas podem ter propiciado um motivo adicional para a violência sexual, tornando ainda pior um antigo problema histórico.

Juntamente com a violência sexual, e até certo ponto por causa dela, vários grupos internacionais se mobilizaram para tomar medidas preventivas ou corretivas. A inovação mais evidente no campo do sexo e da violência no último meio século foi um conjunto cada vez maior de resoluções e agências internacionais preocupadas em definir a violência sexual como crime. Durante a década de 1990, o estupro praticado em conflitos foi declarado crime de guerra, o que resultou na instauração de alguns processos na antiga Iugoslávia e em Ruanda. Cada vez mais a Anistia Internacional passou a tratar os crimes sexuais contra mulheres como uma das principais questões concernentes aos direitos humanos. Em 2000, uma resolução das Nações Unidas reconhecia a enorme quantidade de estupros cometidos em conflitos armados e solicitava do secretário-geral o maior envolvimento de mulheres em processos de paz, além de exigir ações mais explícitas na defesa dos diretos das mulheres; uma resolução de 2006 apontava a ampla persistência do problema da violência sexual. Obviamente, esse novo nível de consciência e desaprovação ainda está por obter resultados realmente notáveis, e em algumas regiões todo o esforço em nome dos direitos humanos na área da sexualidade é visto como uma intromissão ocidental de tipo colonialista, interferência que é ignorada ou até mesmo alardeada. Todavia, há evidências de que, com o tempo, os bem-intencionados padrões globais podem estimular algumas mudanças nas atitudes no sentido de uma maior desaprovação da violência. A interação entre esse aspecto dos padrões globais e comportamentos efetivos merece ser alvo de contínua atenção no futuro.

Homossexualismo

Em 1998, um grupo de adolescentes do estado norte-americano de Wyoming sequestrou um aluno gay da universidade estadual, Matthew Shepard, que foi espancado e torturado com tanta brutalidade que, após ter sido amarrado a um poste e abandonado, morreu. Seus agressores foram presos, e um deles condenado sem direito a liberdade condicional. O caso suscitou um debate nacional sobre a necessidade de medidas mais firmes contra crimes de ódio. Em 2007, um homossexual francês foi espancado por um grupo de homens em Dubai, e as autoridades locais, em vez de processar os agressores, prenderam o estrangeiro, ainda gravemente ferido, e por fim o deportaram.

O homossexualismo foi uma última área em que as tendências globais emergiram de maneira hesitante, embora claramente relacionadas aos desdobramentos mais amplos na sexualidade, com altas doses de controvérsia, novas divisões regionais e periódicos episódios de violência, na esteira dos acontecimentos recentes.

As principais linhas da mudança eram suficientemente claras. Alterações anteriores, introduzidas primeiro no Ocidente, mas que depois afetariam cada vez mais outras sociedades, tinham redefinido a homossexualidade, agora tida e havida como uma orientação permanente, e não um comportamento ocasional. Na verdade, a bissexualidade persistiu, e muitas pessoas, quase sempre em segredo, tinham experiências sexuais com parceiros masculinos e femininos, pelo menos em algum momento da vida. Mas o foco, particularmente para os homens, dependia cada vez mais da definição de uma orientação sexual básica. No início do século XXI, alguns estudos científicos contribuíram para o debate, por meio de pesquisas sugerindo que em muitos homossexuais, mas não todos, as conexões cerebrais eram diferentes da maioria das pessoas. A hostilidade com relação à homossexualidade, assim redefinida, continuou vigorosa ao longo da década de 1950. A Guerra Fria resultou na instauração de processo contra homossexuais, tidos como ameaça à segurança, nos Estados Unidos e na Grã-Bretanha. A China comunista reverteu a tradicional tolerância chinesa aos homossexuais, agora atacados como arautos da decadência ocidental, e alguns chegaram a ser executados.

Contudo, produtos culturais homossexuais começaram a ganhar terreno, especialmente no Japão e no Ocidente: de um lado, muitos romances de alta cultura; de outro, uma nova linha de livros populares com corpos masculinos que na verdade propiciava divertimento aos gays. Na década de 1960 surgiu um forte movimento dos direitos homossexuais, inicialmente nos Estados Unidos, derivado dos esforços mais amplos de defesa dos direitos civis, mas também vinculado às tendências mais amplas da sexualidade: se o principal propósito da sexualidade era o prazer, e se cada indivíduo, homem ou mulher, devia definir seu próprio prazer (desde que com o livre consentimento do parceiro), então uma nova lógica sexual poderia ser aplicada aos homossexuais como a todas as pessoas. Em 1969, a polícia de Nova York realizou uma batida no Stonewall Inn, reduto frequentado por gays, lésbicas e travestis, o que desencadeou violentos protestos. Do episódio resultou um movimento mais público de liberação gay, que exerceu tremendo impacto no que tange a encorajar os homossexuais a afirmar publicamente suas convicções, bem como contribuiu para a alteração de algumas atitudes públicas. Em 1973, após intensos debates, a Associação Norte-Americana de Psicologia removeu as referências à homossexualidade como distúrbio, embora os tratamentos de pacientes incertos de sua orientação sexual tenham continuado até o final da década de 1980. No início do século XXI, a mídia popular já tratava o tema com maior franqueza, inclusive retratando alguns comportamentos homossexuais (se beijando, por exemplo), ao passo que os veículos de pornografia ofereciam opções homossexuais para o público interessado.

Ecos globais rapidamente vieram à tona. Em 1978 foi fundada uma Associação Internacional de Gays e Lésbicas, sediada no norte da Europa, mas contando com a adesão de membros de setenta países. Nos anos 1990, homossexuais japoneses começaram a levar às cortes de Justiça, com sucesso, os casos de discriminação, e em 1997 o Superior Tribunal de Tóquio determinou que o governo tratasse os homossexuais como minoria respeitável. Em 1992, a Organização Mundial da Saúde excluiu as referências ao homossexualismo como doença. As atitudes chinesas começaram a abrandar, e um novo preservativo criado especialmente para os gays apareceu no mercado. A constituição da África do Sul baniu, em 1994, a discriminação baseada na orientação sexual. No início do século XXI, vários países e alguns estados norte-americanos legalizaram o casamento gay: Espanha, Bélgica, Holanda e Canadá encabeçavam a lista de nações, ao passo que em 2005 o Reino Unido introduziu proteções às uniões civis homossexuais.

A preocupação com a aids gerou novas hostilidades com relação aos homossexuais, particularmente no Ocidente, onde a promiscuidade entre alguns homens gays inquestionavelmente ajudou a transmitir a doença. Por outro lado, o esforço homossexual de defesa de seus direitos legais ajudou outros grupos – bissexuais e transgêneros – a expressar sua orientação sexual e suas preocupações sobre a questão da aceitação em termos mais amplos. Já os líderes gays continuaram combatendo a discriminação, formal e informal, e o movimento pelo direito ao casamento, atuante em diversos países, rematava essa tendência.

A luta por tolerância, e talvez por outras coisas mais, instigou sentimentos profundos e gerou intensos debates. Em países como os Estados Unidos, as discussões sobre a homossexualidade e a atuação dos grupos contrários e favoráveis causaram verdadeiros "rachas". Para muitos cristãos fundamentalistas o homossexualismo ainda era considerado pecado, e nesse tema eles concentravam seus temores mais amplos acerca das tendências sexuais permissivas. Em muitos estados foram bem-sucedidos os esforços contra a aceitação do casamento gay, mesmo que em alguns deles a votação popular tenha aprovado a legalização. Pesquisas sugeriam que, no geral, a tolerância estava aumentando, mas o processo estava longe de ser uniforme.

Em certo sentido, os desdobramentos globais foram previsíveis, refletindo o mesmo processo, hesitante mas discernível, de globalização expresso em outras tendências sexuais. Muitas regiões gradualmente caminharam no sentido de uma maior abertura. Os encontros homossexuais efetivos, mesmo de homens casados, podem ter sido mais comuns na América Latina do que nos Estados Unidos; em algumas definições de masculinidade, estava incluída uma experiência homossexual. Mas a aceitação da identidade homossexual era mais hesitante, em especial em meio à cultura do machismo; na comunista Cuba, a estigmatização era particularmente intensa. Ainda assim, grupos de defesa dos direitos dos gays começaram a surgir em vários países. O México começou a celebrar o Dia do Orgulho Gay em 2008, ao passo que na Colômbia passou a ser publicada uma revista gay em papel brilhante. Mas a violência contra os homossexuais (incluindo assassinatos) continua alcançando níveis elevados, o que reflete os tipos de ardorosas discordâncias que a conjuntura contemporânea para a homossexualidade gerou de modo tão amplo.

Na África ocorreram limitados esforços para o reconhecimento dos direitos dos gays, mas em meio a fortes ressentimentos com relação aos movimentos internacionais de liberação, vistos como ofensiva intromissão ocidental. Esse rancor, somado às preocupações cristãs ou islâmicas, resultou em uma ampla rejeição ao homossexualismo, tido como pecaminoso e estrangeiro. Novamente, a violência era comum, muito embora versões mais tradicionais do homossexualismo tenham persistido em algumas áreas – por exemplo, na Namíbia, as mulheres identificadas como homens, chamadas "homens lésbicos de Damara", ou o casamento entre mulheres em Uganda.

No começo da década de 1990, a Rússia continuava prendendo homossexuais, e condenava cerca de 800 homens por ano sob as leis de sodomia, embora uma subcultura gay fosse implicitamente tolerada. Ainda que tenha persistido uma grande dose de hostilidade pública, a situação abrandou um pouco com a queda do comunismo. Na Índia, com uma legislação baseada em regras ainda dos tempos coloniais, mas também com uma cultura mais antiga de homossexualidade baseada nos *hijras*, o grupo do "terceiro sexo", desenvolveu-se um significativo movimento gay nos moldes ocidentais, com o aparecimento de muitas organizações gays e lésbicas. Surgiu também uma cultura homossexual mais franca e aberta independente dos *hijras*, incluindo a plena aceitação do lesbianismo como identidade sexual.

As maiores tensões vieram à tona no âmbito do islamismo, embora ecoando algumas das divisões em outras sociedades. Aqui estava o caso mais impressionante em que tradições bastante antigas de tolerância foram quase inteiramente revertidas, pelo menos em termos de perspectiva e diretriz. Os esforços anteriores de rechaçar a desaprovação ocidental contribuíram para a postura mais severa. Muitos muçulmanos também reagiram à redefinição de inspiração ocidental da homossexualidade, que enfatizava a identidade durável e constante e não o comportamento ocasional – a nova ênfase acabou sendo mais difícil de aceitar. Por fim, como ocorreu com outros grupos, os ataques ao homossexualismo permitiam expressões de hostilidade à influência cultural e à licenciosidade sexual ocidental em termos mais gerais; aqui se configurou uma fonte da nova intensidade de reações públicas. Obviamente, uma complexa gama de fatores gerou um grande afastamento não apenas das tendências que marcavam o Ocidente, mas dos indícios de um padrão global mais geral – e das primeiras latitudes no âmbito do próprio islamismo. Persistiram diversas subculturas gays, mas em meio a grande ansiedade e tensão. Indícios de defesa dos direitos gays surgiram apenas em Beirute (Líbano), com escassos ecos em outros lugares. As classes mais altas acabaram definindo a homossexualidade como desordem psiquiátrica e invariavelmente insistiam em tratamento. Mas o tema mais óbvio era a ampla hostilidade pública e repressão. Açoitamento de homossexuais no Irã; ataques da polícia a reuniões gays no até então tolerante Dubai; uma incursão da polícia egípcia a uma boate gay em 2001, com dezenas de prisões – tudo isso criou um contexto de oposição veemente, e talvez crescente, que definiu um inconfundível enfoque regional.

O local e o global

Como fenômeno geral, a globalização deve ser sempre contrabalançada com padrões e reações regionais, e isso vale também para a sexualidade. A história contemporânea da sexualidade, alicerçada em tendências que começaram a surgir no final do século XIX, revela não apenas insólitas diversidades regionais, mas também uma intrigante alteração de equilíbrio. Um século e meio atrás, o Ocidente pode ter sido criticado por muitas coisas na arena sexual, incluindo a tolerância a costumes locais e a coerção abusiva das mulheres nas colônias, mas a liderança na liberalidade não teria sido uma das acusações. Pouco mais de um século depois, o Ocidente, juntamente com o Japão e outras regiões mais industrializadas, tornou-se líder global na notória busca do prazer sexual, o que se pode medir pela cultura pública, a razoavelmente tolerante aceitação do sexo pré-marital e não marital e a adoção de diversas formas de sexo recreativo. O Ocidente também tomou a dianteira na nova proeminência de avaliações médicas da sexualidade e da saúde sexual. Pegas de surpresa nessa rápida transição, muitas outras regiões acabaram adotando uma postura de desconfiança acerca dos novos padrões ocidentais e, em alguns casos, menor empenho na tolerância de diversas práticas sexuais, embora isso tivesse prevalecido tradicionalmente.

As tremendas diversidades resultavam em parte de diferenças nos níveis de prosperidade. A capacidade de custear medicamentos caros em casos de doenças sexualmente transmissíveis constitui uma importante variável. A pobreza feminina e o deslocamento de mulheres em algumas regiões contrastam com a avidez de absorver prostitutas estrangeiras ou participar do turismo sexual, em outras. As variações resultam também da sincronia entre as transições e um maior envolvimento com o controle da natalidade e os mecanismos disponíveis para tanto.

Contudo, as diferenças culturais também são muito influentes. Regiões e grupos acentuadamente religiosos são mais lentos para adequar-se a algumas das principais formas de mudança sexual. Em partes da África, tradições vinculadas à religião continuam inspirando a defesa da circuncisão feminina, a despeito dos crescentes esforços de agências internacionais e governos ocidentais no sentido de banir a prática. Até mesmo imigrantes vivendo na Europa, vindos de lugares como a Somália, mantêm a tradição, ou (ilegalmente) em solo europeu ou por ocasião de viagens a sua terra natal. A defesa escancarada dessa tradição continua; Haji Sasso, presidente do Conselho Nacional de Mulheres Muçulmanas de Serra Leoa, afirmou em 1997: "Estou defendendo a circuncisão para proteger nossa cultura. Não quero ver essa cerimônia erradicada porque ela une as mulheres".

O envolvimento religioso ajuda de maneira ainda mais direta a explicar as diferenças entre os Estados Unidos e a Europa Ocidental, a despeito de muitas tendências culturais e comportamentais em comum. No geral, os europeus ocidentais aceitaram muito mais amplamente que os norte-americanos as implicações dos novos níveis de controle da natalidade. As restrições na esfera cultural – o conteúdo que pode ser exibido na televisão, por exemplo – são bem menos severas na Europa do que nos EUA. A promoção dos dispositivos contraceptivos para os jovens, o que resulta em baixos níveis de gravidez na adolescência, contrastam com os esforços norte-americanos de defender a abstinência. Os norte-americanos preocupam-se profundamente com o comportamento sexual de seus líderes políticos, área que para a maioria dos europeus é irrelevante em termos políticos. Os contrastes são intrigantes e, nos aspectos que informam políticas mais amplas – por exemplo, o apoio ou a oposição aos esforços de planejamento familiar em termos internacionais –, adquirem significação histórica adicional.

O islamismo, particularmente em suas versões do Oriente Médio, está em correlação com outro conjunto de reações peculiares. Os ataques ao aborto e ao controle da natalidade, bem como o nível de hostilidade ao homossexualismo, na verdade divergem de padrões islâmicos e regionais anteriores. Os extremados esforços no sentido de controlar a sexualidade feminina e insistir nas roupas que escondem as mulheres, caso do Talibã no Afeganistão, sugerem que o comportamento e o simbolismo sexual tornaram-se campos de batalha para a preservação da identidade regional contra a intromissão dos valores ocidentais e modernos – mesmo que os padrões defendidos sejam bem mais rígidos do que exigiria a tradição. As discordâncias sobre questões sexuais desempenham papel importantíssimo nas mútuas desaprovações regionais; os ocidentais atacam facilmente a pudicícia islâmica ou as punições para os crimes sexuais, ao passo que os líderes islâmicos retribuem apontando a decadência e promiscuidade ocidentais.

Entretanto, discordâncias no âmbito de uma mesma região refletem fatores semelhantes. Os norte-americanos divergem entre si, às vezes asperamente, acerca de questões como educação sexual, aborto e sexualidade fora do casamento. Países como Turquia e Marrocos, com cultura mais secular e menos experiência com controle ocidental direto (e, portanto, supostamente menor preocupação com a defesa da identidade), divergem, quanto ao grau de tolerância sexual, de regimes mais estritos como a Arábia Saudita, no contexto do Oriente Médio. Pelo menos em algum grau, a maior parte das regiões tem marcas de dissidência entre classes sociais e entre aspectos urbanos e rurais.

Tudo isso não surpreende. A sexualidade sempre gerou disputas e debates acerca de padrões e sobre o rigor com que os padrões devem ser aplicados na prática. Em uma era de profundas mudanças – nas representações da mídia, nos dispositivos de controle da natalidade, nas questões relativas a doenças, nos tipos de sexo comercial –, inevitavelmente alguns grupos e áreas dão passos mais largos e rápidos que outros no sentido da aceitação, enquanto outros recuam, horrorizados e resistem. Quando a sexualidade se entrelaça com outras questões, como a identidade *versus* a influência ocidental, as divergências se ampliam, bem mais do que poderiam prever as efetivas mudanças sexuais.

O resultado, contudo, complica tremendamente qualquer noção de previsão. É tentador afirmar que no futuro os padrões globais vão evoluir de maneira ainda mais plena no sentido da tolerância, da aceitação do sexo para o prazer e não só para a reprodução, e na fruição de uma cultura sexualizada, conforme já sugerido pelo Japão e o Ocidente e (cada vez mais) a China e a Rússia urbanas. Assim como as economias agrícolas geraram algumas características básicas dos padrões sexuais, em torno da ênfase dada à reprodução combinada ao controle contra a prole excessiva e à subserviência feminina, também as economias industriais produzirão padrões de busca do prazer aos quais as variações regionais acrescentam distinções mais superficiais. Mas não sabemos se de fato o mundo inteiro vai se industrializar, e não sabemos, mesmo que isso aconteça, se um padrão moderno de sexualidade triunfará sobre diversidades culturais profundamente arraigadas. Entre outras coisas, a mudança sexual contemporânea engendrou tantos problemas novos que talvez não causasse surpresa uma reação adversa de grandes proporções.

A história, aqui, não pode predizer. Contudo, a história global da sexualidade, de fato, fornece pistas sobre de que maneira certos tipos de mudança continuarão desafiando padrões mais antigos. Apresenta algumas das razões para as diferenças comparativas dadas como resposta às mudanças. Propicia um arcabouço por meio do qual as décadas vindouras podem ser avaliadas. E a história global da sexualidade certamente mostra por que e como as mudanças na sexualidade são importantes, tanto na experiência humana individual quanto nas interações sociais mais amplas.

Para saber mais

Para fontes de pesquisa adicionais sobre controle da natalidade, ver Grant, L. Juggernaut, *Growth on a Finite Planet* (Washington, DC: Seven Locks Press, 1991); W. C. Robinson e J. A. Ross (eds.), *The Global Family Planning Revolution: Three Decades of Population Policies and Programs* (Washington, DC: World Bank, 2007); e International Planned Parenthood Federation (www.ippf.org).

Sobre o HIV e a aids, ver J. Engel, *The Epidemic: A Global History of Aids* (New York: HarperCollins, 2006); C. Farber, *Serious Adverse Events: An Uncensored History of Aids* (Hoboken, NJ: Melville House Publishing, 2006); e J. Iliffe, *The African aids Epidemic: A History* (Athens: Ohio University Press, 2006). www.avert.org/ecstate.htm contém estatísticas atuais sobre o HIV.

Sobre a África, consultar T. Falola e N. Afolabi (eds.), *The Human Cost of African Migrations* (New York: Routledge, 2007); B. Freund, *The Making of Contemporary Africa: the Development of African Society since 1800*, 2nd ed., (Boulder, CO: Lynne Rienner, 1998); Y. Hernlund e B. Shell-Duncan (eds.), *Transcultural Bodies: Female Genital Cutting in Global Context* (Newark, NJ: Rutgers University Press, 2007); D. L. Hodgson e S. A. McCurdy (eds.), *"Wicked" Women and the Reconfiguration of Gender in Africa* (Portsmouth, NH: Heinemann, 2001); e R. Morgan e S. Wieringa, *Tommy Boys, Lesbians and Ancestral Wives: Female Same-Sex Practices in Africa* (Cape Town: South Africa, Jacana Media, Ltd., 2005).

Sobre sexualidade e Japão, ver S. Frustuck, *Colonizing Sex: Sexology and Social Control in Modern Japan* (Berkeley: University of California Press, 2003); J. Kingston, *Japan in Transformation, 1952-2000* (New York: Longman, 2001); A. Ueda, *The Electric Geisha: Exploring Japan's Popular Culture*, trad. M. Eguchi (New York: Kodasha International, 2005); e T. Norgren e C. A. E. Norgren (eds.), *Abortion Before Birth Control. The Politics of Reproduction in Postwar Japan* (Princeton, NJ: Princeton University Press, 2001).

Sobre a Rússia, ver I. Kon, *The Sexual Revolution in Russia from the Age of Czars to Today*, trad. J. Riordan (New York: Free Press, 1995); e I. Kon e J. Riordan, *Sex and Russian Society* (Bloomington: Indiana Universty Press, 1993).

Bons estudos sobre a Índia incluem F. Agnes et al., *Woman and Law in India* (New York: Oxford University Press, 2004); T. L. Brown, *The Dancing Girls of Labore: Selling Love and Saving Dreams in Pakistan's Ancient Pleasure District* (New York: Fourth Estate, 2005); G. Gangoli, *Indian Feminisms: Law, Patriarchies and Violence in India* (Burlington, VT: Ashgate, 2007); e W. R. Jankowiak (ed.), *Intimacies: Love and Sex Arenas Across Cultures* (New York: Columbia University Press, 2008).

Sobre o comércio sexual, ver I. D. Gaon e N. Forbord (eds.), *For Sale: Women and Children* (Crewe, UK: Trafford Publishing, 2005); C. Ryan e C. M. Hall (eds.), *Sex Tourism: Marginal People and Liminalities* (New York: Routledge, 2001); e S. Skrobanek et al. (eds.), *The Traffic in Women: Human Realities of the International Sex Trade* (New York: Macmillan, 1997).

Sobre a Ásia, ver L. Edwards e M. Roces (eds.), *Women in Asia: Tradition, Modernity and Globalization* (Ann Arbor: University of Michigan Press, 2000); J. Farquhar, *Appetites: Food and Sex in PostSocialist China* (Durham, NC: Duke University Press, 2002); G. Gangoli e N. Westmarland (eds.), *International Approaches to Prostitution: Law and Policiy in Europe and Asia* (Bristol: Policy Press, 2006); M. Jolly e K. Ram (eds.), *Borders of Being: Citizenship, Fertilty and Sexuality in Asia and the Pacific* (Ann Arbor: University of Michigan Press, 2001); P. Masonet, *The New China: Money, Sex and Power* (Boston, MA: Tutlle Publishing, 1997); e P. Van Estrik, *Materializing Thailand* (New York: Berg, 2000).

Sobre a América Latina, ver M. Leiner, *Sexual Politics in Cuba* (Boulder, CO: Westview Press, 1994); M. Melhuus e K. A. Stolen (eds.), *Machos, Mistresses, Madonnas: Contesting the Power of Latin America Gender Imagery* (New York: Verso, 1996); M. Mendible (ed.), *From Bananas to Buttocks: The Latina Body in Popular Film and Culture* (Austin: University of Texas Press, 2007); M. Padilla, *Caribeban Pleasure Industry* (Chicago: Chicago University Press, 2007); e S. Paternostro, *In the Land of God and Man: Confronting our Sexual Culture* (New York: Dutton, 1998).

Sobre o Oriente Médio, ver Y. Y. Haddad e J. L. Esposito (eds.), *Islam, Gender, and Social Cage* (New York: Oxford University Press, 1998); S. Joseph, *Gender and Citizenship in the Middle East* (New York: Syracuse University Press, 2000); S. Joseph, *Intimate Selving in Arab Families: Gender, Self, and Identity* (New York: Syracuse University Press, 1999); D. Kandiyoti, *Woman, Islam, and the State: A Comparative Approach* (Pittsburgh, PA: Temple Univesiry Press, 1991); N. Keddie, *Woman in the Middle East: Past and Present* (Princeton, NJ: Princeton University Press, 2006); L. Welchman, *Womens's Rights and Islamic Family Law: Perspectives on Reform* (New York: Zed Books, 2004); e B. Whitaker, *Unspeakable Love: Gay and Lesbian Life in the Middle East* (Berkeley, University of California Press, 2006).

Outros bons estudos incluem D. Altman, *Global Sex* (Chicago: University of Chicago Press, 2001); B. Bailey, *Sex in the Heartland* (Cambridge, MA: Harvard University Press, 1999); K. White, *The First Sexual Revolution: The Emergence of Heterossexuality in Modern America* (New York: New York University Press, 1992); E. Freedman e J. D'Emilio, *Intimate Matters: A History of Sexuality in America* (Chicago: University of Chicago Press, 1998); S. Ullman, *Sex Seen: The Emergence of Modern Sexuality in America* (Berkeley: University of California Press, 1997); J. Burnham, *Bad Habits, Drinking, Smoking, Taking Drugs, Gambling, Sexual Misbehavior, and Swearing in American History* (New York: New York University Press, 1993); P. N. Stearns, *Battleground of Desire: The Struggle for Self-Control in Modern America* (New York. New York University Press, 1999); R. Gurstein, *The Repeal of Reticence: A History of America's Cultural and Legal Struggles Over Free Speech, Obscenity, Sexual Liberation, and Modern Art* (New York: Hill and Wang, 1996); e E. Laumann, J. Gagnon, R. Michael, e S. Michaels, *The Organizaton of Sexuality: Sexual Practices in the United States*. (Chicago: University of Chicago Press, 1994).

Epílogo
A sexualidade – do passado ao presente

O comportamento sexual é determinado por uma combinação de fatores. Os impulsos básicos variam de uma pessoa para a outra, mas obviamente contribuem para as atividades sexuais em qualquer período da história. Mesmo em termos puramente físicos, são também condicionados por variáveis históricas tais como nutrição – razão pela qual ocorrem mudanças em fenômenos como a idade da puberdade ou a idade de menopausa. O comportamento sexual também é moldado por conjunturas econômicas fundamentais, particularmente porque são essas circunstâncias que estipulam o número de filhos que tanto as sociedades como as famílias querem ter. Vimos que os três contextos humanos básicos desempenharam papel crucial na definição do sexo com finalidade reprodutiva e os tipos de restrições sociais e pessoais que afetam a sexualidade que ultrapassa a reprodução. Por fim, em parte traduzindo os arcabouços econômicos, mas também exercendo influência independente, as culturas também moldam a sexualidade – primeiramente, antes de tudo, a religião, bem como outros sistemas culturais relacionados à ciência e à medicina, ou à magia e ao consumismo. Considerar a sexualidade o produto de três sistemas interligados – impulsos biológicos básicos, imperativos econômicos e culturas – ajuda a distinguir os aspectos mais importantes da mudança histórica e também as variedades e formulações sociais no âmbito de cada um dos principais períodos históricos. Os mesmos sistemas interligados ajudam também a explicar as variações e mudanças concernentes às preferências sexuais, incluindo o homossexualismo, e o papel que a mudança e a variedade desempenham tanto nos sistemas sociais como nas preferências pessoais.

Há muito os humanos usam expressões de cunho sexual como válvulas de escape adicionais, geralmente em relação a comportamentos efetivos, mas também para outros propósitos. Desde sempre, pelo menos desde que existem registros artísticos, as culturas sexuais refletiram crenças sobre gênero, sobre o mundo natural e sobre as divindades, indo muito além das atividades sexuais regulares. Em muitos momentos, e certamente do período clássico em diante, as expressões sexuais serviram também como entretenimento. A história do público consumidor de material sexual, uma vez que as pessoas ouviam histórias, liam manuais ou admiravam arte visual erótica, é, por seus próprios méritos, um tópico importante. Aqui, também, as mudanças ao longo do tempo refletem uma variada gama de fatores, da natureza das mídias disponíveis aos códigos morais (ou as maneiras de protestar contra esses códigos quando parecem rígidos demais) e às necessidades de recreação. O sexo como fonte de problemas também tem sua própria história. O sexo é invariavelmente usado como um modo de expressar e abusar de relações de poder. A ligação com a violência vincula o sexo à guerra e ao crime. A associação entre sexo e doença estabelece conexões entre alguns dos aspectos negativos dessa atividade humana e mudanças mais amplas nos índices e alcances dos contatos sexuais. Em termos globais, e na maior parte das sociedades, incluindo a nossa, a sexualidade está passando por uma transição entre sistemas profundamente arraigados e derivados das necessidades agrícolas e concomitantes definições culturais – estas emanando sobretudo de formulações religiosas – e uma situação ainda não totalmente mapeada, moldada pelas reduzidas necessidades de reprodução e por um novo tipo de cultura de consumo. A transição bate de frente com muitas tradições estabelecidas e também cria novos problemas, que exigem resposta. Se os elementos da inovação contemporânea começaram a tomar forma mais de dois séculos atrás, para a maioria dos grupos o ritmo das mudanças sexuais acelerou consideravelmente ao longo das últimas décadas, o que significa, entre outras coisas, que muitas pessoas se defrontam com padrões sexuais para os quais a maneira como foram criadas ou educadas não as preparou totalmente – é isso o que significa mudança em uma área tão pessoal. Os resultados são empolgantes, confusos ou bastante ofensivos, ou uma mistura dos três, dependendo do observador. Porque tantos fatores a moldar a sexualidade contemporânea são novos – uma vez que as conjunturas econômicas e as culturas são inconstantes – e porque as reações são tão variadas, os embates sobre a sexualidade são tão singularmente violentos, e as previsões relativas a futuros padrões, extraordinariamente incertas. O passado ainda molda muitos comportamentos e, ainda mais, as reações aos comportamentos, servindo como patamar do qual surgem as transições. O conhecimento do passado – da história da sexualidade –, se não é capaz de gerar previsões certeiras, propicia as bases para a compreensão das principais tendências e controvérsias relativas a esse aspecto fundamental da experiência humana.

Agradecimentos

Sempre gostei de dar aulas sobre história da sexualidade, principalmente porque acredito que a história de um tema complexo como esse realmente ajuda a entender questões contemporâneas, ao mostrar como elas surgiram no passado, mas também porque os alunos gostam da oportunidade de debater o assunto em um contexto acadêmico. Por isso recebi com agrado a chance de escrever este livro e de estender meu próprio conhecimento em uma conjuntura global. Meus agradecimentos a Vicky Peters, Eve Setch e Elizabeth Clifford, da editora Routledge, que incentivaram o projeto. Minha profunda gratidão a Clio Stearns, que realizou grande parte do trabalho de pesquisa para o livro, e Deborah Stearns, que fez uma leitura crítica. Beneficiei-me imensamente da organização inteligente de Laura Bell, que cuidou do manuscrito. Minha esposa, Donna Kidd, suportou minha recorrente tagarelice sobre um assunto que é bastante importante, mas também, por vezes, muito divertido.